JN273650

商学双書 4

国際金融と経済

―国際マクロ経済学入門―

谷内 満

Taniuchi Mitsuru

◆

International Finance and the Economy

成文堂

はしがき

　筆者は2004年に早稲田大学教授に就任して以来、商学部で国際金融論を教えている。国際金融の動向(為替レート、資本の流出入、国際収支、国際金融危機など)は、各国の国内経済動向(金利、物価、貯蓄・投資、財政赤字など)と密接にかかわっており、両者の複雑な相互関係を分析する国際金融論は、しばしば国際マクロ経済学とも呼ばれる。本書は授業で教えている内容をもとに執筆した国際マクロ経済学の入門書である。

　近年における世界経済の構造変化の一つは、劇的ともいえるスピードで進展している金融の国際化である。国境を越えた金融取引が活発に行われている現在の世界では、国際金融の関する基本的な理解なしには、日本経済や世界経済の動向を理解したり、そのゆくえを見極めることはできなくなっている。

　国際金融の仕組みと基礎理論をできるだけわかりやすく、また直観的に理解できるように説明することに腐心した。そして基礎理論を学ぶことが、現実の経済問題を理解するのにどのように役立つか丁寧に説明している。金融の世界の共通言語は英語なので、重要用語(青字)にはすべて英語を付記し、図表は伝えたいメッセージが一目でわかるようなプレゼンテーションになるよう工夫した。コラムなどで現実の経済問題について興味深い分析を行っており、また詳しい制度や理論の内容は脚注と補論で補完しているので、本書はすでに国際金融の知識を持っている人にも役立つ内容となっている。

　著者の日本政府での長年の経済調査・政策立案の経験、そして世界銀行での途上国経済の分析、APEC(アジア太平洋経済協力)で担当したアジア金融危機後の政策課題の検討などで培った幅広い国際金融経済問題の知識をもとに、国際マクロ経済学の初学者がどのようなことを学べば、国際金融と各国経済にかかわる現実の諸問題を理解するのに役立つかを考えて、本書を構成した。そのような観点から、他の国際マクロ経済学ないし国際金融の教科書でしばしば登場する理論でも、本書ではとりあげていないものがある。例え

ば、マンデル・フレミング・モデルと呼ばれる分析があるが、この理論モデルは「小国の仮定」のもとで構築されているものなので、日本経済、米国経済、中国経済といった私たちにとって関心が高い経済の分析には役に立たない。こうした理論は上級者が学ぶトピックだと考え、本書ではとりあげていない。

　早稲田大学の同僚で国際金融史が専門の矢後和彦教授には、本書の草稿に目を通していただきいろいろ有益なコメントをいただいた。貴重な時間を割いていただき大変感謝している。

　成文堂編集部の飯村晃弘氏と松田智香子氏には、豊かな経験をもとに本書をきれいで読みやすい本に仕上げていただいた。特に図表に関する著者のさまざまな「注文」を、上手に処理していただいた。

2015年3月
谷内　満

目次

はしがき

第1章 金融の国際化 … 1
1 国境を越える金融取引の活発化 … 1
2 主要国の対外資産と対外負債の拡大 … 12
コラム　フロー vs. ストック … 19

第2章 各国経済と国際金融の結びつき … 20
1 GDPの3つの顔 ― 生産と支出と所得 ― … 20
2 経常収支の経済的な意味 … 26
3 貯蓄・投資バランスの分析 … 29
コラム　「投資」の意味の違いに注意 … 31
コラム　日本の経常収支問題　―赤字国『転落』は悪いこと？― … 41

第3章 国際収支を学ぶ … 44
1 対外経済取引をとらえる国際収支 … 44
2 国際収支統計のメカニズム … 54
3 経常収支と対外純資産の関係 … 61

第4章 外国為替市場の基礎知識 … 64
1 外国為替市場の取引 … 64
2 為替レートとは … 71
コラム　産業空洞化と為替レート … 76
3 スポット取引とフォワード取引 … 78

コラム　買い持ち vs. 売り持ち ……………………………… 84
　4　変動レート制 vs. 固定レート制 …………………………………… 86
　　　コラム　金本位制とブレトンウッズ体制の時代 ………………… 90
　5　経済分析で使われる為替レート
　　　　― 実質為替レートと実効為替レート ― ………………………… 92
　　　コラム　2010〜12年の「歴史的円高」の虚実 …………………… 104

第5章　為替レートはなぜ変動するか …………………………………… 106

　1　為替レートはどのような要因で決まるか ………………………… 106
　2　資産価格としての為替レート ……………………………………… 109
　3　為替レート変動の特徴 ……………………………………………… 119
　4　スポット・レートとフォワード・レートの関係 ………………… 123

第6章　為替レートと物価 ………………………………………………… 127

　1　為替レートと物価の関係 ― 購買力平価の考え方 ― …………… 127
　2　インフレ率から見た為替レート …………………………………… 131
　3　購買力平価理論の限界と有用性 …………………………………… 135
　4　低所得国の物価は安い ……………………………………………… 139
　　　【補論】　相対的PPPの関係式の導出 ……………………………… 149

第7章　為替市場介入と外貨準備 ………………………………………… 151

　1　金融政策の運営 ……………………………………………………… 151
　2　為替市場介入 ― 金融政策との関係と介入の効果 ― …………… 159
　　　コラム　1985年のプラザ合意とその後の円高 ………………… 168
　3　日本の外貨準備の政策分析 ………………………………………… 170
　　　コラム　政策提言：外貨準備売却でリスク低減を ……………… 176
　　　【補論】　不胎化介入の効果の理論分析 …………………………… 180

第8章　国際金融と経済政策運営 ……… 186

- **1** 為替レート制度の選択と経済政策の関係 ……… 186
- **2** 中国の為替レート制度のゆくえ ……… 195
- **3** アジア共通通貨構想 ……… 199

第9章　通貨危機はなぜ起こる ……… 206

- **1** 通貨危機の発生 ……… 206
- **2** 資本逃避と投機による資本流出 ……… 209
  - コラム　EMS危機 ― 通貨投機で大儲けしたジョージ・ソロス ― ……… 212
- **3** アジア金融危機 ……… 214
- **4** 通貨危機の未然防止と国際的支援 ……… 225

第10章　ドル基軸通貨体制のゆくえ ……… 230

- **1** ドル基軸通貨体制の現状 ……… 230
- **2** ポンドからドルへ ― 基軸通貨はなぜ交替したか ― ……… 239
- **3** 国際通貨体制のゆくえ ……… 245
  - 【補論】ドル優位終焉の見方 ……… 258

索引　261

第1章　金融の国際化

　金融の国際化が急速に進んでいる。国境を越えた金融取引が活発化しているのである。金融の国際化は、1980年代から始まった比較的新しい現象だが、1990年代以降金融の国際化は加速度的に進んでおり、世界経済は新たな局面に入っていると言える。

1　国境を越える金融取引の活発化

　現在の世界経済では、各国の国内でさまざまな金融取引が活発に行われているのみならず、国境を越えた金融取引も非常に活発に行われている。国境を越えた金融取引は、**資本流出入**（ないし**国際資本移動**、資本の流れ）capital flows と呼ばれる。

　世界的に資本流出入が活発化している現象は、**金融の国際化** financial globalization と呼ばれる。世界貿易の拡大が国境を越えたモノの取引の活発化であるのに対し、金融の国際化は国境を越えたカネの取引、つまり国際的な金融取引の活発化であると言える。本書ではしばしば「モノ」という表現を使うが、それは財（自動車、衣料品など）とサービス（輸送サービス、教育サービスなど）を指していることに注意してほしい。金融の国際化は1980年代から始まったが、その後今日に至るまで一層の金融の国際化が進展しており、このトレンドは将来さらに強まるであろう。

　金融とはカネの貸し借り（およびそれに関連したさまざまな取引）のことであるが、実はカネの貸し借りを通じて、貯蓄された資源がさまざまな投資に振り向けられている。つまり、金融は貯蓄を投資に振り向ける役割を果たしているのである[*1]。ある国の中で金融取引が活発に行われれば、国内の貯蓄が効率的に国内の投資に振り向けられて、人々の暮らし向きの改善に役立つ。

金融の国際化が進展すれば、ある国の貯蓄はその国の投資に使われるだけではなく、外国における収益性がより高い投資案件をファイナンスすることもできるようになる。逆に、収益性の高い投資案件があっても国内の貯蓄が十分ない国は、外国の貯蓄を使って投資を実現することができるようになる。したがって、金融の国際化は各国の人々の暮らし向きの改善に資すると考えられる。一方で、1980年代以降、金融の国際化を背景に、国際金融危機と呼ばれる経済的混乱がしばしば起こるようにもなっている。

資本流出入には、**資本流出** capital outflowsと**資本流入** capital inflowsがある。ここで資本流出入とは、具体的にどのようなものか理解しておこう。資本流出入の主な形態としては、直接投資、証券投資、銀行融資・預金がある。

(直接投資)

直接投資(海外直接投資、**FDI**) foreign direct investmentの主なものには、外国企業の買収・出資と、外国での工場建設などが含まれる。日本企業がオーストラリアの企業を買収したり、あるいは中国で工場を新設することは、日本の**対外直接投資** outward foreign direct investmentとなる(オーストラリアや中国にとっては対内直接投資である)。対外直接投資は、直接投資による資本流出である。

逆に、日本企業が米国企業に買収されたり、シンガポール企業が販売拠点を日本に新設することは、日本の**対内直接投資** inward foreign direct investmentとなる(米国やシンガポールにとっては対外直接投資である)。対内直接投資は、直接投資による資本流入である。

外国企業の買収は、自国企業が外国企業の株式を100%あるいは株式総数の過半を取得して子会社化することである。子会社化しなくともかなりの株式(例えば株式総数の20%)を取得することが、外国企業への出資である。外国企業の買収・出資は、M&A(merger and acquisition)タイプの直接投資と

---

[1] 金融には、銀行融資、証券投資などのファイナンス(株式を含む広義の貸し借り)にかかわる事柄と、マネーサプライ、金融政策などのマネー(貨幣)にかかわる事柄が含まれるが、ここではファイナンスという意味での金融について述べている。理論的に言うと、金融(ファイナンス)の役割は貯蓄超過主体(最終的な貸し手)から投資超過主体(最終的な借り手)に資金を融通することだと言える。

呼ぶことができる。近年先進国同士で非常に活発な直接投資が行われているが、その大部分はM&Aタイプの直接投資である。

一方、先進国から新興国やその他途上国への直接投資は、工場などを新設するタイプの直接投資が中心である。このような投資は、更地の緑地に新たな生産設備を建設するイメージからグリーンフィールド投資とも呼ばれる。外国に工場などを新設する場合、多くの場合、外国に子会社を設立し、その子会社の株式を購入するという形がとられる。そして資金を手にした子会社が、現地で工場を建設する。

なお、新興国 emerging economies, emerging markets とは、比較的高い経済成長を遂げている途上国および旧東側社会主義国で、中国、インド、東南アジア諸国、ブラジル、ロシア、中東欧諸国などの20カ国前後の国が含まれる。新興国の中の大国であるブラジル、ロシア、インド、中国の4カ国は、BRICsと呼ばれる(この名称は4カ国の頭文字をとったもの)。

先進国の企業が他の先進国に進出する場合、新たな現地子会社を設立して1から始めるよりも、すでに存在している企業を買収したり出資するほうが成功への近道である場合が多い。したがって、先進国同士ではM&Aタイプの直接投資が多く行われている。一方、先進国企業が新興国・途上国に進出する場合、買収・出資にふさわしい企業が存在していないことなどから、自ら現地子会社を設立して事業を立ち上げる場合が多い。

日本企業による外国企業の買収ないし出資した最近の有名な事例としては、例えば、三菱UFJ・FGによる米国投資銀行モーガン・スタンレーへの出資、武田薬品による米国やスイスの製薬会社の買収、ソフトバンクによる米国の携帯電話会社スプリントの買収などがあげられる。逆に、外国企業が日本企業を買収した有名な事例には、米国最大手スーパーのウォールマートによる西友の買収、大手証券会社グループであった日興コーディアルのシティグループによる買収(しかしその後シティグループは日興コーディアルを三井住友FGなどに売却)、世界的な大手電子機器メーカーである台湾企業ホンハイによるシャープの買収などがある。

日本企業による新興国・途上国への直接投資の事例は非常に多い。さまざまな日本企業が中国、インドその他の国々に現地生産のため工場、販売拠点

などを建設している。

　直接投資は主に株式の取得、つまり外国企業(既存企業ないし現地子会社)の株式を購入することであるが、後述の証券投資としての株式購入と異なり、その企業の経営権の取得(ないし経営への影響力の取得)を意図した株式取得である。統計上は、原則として外国企業の株式の10％以上を取得する場合は直接投資と分類され、それ未満は証券投資として分類される。直接投資の主なものは株式取得であるが、それ以外に再投資収益などが含まれる。この点は第3章「国際収支を学ぶ」で詳しく説明する。

直接投資は主に株式取得

直接投資
- M&Aタイプの直接投資
  （買収・出資）
- グリーンフィールド投資
  （現地生産のための子会社設立など）
- その他の直接投資
  （再投資収益、長期貸付など）

　図表1-1は世界全体の直接投資のストック(残高)の推移を示している。直接投資は1980年代から拡大傾向にあるが、特に1990年代半ば頃から大幅に拡大している。2013年の世界の直接投資総額は、1980年の水準の約37倍に増加している。最近の10年間(2004～13年)について見ると、直接投資の約7割は先進国向けであり、残りの約3割が新興国とその他の途上国向けとなっている。これは直接投資の受け入れ国に関する比率だが、直接投資の出し手国について見ると、先進国の比率はさらに高く約8割である。

　つまり、世界の直接投資のほとんどは先進国の企業による投資であり、それらの投資の向かい先も大部分が先進国である。例えば、米国の企業が英国の企業を買収したり、日本の企業がフランスの企業に出資するといった直接投資が多いということである。ただし、最近では、新興国が直接投資の受け手としてのみならず、直接投資の出し手としても重要性を増してきている。

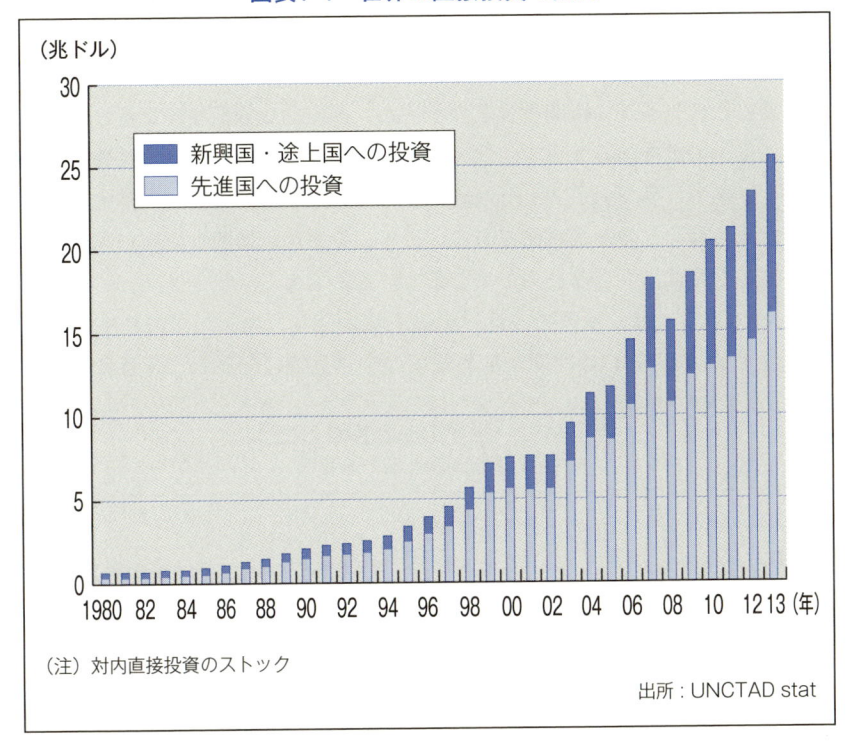

図表1-1　世界の直接投資の拡大

（注）対内直接投資のストック
出所：UNCTAD stat

例えば、中国の企業が近隣のアジア諸国で工場を新設したり、先進国企業を買収するといった新興国による直接投資が徐々に拡大している。

（証券投資）

　証券投資portfolio investmentは、国境を越えた証券の売買である。現在ではさまざまな証券が国際的に取引されているが、主なものは債券と株式である。日本の銀行が米国の国債を購入すれば、日本から米国に対して証券投資が行われたことになる。この場合は、日本にとって資本流出となる（米国にとっては資本流入である）。英国の投資信託会社が日本の株式を購入すれば、英国から日本に対して証券投資が行われたことになる。これは日本にとって資本流入である（英国にとっては資本流出である）。

今日、証券投資による資本流出入は、非常に活発に行われている。歴史的にみると1980年代までは、国境を越えた証券投資はほとんど行われていなかったが、1990年代に入ってから飛躍的に拡大している(図表1-2参照)。その背景には、先進国の機関投資家の多くが、国際的な分散投資を行うようになり、自国の証券のみならず、他の先進国や新興国の証券に広く投資していることがある。**機関投資家**institutional investorは、保険会社、年金基金、投資信託会社などの金融機関である。近年、先進国の機関投資家が国際的な証券投資で非常に大きな役割を果たしているのである。

2008～09年には、米国発の世界金融危機が発生した。米国の住宅ローン焦げ付き(債務不履行)の問題が世界規模の金融危機に発展した背景には、金

図表1-2　世界の証券投資の拡大
──先進国の証券市場での投資──

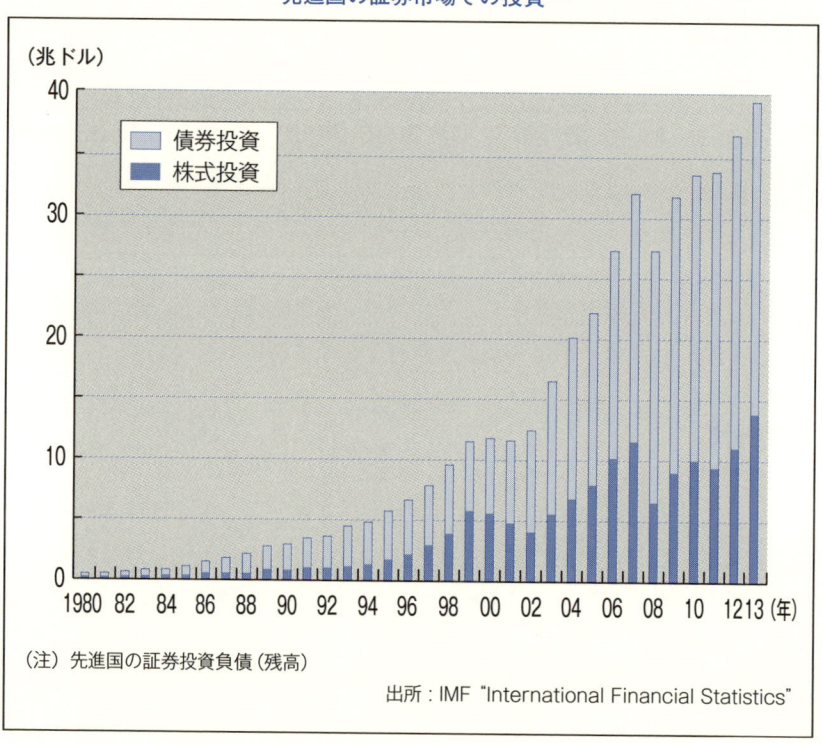

(注) 先進国の証券投資負債(残高)

出所：IMF "International Financial Statistics"

融の国際化がある。サブプライム・ローンと呼ばれる高リスクの住宅ローン債権を組み込んで組成された証券化商品は、米国の投資家のみならず、他の先進国の投資家によって幅広く購入されていたのである。その結果、従来なら米国1国の金融危機にとどまったものが、世界的な規模の金融危機となったのである。証券化商品も証券の一種なので、証券化商品の国境を超えた売買は証券投資である。

　日本の証券市場(株式市場・債券市場)でも国際化の動きが顕著である。まず株式市場について見ると、日本の上場企業の外国人持ち株比率は、1980年(3月末)にはわずか4％であったが、2014年には約31％となっている(図表1-3参照)。つまり、平均で見て、日本企業の株式の約3割が外国人株主(外国の機関投資家や事業企業)に保有されているのである。外資系企業、つま

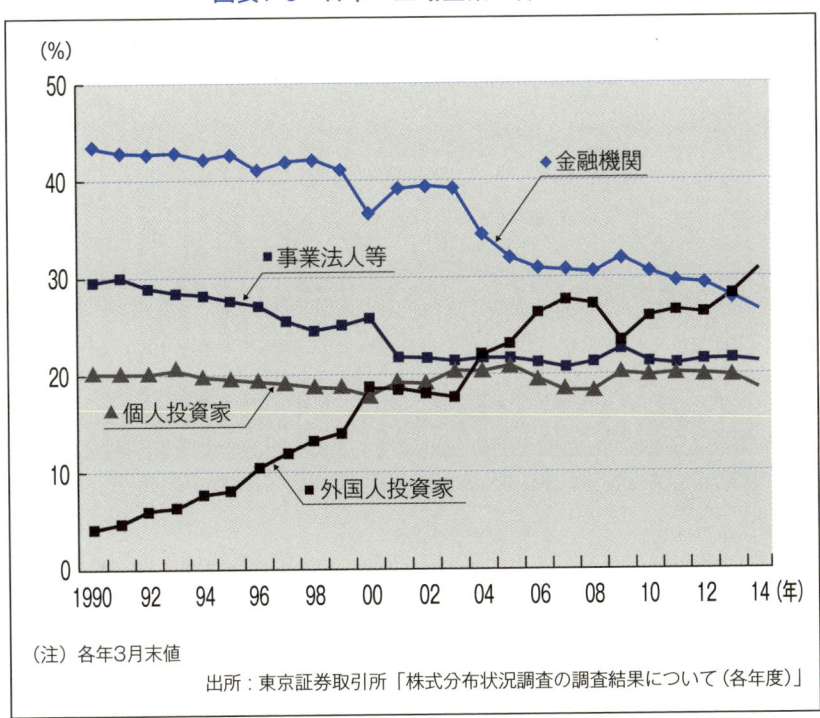

図表1-3　日本の上場企業の株主構成

（注）各年3月末値

出所：東京証券取引所「株式分布状況調査の調査結果について(各年度)」

り外国企業が経営権を握る日本企業の場合、外国人持ち株比率は当然高いが、それ以外の日本企業でも外国人持ち株比率が50％前後の高い水準となっている企業は多い*2。

以上は日本企業の株式保有(残高)の国際化であるが、日々の株式市場でのフローの取引でも、外国人投資家の存在は大きくなっている。株価動向のニュースでも、「今日日経平均が上がったのは、外国人投資家の積極的な買いが入ったからだ」といった解説がよく行われているほど、日本の株価形成

図表1-4　日本の国債市場
―外国人投資家の国債保有―

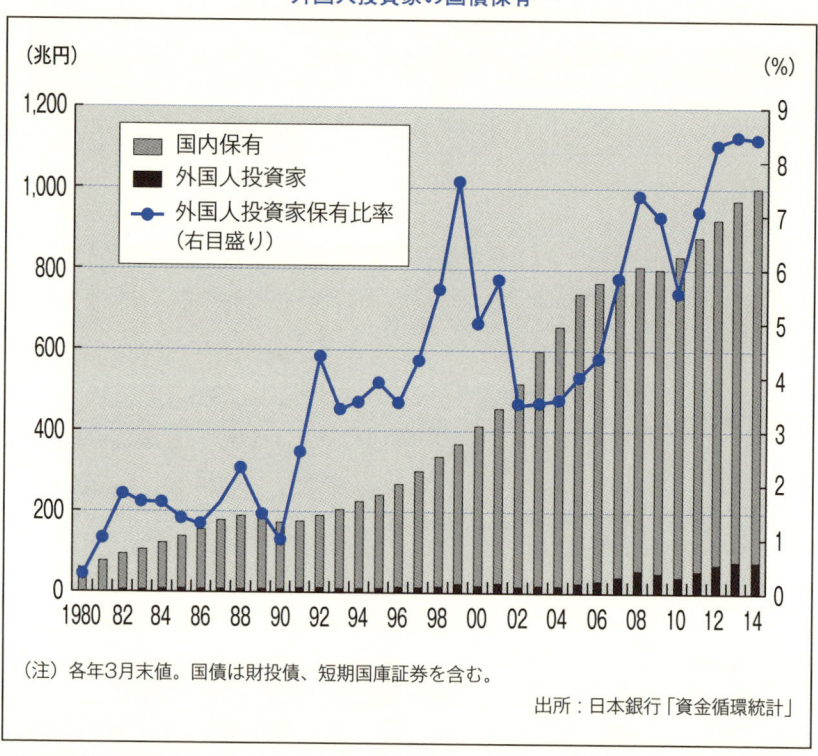

(注)　各年3月末値。国債は財投債、短期国庫証券を含む。

出所：日本銀行「資金循環統計」

*2　外国人持ち株比率が高い日本企業(外資系以外)には、国際的な事業展開をしている企業のみならず、国内事業が中心の企業も多い。同比率が50％前後の企業には、HOYA、ヤマダ電機、オリックス、三井不動産、花王、ファナック、ソニー、キャノン、ドンキホーテなどがある。

に外国人投資家の売買動向は大きな影響を持つようになっている。

　日本の債券市場における外国人投資家のプレゼンスは、株式市場ほど大きくないが、長期的に見ると外国人投資家による投資が着実に拡大してきている。外国人投資家による日本の債券投資は社債等への投資も含まれるが、大部分は国債への投資である。日本の国債の外国人投資家保有比率は、2014年（3月末）で8.4％であり、米国国債の場合は約半分が外国人投資家に保有されているのと比べるとかなり低い（図表1-4参照）。しかし、1980年には同比率はわずか0.3％に過ぎなかったので、日本の国債市場での外国人投資は着実に拡大していると言える。また、日本の国債残高は1990年代以降、財政収支の悪化に伴い大幅に拡大しているので、外国人投資家が保有する国債残高は、金額ベースでは飛躍的に拡大している。

（銀行融資と預金）

　国境を越えた銀行融資と預金の取引も、重要な資本流出入である。日本の銀行がインドネシアの銀行に融資をすれば、日本から資本が流出したことになる。英国の銀行から日本企業が融資を受ければ、日本へ資本が流入する。

　日本企業が米国銀行に保有する銀行預金の残高が増加すれば、日本から米国への資本流出となる。香港の銀行が日本の銀行預金を減らせば、日本から資本が流出する。銀行預金は預金者にとって債権であり、銀行にとっては債務である。したがって、日本企業が米国での預金を増やせば、日本から米国への貸付が増加したのと同じことになる。このように考えれば、国境を越えた銀行預金の取引が、資本の流出入となることがよく理解できるだろう。

　世界各国の銀行は、対外取引を大幅に拡大してきている。図表1-5は、BIS（国際決済銀行）報告国の銀行の対外資産の推移を見ている。なお、BIS報告国は現在44カ国であるが、BIS報告国の銀行の対外取引は世界全体の銀行の対外取引のほとんどを占めていると考えられる[*3]。

　銀行の対外資産の主要なものは、外国への融資および外国銀行の預金保有で

[*3] 銀行統計に関するBIS報告国のうち、主要先進国は1997年から自国の銀行データを提供している。新興国はその後参加しており、例えば、香港とシンガポールは1983年、ブラジルは2002年、韓国は2005年からデータを提供している。

図表1-5　世界の銀行取引の拡大
── 各国銀行の対外資産 ──

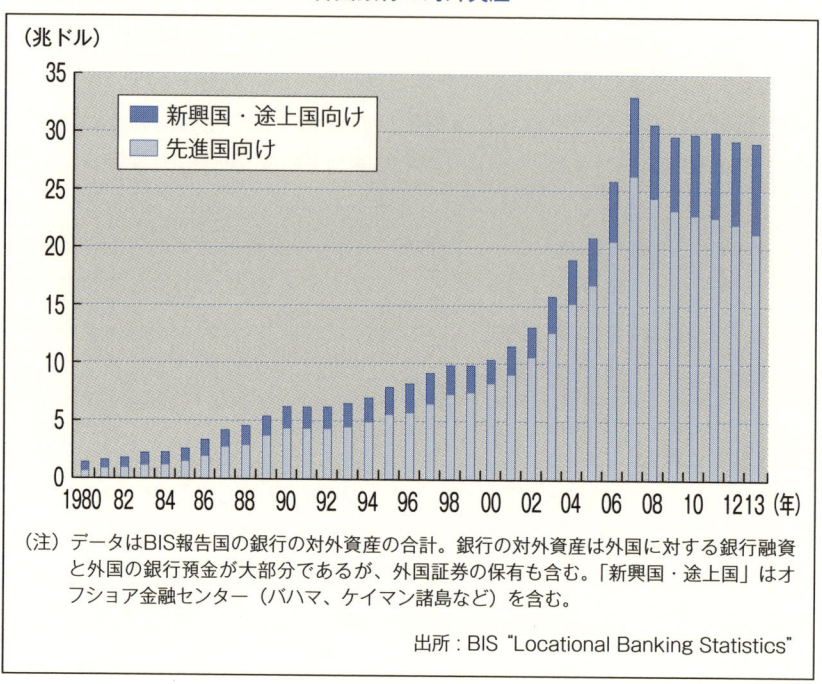

(注) データはBIS報告国の銀行の対外資産の合計。銀行の対外資産は外国に対する銀行融資と外国の銀行預金が大部分であるが、外国証券の保有も含む。「新興国・途上国」はオフショア金融センター（バハマ、ケイマン諸島など）を含む。

出所：BIS "Locational Banking Statistics"

ある。先進国の対外資産の構成をみると、対外資産全体に占める銀行の対外資産のシェアは過去30年間で半減しているが、これは近年金融の国際化が急速に進展する中で銀行取引の重要性が相対的に低下したということを意味している。しかし金額ベースで見ると、先進国を含めた各国銀行の対外資産は大幅に拡大しており、1980年から2013年にかけて約22倍に増加している。

銀行の対外資産の大部分は先進国向けであり、そのシェアは増加傾向にある。銀行の対外資産に占める先進国向け資産の比率は、1980年代前半の5年間は約58％であったが、最近の5年間（2009～14年）では約76％に高まっている。対外資産を対銀行とそれ以外（企業向け融資など）に分けてみると、最近の5年間では対銀行の資産が全体の約62％を占めている。ここで扱っているBIS報告国の銀行データの大部分は先進国のものなので、①先進国向

1 国境を越える金融取引の活発化　11

図表1-6　世界の為替取引額

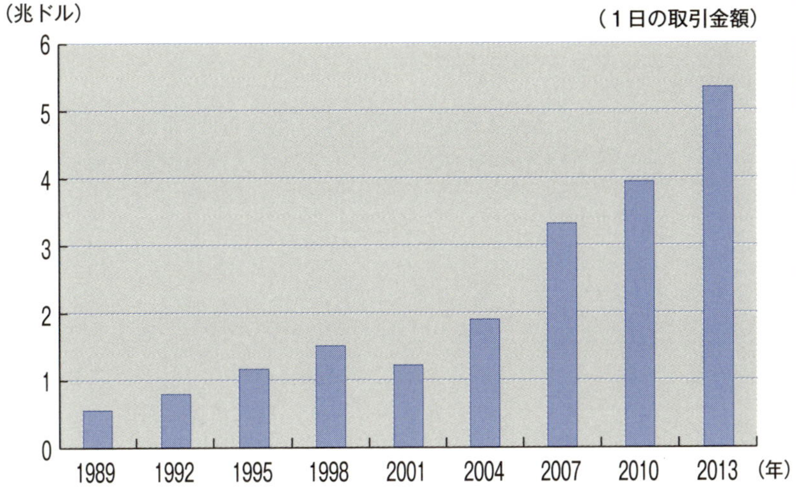

(兆ドル)　　　　　　　　　　　　　　　　　(1日の取引金額)

[棒グラフ: 1989年から2013年まで3年ごとの為替取引額。1989年約0.6兆ドル、1992年約0.8兆ドル、1995年約1.2兆ドル、1998年約1.5兆ドル、2001年約1.2兆ドル、2004年約1.9兆ドル、2007年約3.3兆ドル、2010年約4.0兆ドル、2013年約5.3兆ドル]

(注)　この調査は3年ごとに実施。データは各年4月の1日平均の取引額合計。円ユーロ取引やユーロ・ポンド取引などはドル金額に換算。

出所：BIS "Triennial Central Bank Survey, Foreign exchange turnover in April 2013: preliminary global results," September 2013, and previous surveys.

け資産が多いこと、②対銀行向け資産が多いことは、先進国の銀行は主に他の先進国の銀行相手に取引(融資や預金取得)を拡大しているということを意味している。

　金融の国際化すなわち国境を越えた金融取引の活発化を受けて、為替取引も拡大している(図表1-6参照)。為替取引とは通貨と通貨の売買であり、例えば円を売ってドルを買う、ドルを売ってユーロを買うといった異なる通貨を交換する取引である。BISが1989年以降3年おきに実施している世界の為替取引の調査によれば、2013年の世界の為替取引金額は、1日当たり約5.3兆ドルにのぼる。為替取引は貿易のためにも必要である。しかし、2013年の1年間の世界貿易額(財・サービス)は約23兆ドルなので、世界の為替市場での外貨の売買の大部分は金融取引のために行われているということになる。

2 主要国の対外資産と対外負債の拡大

(対外資産 vs. 対外負債)

　これまで学んだように、日本人(企業、政府、個人など)が外国の株式や債券を購入したり、外国の銀行預金を増やしたり、あるいは外国に融資を行うと、日本から資本が流出する。これらの資本流出が行われると、日本の**対外資産**external assetsが増加する。日本の対外資産とは、日本人が保有する外国の資産(株式、債券、預金、貸出債権その他)である。

　外国人(外国の企業、政府、個人など)が日本の株式や債券を購入したり、日本の銀行預金を増やしたり、あるいは日本に融資を行うと、日本に資本が流入する。これらの資本流入が行われると、日本の**対外負債**external liabilitiesが増加する。日本の対外負債とは、外国人が保有する日本の資産(株式、債券、預金、貸出債権その他)である。

　対外資産と対外負債は裏表の関係にある。例えば、日本の保険会社が保有する米国の国債や株式は日本にとって対外資産であるが、米国にとっては対外負債である。なお、負債という用語はしばしば債務と同義に使われる(例えば貸借対照表の「負債の部」の負債は債務と同じ意味である)。債務は貸し手からみると債権と呼ばれる。債権・債務はたとえば融資、預金、債券などの「貸し借り」のことであり、企業の所有権である株式は含まれない。しかし、対外負債には株式も含まれる点に注意しよう。国内金融でも資産と負債と言うときには、負債には債務のみならず株式も含まれる。

　対外資産と対外負債の概念を使うと、資本流出入を正確に定義することができる。前述のように、対外資産の増加は資本流出であり、対外負債の増加は資本流入である[*4]。対外資産と対外負債が減少する場合はどうだろうか。対外資産の減少は資本流入にカウントされる。対外資産の減少はマイナスの資本流出なので、資本流入だと考えればよい。一方、対外負債の減少は資本流出である。

[*4] 評価額変化による対外資産・対外負債の増減は、資本流出・流入ではない。例えば、外国の株価上昇による対外資産の評価額の増加は資本流出ではない。

> **資本流出と資本流入**
> - 資本流出　＝　対外資産の増加　＋　対外負債の減少
> - 資本流入　＝　対外負債の増加　＋　対外資産の減少

　資本流出と資本流入はフロー（例えば1年間の金額）であり、対外資産と対外負債はストック（例えばある年の年末時点の金額）である。フローである資本流出が起こると、ストックである対外資産が増加する、あるいはストックである対外負債が減少する（コラム「フロー vs. ストック」参照）。
　この点は少しややこしいので、具体的な例で理解しよう。

- 資本流出
　　（対外資産増加の例）　　日本の銀行がタイの銀行に融資
　　（対外負債減少の例）　　外国人投資家が保有していた日本株式を売却
- 資本流入
　　（対外負債増加の例）　　外国人投資家が日本の株式を購入
　　（対外資産減少の例）　　タイの銀行が日本の銀行からの借入を返済

　資本流出や資本流入が行われると、カネが流出入するのでその国で流通する貨幣の総量が変動するといった勘違いをしないように注意しよう。1国の貨幣の総量はマネーサプライ（マネーストック）と呼ばれる。資本流出と資本流入はここで定義された意味なので、資本の流出入によって、その国のマネーサプライが変動するということはない。つまり、日本から資本が流出しても、日本のマネーサプライが減ることはないし、日本に資本が流入しても、日本のマネーサプライが増えることはない。
　マネーサプライは、「現金＋銀行預金」の総額として定義される[5]。1国の中央銀行はその国のマネーサプライを変化させることによって、金融政策

---

[5] マネーサプライにはM1、M2、M3があるが、その違いは含まれる銀行預金の範囲にある。M1に含まれる預金は最も狭く、要求払い預金（普通預金と当座預金）だけが含まれ、M3に含まれる預金は最も広い。

を運営している*6。金融政策のスタンスが変わらなければ、基本的にマネーサプライは変化しない。したがって、「日本に資本流入があればカネが日本に流れ込むので金融緩和になる」とか、「日本から資本流出が続けば金融引き締めになる」というようなことはない。

なぜ資本流出入でマネーサプライが変化しないか、具体例で見てみよう。外国企業Aが日本企業Bを買収すれば、これは日本への資本流入である。この場合、外国企業Aが日本企業Bの株主から企業Bの株式を購入するが、これによって日本の現金と預金の総額に変化は起こらない。したがって、日本のマネーサプライは変化しない。外国企業が日本の銀行での預金を増やした場合はどうだろうか。これは日本への資本流入である。この場合は、日本人(企業・個人)名義の預金が減少し、外国人名義の預金が増加しており、日本における預金総額は変わらない。したがって、日本のマネーサプライは変化しない。

最後に、日本の対外資産と対外負債の規模を見ておこう。2013年末の日本の対外資産は約797兆円、対外負債は約472兆円である*7。対外資産から対外負債を差し引いた対外純資産は約325兆円(GDP比68%)である。日本の対外純資産の金額は国際的に見て大きく、実は、日本は世界最大の対外純資産保有国なのである。

(対外資産・対外負債で見る金融の国際化)

これまで資本取引の主要な形態である直接投資、証券投資、銀行取引(融資と預金)について国際的な取引が拡大してきていることを見たが、金融の国際化の進展を総合的にとらえる指標として、対外資産・対外負債のGDP比がある。対外資産・対外負債のGDP比は、対外資産残高と対外負債残高の合計額を名目GDPで割ったものである。国境を越えた資本取引が活発に

---

*6 厳密に言うと、中央銀行はマネーサプライを直接コントロールすることはできず、マネタリーベースの変化を通じて間接的にコントロールしている。

*7 対外資産・対外負債(特に対外資産)は外国通貨建てのものが多い。例えば日本の金融機関などが保有する米国国債はドル建てである。これら外国通貨建ての対外資産・負債は為替レートを使って円表示に換算している。

行われれば、各国の対外資産・対外負債が積み上がるので、対外資産・対外負債のGDP比の推移を見ることによって、金融の国際化の進展度合いを測ることができる。GDP比をとるのは、各国の経済規模の拡大テンポ以上に対外資産・対外負債が拡大しているかどうかを見るためである。

図表1-7は、先進国と新興国について、対外資産・対外負債のGDP比の推移を示している。この図表からまず明らかになることは、先進国において金融の国際化が目覚しい勢いで進展しているという点である。先進国においても、1970年代には金融の国際化の進展はほとんど見られなかった。それ以前の期間はデータがとれないが、戦後のブレトンウッズ体制のもとでは先進国においても資本取引の自由化がなされていなかったので、金融の国際化は進んでいなかった。（ブレトンウッズ体制および後出の金本位制については、第4章「外国為替市場の基礎知識」のコラムで学ぶ。）それが1980年代に入ってから金融の国際化が顕著となり、特に1990年代半ば以降金融の国際化は飛躍的に進展している。1980年から2013年までの30年あまりの間に、先進国の対外資産・対外負債のGDP比は、7.3倍に拡大しているのである。

なお、日本の対外資産・対外負債のGDP比は、先進国の平均に比べ低く、2013年では247％となっている（先進国の平均は438％）。概して、経済規模（GDP）の小さい経済小国の場合、対外資産・対外負債のGDP比は非常に高くなっており、経済大国の対外資産・対外負債のGDP比は比較的低い。経済大国の米国も、日本と同様同比率は相対的に低い（2013年315％）。しかし、日本の場合も、1980年代以降の対外資産・対外負債の拡大は著しく、1980年から2013年にかけて、対外資産・対外負債のGDP比は8.7倍となっている。米国でも同様の傾向が見られる。

新興国においても、先進国ほど速いペースではないではないが、1980年代以降金融の国際化が進展している。新興国の対外資産・対外負債のGDP比は、1980年から2013年にかけて3.4倍に拡大している。新興国の経済成長率は先進国よりもかなり高いが、新興国の対外資産と対外負債はそれらの国の成長率を大幅に上回って増加しているのである。

先にみたように、先進国から新興国への直接投資の流入が過去30年あまりの間長期的に拡大している。また、1990年代以降、新興国の株式市場は

図表1-7　金融の国際化の進展
—対外資産・対外負債のGDP比—

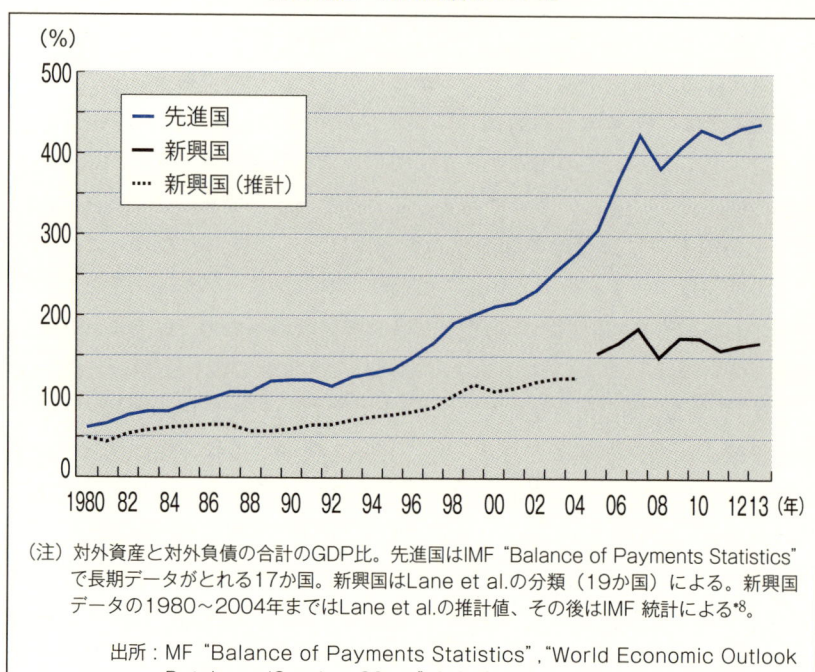

(注) 対外資産と対外負債の合計のGDP比。先進国はIMF "Balance of Payments Statistics" で長期データがとれる17か国。新興国はLane et al.の分類（19か国）による。新興国データの1980～2004年まではLane et al.の推計値、その後はIMF 統計による[8]。

出所：MF "Balance of Payments Statistics", "World Economic Outlook Database (October 2014)" および Lane, Philip, R.Milesi-Ferretti, and Gian Maria, "The External Wealth of Nations Mark II:Revised and Extended Estimates of Foreign Assets and Liabilities,1970-2004", IMF Working Paper WP06/69, IMF, March 2006.

新興市場として注目され、先進国の機関投資家などが、新興国での株式投資を拡大してきている。最近では、新興国とりわけ中国、インド、ブラジルなど新興国大国は、先進国および他の新興国・途上国への直接投資や証券投資

---

[8] 先進国17カ国は、オーストラリア、オーストリア、ベルギー、カナダ、フィンランド、フランス、ドイツ、イタリア、日本、オランダ、ニュージーランド、ノルウェー、スペイン、スウェーデン、スイス、英国、米国。新興国19カ国は香港、韓国、シンガポール、イスラエル、アルゼンチン、チリ、中国、エジプト、インド、インドネシア、マレーシア、メキシコ、フィリピン、ポーランド、ロシア、南アフリカ、タイ、トルコ、ベネズエラ。

を拡大するようになっている。このように新興国でも金融の国際化が着実に進展しており、今日では、新興国は拡大する世界的な資本取引において重要なプレーヤーになっている。

新興国以外の途上国(その多くは貧困国)の対外資産・対外負債のデータは十分とれない。しかし、近年先進国からのODA(政府開発援助)の資金供与は停滞していること、経済停滞している貧困国への民間資金の流入は限られていることから、その他途上国の場合は、金融の国際化は限られたものであると考えられる。

以上要するに、金融の国際化は先進国においてもっとも顕著に見られる現象であるが、新興国でも金融の国際化が進展している。新興国以外のより貧困な途上国では、金融の国際化はあまり進展していないと考えられる。

(金融の国際化の特徴)

1980年代以降の金融の国際化の特徴は、各国の対外資産と対外負債が両建てで大幅に増加しているという点である(図表1-8)。この傾向は、先進国、新興国共通に見られる。その結果、対外純負債国(例えば米国)は、多額の対外負債を抱えていると同時に多額の対外資産を保有しており、一方、対外純資産国(例えば日本)は、多額の対外資産を保有していると同時に多額の対外負債を抱えている姿となっている。

歴史的に見ると、1870年代から第1次世界大戦開戦(1914年)までの約40年間においても、国境を越えた資本取引が活発に行われていた。この期間は金本位制の全盛期であった。金本位制時代には、主要国であったヨーロッパ諸国(英国、フランス、ドイツなど)が大幅な経常収支黒字、当時の新興国(アルゼンチン、オーストラリア、カナダなど)が大幅な経常収支赤字というパターンであった。当時の主要国の経常収支黒字は近年以上に大幅なもので、英国ではピークで経常収支黒字がGDP比9%に達していた。一方、新興国の赤字はGDP比10％台になることはしばしばで、アルゼンチンの赤字はピーク時にはGDP比30％にも達した。第2章「各国経済と国際金融の結びつき」で学ぶように、1国の経常収支は、その国の輸出と輸入の差を示すと同時に、資本流入と資本流出の差(ネットでの資本流出入)を示しているので、当

図表1-8　両建てで拡大する対外資産と対外負債

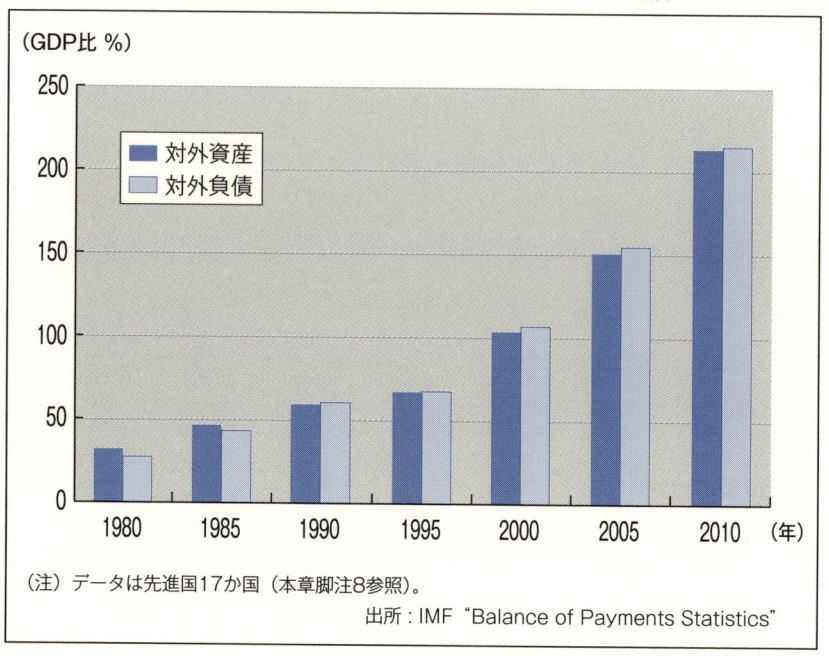

(注) データは先進国17か国（本章脚注8参照）。
出所：IMF "Balance of Payments Statistics"

時は近年以上にネットでの資本流出入が活発に行われていたことになる。

　金本位制時代の金融の国際化では、最近の金融の国際化と異なり、対外資産と対外負債の両建てでの拡大は見られなかった。当時は、ヨーロッパの主要国が、当時の新興国の鉄道建設などをファイナンスするために、債券購入や銀行融資で新興国に資本を流出させていた。ヨーロッパ主要国はもっぱら対外資産を拡大し、当時の新興国はもっぱら対外負債を拡大していたのである。

コラム

フロー vs. ストック

　金融や経済の議論では、フローとストックの概念の違いを理解することが重要である。例えば、「私の年収は500万円です」と「私の銀行預金は500万円です」では、同じ500万円でもその性格は異なっている。年収の500万円は、1年間という一定の期間に稼ぐ金額であり、預金の500万円はある時点で(この例では現時点で)保有している金額である。年収の500万円はフローの数値であり、預金500万円はストックの数値である。

　フローとストックの違いを理解するには、湖の水量と、湖に流れ込む川(あるいは湖から流れ出る川)の水量を例にとるとわかりやすい。川から昨日1日で流れ込んだ水が3万m³(立方メートル)、湖から流れ出た水は2万m³で、今朝8時時点の湖の水は300万m³だったとしよう。この場合、水量3万m³と2万m³はフローで、水量300万m³はストックである。川から流れ込む水量(フロー)は、湖の水量(ストック)を増加させる。一方、湖から流れ出る水量(フロー)は、湖の水量(ストック)を減少させる。

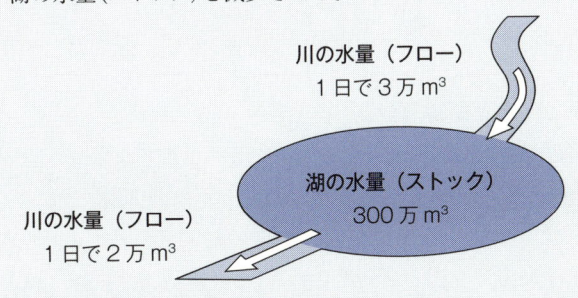

川の水量（フロー）
1日で3万m³

湖の水量（ストック）
300万m³

川の水量（フロー）
1日で2万m³

　本書で学ぶ基本的な統計概念について、フローとストックの区別をしよう。資本流入と資本流出、GDP、貯蓄と投資、経常収支(黒字・赤字)、財政収支(黒字・赤字)などはフローである。一方、対外資産と対外負債、外貨準備、マネーサプライなどはストックである。

　川の水量と湖の水量のように、フローの変数とストックの変数は連動する場合が多く、資本流出入と対外資産・対外負債も連動関係にある。たとえば、ある年にフローである資本流出が資本流入を上回ると、ストックである対外純資産(=対外資産—対外負債)の年末値が前年に比べ増加する。

第2章　各国経済と国際金融の結びつき

　ある国の輸出・輸入あるいは対外投資・対外借入といった対外経済の動向は、その国の貯蓄と投資の動向あるいは財政収支の変化といった国内経済の動向と密接に関係している。また、その国の1年間の輸出と輸入の差は、その国の1年間の対外投資と対外借入に等しいという関係がある。
　本章では、各国の国内経済と対外投資・対外借入という国際金融の営みの間の密接な関係について学ぶ。このような各国経済と国際金融の結びつきについて学ぶには、まずGDPと経常収支という2つの重要な統計概念について基本的な理解を持つことが必要である。

1　GDPの3つの顔
― 生産と支出と所得 ―

（GDPは生産と支出と所得を計測）

　GDP（国内総生産）gross domestic productは、さまざまな経済指標のうちで最も重要な指標の1つである。ある国のGDPは、一定期間（通常1年間）におけるその国の生産の総額、支出の総額、所得の総額を計測したものである[*1]。つまり、GDPは生産と支出と所得という「3つの顔」を持っていると言える。日本の2013年のGDP（名目）は約480兆円であった（名目GDPと実質GDPの違いについては後述）。それでは、GDPの3つの顔について順次説明しよう。
　まず第1に、GDPは生産（ないし生産物product）の総額、つまり1国で生産された財・サービスの総額を計測するものである。財は例えば家電製品、食品、各種機械などであり、サービスは例えば通信サービス、散髪サービス

[*1] 日本を含め多くの国では、四半期GDP（つまり3か月分のGDP）の統計も集計・発表されているが、本章では、経済分析で通常使われる1年間のGDPについて説明する。なお、本章の分析結果は、GDPと経常収支の四半期データを使っても成り立つ

などである。GDP gross domestic productという名称は、生産に着目してつけられた名称である。

GDPで測る生産総額は、企業などが生産した財やサービスの年間売上総額を合計したものではない。例えば、自動車会社は鋼材を自動車生産に用いるので、自動車の価格には鋼材の費用が織り込まれている。したがって、自動車会社の年間売上総額と鉄鋼会社の年間売上総額を合計すると、自動車会社が使った鋼材の金額が二重計算されてしまうことになる。GDPで用いるある企業の生産額は、売上総額から原材料などの中間生産物の金額を差し引いたもの、つまりその企業が生産した**付加価値**value addedである。GDPは生産の総額を測るものだが、生産は付加価値でとらえられている。したがって、GDPは1国で生産された付加価値の総額ということになる。

第2に、1国で生産された財・サービスは誰かが購入するので、生産の総額は支出の総額と等しい。したがって、GDPはその国の生産物に対する支出総額でもある。マクロ経済学でしばしば登場する次の式は、支出面に着目したGDPの定義式である。

$$Y = C + I_p + G + X - M$$

ここで、YはGDPであり、記号Yは収穫高・生産高を意味するyieldの頭文字をとったものである。Cは**民間消費**(単に消費とも呼ばれる)consumptionであり、家計が1年間に消費するさまざまな財・サービスの総額である。I_pは**民間投資**private investmentで、その主なものは設備投資(機械購入、工場建設などのための企業の支出)である。その他、家計が行う住宅投資と、企業が行う在庫投資も、民間投資I_pに含まれる[*2]。Gは**政府支出**government expendituresである。政府支出には、政府消費C_gと政府投資(ないし公共投資) I_gがある。政府消費は政府が国民に供給するさまざまなサービス(警察サービス、ごみ収集サービスなど)であり、政府投資は橋や道路などを建設し

[*2] GDP統計では、売れ残った財は在庫投資として企業が購入したものとして扱われている。したがった、前述の「1国で生産された財・サービスは誰かが購入するので、生産の総額は支出の総額と等しい」という関係が成り立つ

たり補修したりするための支出である*3。

Xは**輸出** exports で、これは外国人によるその国の生産物に対する支出である。Mは**輸入** imports で、これは外国の生産物に対するその国の人々の支出である。(X—M)は**純輸出** net exports と呼ばれる。「輸出＞輸入」の時は純輸出はプラスの値となり、「輸入＞輸出」の時は純輸出はマイナスの値となる。

ここでGDPの(支出面からみた)定義式に、輸入Mが引き算として入っている理由を考えよう。その国の家計・企業・政府の支出である($C+I_p+G$)には、外国で生産された輸入品に対する支出も含まれている。GDPはその国で生産された財・サービスの総額なので、GDPを計算するには、輸入品に対する支出である輸入Mを差し引く必要がある。

なお、純輸出の「純」は、ネットしたもの、つまり引き算したものという意味で、「純」は本書でもよく使われるので覚えておこう。たとえば、純資産は資産から負債を引いたネットの資産、純資本流出は資本流出から資本流入を引いたネットの資本流出という意味である。

これらのGDP支出項目はしばしば需要とも呼ばれることに注意しよう。例えば、「消費需要の盛り上がり」、「投資需要の低迷」といった言い方がなされる。また、($C+I_p+G$)は**内需** domestic demand と呼ばれ、純輸出(X—M)は**外需** external demand と呼ばれる。

第3に、GDPは1国における1年間の所得総額でもある。支出されたものは誰かの所得になるので、支出の総額と所得の総額は等しい。また、生産された付加価値は、賃金、利子、企業利益(配当と内部留保)として誰かに分配されるので、生産の総額は所得の総額と等しい。

以上要するに、GDPは生産の総額であり、支出の総額であり、所得の総額である。

---

*3 政府消費が支出として見たGDPの一部であるという点はわかりにくい。GDP統計では、警察サービスなどは政府が自ら生産して全量買い上げ、国民にタダで提供していると考えられている。政府消費のサービスには値段がついていないので、政府消費の総額はそれらのサービスを生産するために必要な費用(公務員給与など)から推計されている。

〈GDPの使い方〉

　GDPは1国の1年間の生産総額を表すので、GDPはしばしばその国の経済規模を表す指標として用いられる。日本は「世界第3位の経済大国」であると言われるが、これは日本のGDPが米国と中国に次いで世界で3番目に大きいからである。なお、各国のGDPはその国の通貨で表示されている。例えば日本のGDPは円でいくら、米国のGDPはドルでいくら、中国のGDPは元でいくらと表示されている。GDPの大きさを国際比較するときは、各国通貨表示のGDPをドルに換算して比較する。各国GDPのドル換算の問題については、第6章「為替レートと物価」で議論する。

　また、財政赤字、政府債務残高、対外資産・対外負債などの大きさを国際比較するときには、それらがその国の経済規模に比べてどの程度大きいかを見るためにGDP比が通常使われる。この理由から、第1章「金融の国際化」の図表でもGDP比が使われていたのである。

　世界各国の豊かさ（あるいは貧しさ）の度合いを国際比較するときには、GDPを人口数で割った **1人あたりGDP**（GDP per capita）が用いられる。国際比較に使われる各国の1人あたりGDPは、各国のGDPをドル換算してそれを人口数で割ったものである。1人あたりGDPがその国の豊さを測る指標として用いられるのは、GDPがその国の所得総額を意味しているからである。

　GDPの伸び率が**経済成長率**economic growthである。2%の経済成長は、その年のGDPが前年のGDPに比べ2%増加したことを意味している。例えば、2010年の経済成長率は、次の式で計算される。

$$2010年の成長率 = \frac{Y_{2010} - Y_{2009}}{Y_{2009}} \times 100$$

　通常、経済成長率は実質GDPの伸び率（実質GDP成長率）で測る。**実質GDP** real GDPは、物価変化の影響を取り除いたGDPである。物価変化の影響が入ったもともとのGDPは、**名目GDP** nominal GDPと呼ばれる。

　実質GDPという概念がなぜ必要か考えてみよう。仮にある年GDP（名目）が2倍になっても、その年物価水準が2倍になっていれば、実際に生産され

たモノ（財とサービス）の量は変わっていない。また、人々の所得総額が2倍になっても、実際に買えるモノの量は前と変わらない。つまり、人々の豊かさの程度は変わらない。したがって、経済全体の実質的な生産水準の変化（あるいは支出水準や所得水準の変化）を計測するためには、物価変化の影響を取り除いた実質GDPの変化を見る必要がある。

名目GDPと実質GDPについて学んだので、それぞれがどのように使われるか整理しておこう。経済成長を見るときには、実質GDPが使われる。一方、「日本のGDPは約500兆円」、「日本は世界第3位の経済大国」、「日本の財政赤字のGDP比は先進国最高水準」、「中国の一人あたりGDPは日本より低い」などというときには、名目GDPが使われる。

（GNPとは）

GDPと大変類似した概念に、**GNP**（国民総生産）gross national productがある。GNPは**GNI**（国民総所得）gross national incomeとも呼ばれる。GDPとGNP（GNI）の関係は、次式で表される。

$$\text{GNP（GNI）} = \text{GDP} + \text{純要素所得}$$

純要素所得 net factor income from abroadとは、要素所得の受払差、つまり要素所得の（外国からの）受取りから要素所得の（外国への）支払いを差し引いたものである。要素所得は生産要素（資本と労働）の所得という意味で、利子、配当、賃金などが含まれる。資本から得られる所得である利子、配当などは**投資収益** investment incomeと呼ばれる[4]。賃金などは労働者報酬と呼ばれるが、日本などの先進国の場合は、要素所得の受払では労働者報酬よりも投資収益がとくに重要である[5]。実際、日本の純要素所得の大部分は投資収益の受払差である。

---

[4] 投資収益には利子、配当の他に、現地子会社などの内部留保増加分も含まれる。これは再投資収益と呼ばれる。この点は第3章「国際収支を学ぶ」の脚注4で詳しく説明している。

[5] 外国に多くの出稼ぎ労働者を出している途上国の場合は、労働者報酬の受取が純要素所得の多くを占めている。

これらの所得の受取・支払いは国境を越えた取引のみが含まれ、例えば日本の金融機関が保有する米国国債の利子収入は、日本にとって要素所得受取である（米国にとっては要素所得支払いとなる）。しかし、日本の金融機関が保有する日本政府の国債の利子収入は、ここでの要素所得受取ではない。また、日本企業が外国人株主に支払う配当は、日本にとって要素所得支払いである。日本人が中国で稼いだ賃金所得は、日本にとって要素所得受け取りである。

　第1章「金融の国際化」で学んだように、日本の場合は、対外資産が対外負債を大幅に上回っているので、外国から受け取る利子・配当などの投資収益の受取が、外国に支払う利子・配当などの投資収益の支払よりも大きく、純要素所得は毎年プラスの金額となっている。したがって、日本の場合は、GDPよりもGNPのほうがやや大きい。

　GDPの他にGNPという統計概念を使う理由は、日本人（日本の企業や個人）が1年間で稼ぐ所得総額を見るには、外国で日本人が稼いだ所得（利子、配当など）を含め、外国人（外国の企業や個人）が日本で稼いだ所得は差し引く方が良いと考えられるからである。日本のGDPは日本国内で稼ぎだされた所得総額を意味しており、そこには外国人が日本国内で稼いだ所得も含まれる。日本のGNPは、日本人が国内および海外で稼ぎ出した所得総額である[*6]。なお、ここでの日本人（あるいは外国人）の概念は国籍による区分ではなく、日本（あるいは外国）の居住者かどうかによっているということは、第3章「国際収支を学ぶ」で詳しく説明する。

　このようにGDPとGNPは異なるが、しかし、日本を含め、多くの国でGDPとGNPの金額の違いはそれほど大きいものではない。現在では、日本を含め国際的に、GNPよりもGDPを使うほうが一般的なので、以下の議論ではGDPを使って分析する。なお、GNPを使って分析した場合も、基本的には結論は変わらない。

[*6] GNPとGNIはまったく同じもので、GNPは生産面に着目した名称で、GNIは所得面に着目した名称である。かつてはGNPという用語が一般的であったが、GNPはその国の国民の所得総額をとらえるものという性格が強いので、最近は、GNIという呼び名が広く使われるようになっている。

2 経常収支の経済的な意味

GDP統計における純輸出(=輸出—輸入)は、国際収支統計における**経常収支**current accountとおおむね等しい。経常収支は統計上、次の3つの収支の合計として定義される。

経常収支 = 貿易・サービス収支 + 第1次所得収支 + 第2次所得収支

これらの経常収支を構成する3つの収支のうち貿易・サービス収支が、多くの国にとって最も重要である。そして貿易・サービス収支は、GDP統計の純輸出と同じものなので、経常収支は純輸出とほぼ等しいものだと言える[*7]。ただし、最近の日本の経常収支では、第1次所得収支の動向が重要性を増してきている。この点については、第3章「国際収支を学ぶ」で説明する。経常収支の値がプラスであれば**経常収支黒字**current account surplus、マイナスであれば**経常収支赤字**current account deficitと呼ばれる。主要な先進国お

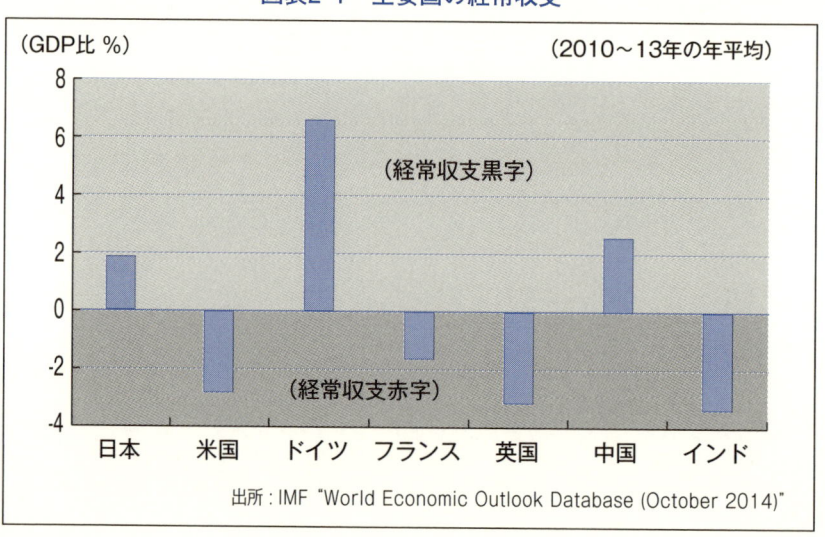

図表2-1 主要国の経常収支

(GDP比 %)　　　　　　　　　　(2010～13年の年平均)

出所：IMF "World Economic Outlook Database (October 2014)"

よび新興国の間でも、経常収支黒字国もあれば赤字国もある(図表2-1参照)。日本は過去30年余り毎年、経常収支黒字となっている。

経常収支の統計上の定義は上述のとおりだが、統計の詳しい話は第3章「国際収支を学ぶ」で行うこととして、ここでは経常収支がどのような経済的な意味を持っているについて学ぶ。実は、経常収支は次の4つの経済的な意味を持っている。これらは一見無関係の事柄のように見えるが、違う角度から同一のものを見た表現なのである。

経常収支の経済的な意味

① **経常収支は、広い意味での貿易収支である**
　経常収支黒字国 ＝ 貿易黒字国 (輸出＞輸入)
　経常収支赤字国 ＝ 貿易赤字国 (輸出＜輸入)

② **経常収支は、純資本流出である**
　経常収支黒字国 ＝ 資本輸出国 (資本流出＞資本流入)
　経常収支赤字国 ＝ 資本輸入国 (資本流出＜資本流入)

③ **経常収支は、国内貯蓄と国内投資の差である**
　経常収支黒字国 ＝ 貯蓄超過国 (貯蓄＞投資)
　経常収支赤字国 ＝ 貯蓄不足国 (貯蓄＜投資)

④ **経常収支は、所得と国内支出の差である**
　経常収支黒字国では、所得よりも支出が少ない (所得＞支出)
　経常収支赤字国は、所得以上に支出している (所得＜支出)

第1に、経常収支は広い意味での貿易収支である。これは、経常収支の統計的な定義から直接得られる関係である。前述のように、経常収支は純輸出とほぼ等しい。純輸出は輸出マイナス輸入なので貿易収支なのである。純輸出がプラスなら貿易黒字(輸出超)、マイナスなら貿易赤字(輸入超)である。

・7　細かい統計処理の違いから、貿易・サービス収支と純輸出の金額は必ずしも完全に一致しないが、両者は基本的に同じものである。

したがって、経常収支黒字国は貿易黒字国であり、経常収支赤字国は貿易赤字国である*8。

　第2に、経常収支は純資本流出（＝資本流出―資本流入）である。つまり、経常収支の金額は純資本流出の金額と等しい。経常収支黒字国は、ネットで資本が流出している国（資本流出＞資本流入）、経常収支赤字国はネットで資本が流入している国（資本流出＜資本流入）を意味する。資本流出は資本輸出、資本流入は資本輸入とも呼ばれるので、しばしば経常収支黒字国は**資本輸出国**capital exporter、経常収支赤字国は**資本輸入国**capital importerであると表現される。たとえば、日本や中国は資本輸出国であり、米国は資本輸入国である。

　第1章「金融の国際化」で学んだように、資本流出は、外国に銀行融資したり外国の証券を購入することなので、対外貸出ないし対外投資であると言え、資本流入は対外借入だと言える。したがって、経常収支黒字国は資本輸出国であり対外貸出国（対外投資国）である。経常収支赤字国は資本輸入国であり対外借入国である*9。

　経常収支の第1の経済的な意味である「経常収支は貿易収支」と、第2の意味である「経常収支は純資本流出」の関係を考えてみよう。第1の意味からは、経常収支黒字国は貿易黒字国、経常収支赤字国は貿易赤字国であるが、第2の意味からは、経常収支黒字国は対外貸出国、経常収支赤字国は対外借入国であるということになる。なぜ貿易黒字国は対外貸出国であり、貿

---

*8　ここでの貿易収支は広い意味で使われており、日本の国際収支統計における（狭い意味での）貿易収支とは異なる。GDP統計は財とサービスの生産・支出をとらえているので、GDP統計の一部である純輸出は、財・サービスの輸出と輸入の差、つまり財・サービスの貿易収支である。したがって、純輸出とほぼ等しい経常収支は、財・サービスの貿易収支である。一方、日本の国際収支統計における貿易収支は、財の輸出と輸入の差、つまり財だけの貿易収支である。国際収支統計では、財・サービスの貿易収支は「貿易・サービス収支」と呼ばれることなどは、第3章「国際収支を学ぶ」で詳しく説明する。

*9　資本輸出国・輸入国、対外貸出国・借入国はすべて、ネットでの意味であることに注意しよう。たとえば、資本輸出国は資本を輸出するのみならず資本を輸入しているが、資本輸出が資本輸入よりも大きい、つまりネットで見ると資本を輸出している国のことである。また、ここでの貸出・借入は広い意味で使われており、国境を越える融資や債券の購入・売却のみならず、株式の購入・売却も含まれている。会社の所有権である株式の売買は法律的な意味では貸し借りではないが、対外貸出・対外借入には株式の売買も含まれる。

易赤字国は対外借入国なのだろうか。

まず貿易赤字国から考えよう。貿易赤字国はモノ（財とサービス）を輸出して稼ぐ金額よりも、モノを輸入して外国に支払う金額のほうが大きい。個人の場合、稼いだ収入よりも多くの支出をするためには誰かからおカネを借りなければならない[*10]。貿易赤字国の場合は、外国に輸出して稼いだ金額よりも、外国から輸入して支払う金額のほうが大きい。そのようなことが可能なのは、その国が外国から借入れをするからである。換言すれば、貿易赤字国は多くのモノを外国から受取り、それより少ないモノを外国に引き渡している。このような一見うまい話が成り立つのは、貿易赤字国が外国からモノをツケで買っているからである。つまり、貿易赤字国は貿易赤字分だけ借金しているのである。したがって、貿易赤字国は必ず対外借入国（ないし資本輸入国）であるということになる。

逆に貿易黒字国はモノを輸出して稼ぐ金額のほうが、モノを輸入して外国に支払う金額よりも大きい。貿易黒字国は、輸出が輸入を上回る分つまり貿易黒字分だけ、外国に貸出しを行っている。したがって、貿易黒字国は必ず対外貸出国（ないし対外投資国、資本輸出国）であるということになる。

経常収支の経済的な意味の第3（国内貯蓄と国内投資の差）と第4（所得と国内支出の差）は、次に学ぶ1国の貯蓄・投資バランスの分析から得られるものである。

3 貯蓄・投資バランスの分析

（閉鎖経済 vs. 開放経済）

1国の貯蓄・投資バランスを分析することによって、その国の貯蓄と投資、国内支出と所得、財政赤字などの国内の経済動向が、貿易赤字・黒字の関係を示す経常収支の動向と密接不可分に結びついているということがわか

[*10] 厳密に言うと、収入以上に支出をするためには、純資産（＝資産－負債）を減少させる必要がある。借入をする代わりに、過去に貯めた貯蓄を取り崩すことによっても、収入以上の支出を行うことができる。借入も貯蓄の取り崩しも、ともに純資産の減少を意味する。

る。この分析では閉鎖経済と開放経済を区分し、まず、より単純な閉鎖経済の貯蓄・投資の関係を分析することから始める。

閉鎖経済closed economyとは貿易を行わない国で、外国との関係を閉鎖した国である。**開放経済**open economyは貿易を行っている国である。現実の世界では、すべての国が程度の違いはあるものの外国と貿易を行っており、閉鎖経済は理論分析上の概念だと言える。閉鎖経済に近い国の例としては、現在の北朝鮮や江戸時代の日本などがあげられよう。しかし、北朝鮮も中国との国境などで貿易を行っているし、鎖国政策をとっていた時代の日本でも、長崎の出島で外国との貿易を行っていた。

現実の世界で、厳密に閉鎖経済だと言える経済が1つだけ存在している。それは地球上のすべての国を合わせた世界経済である。世界経済を1つの経済単位としてみると、地球外の「外国(火星人など)」と貿易を行っていないので、世界経済は厳密な意味で閉鎖経済だと言える。

閉鎖経済の貯蓄・投資バランスの分析は、より現実的な開放経済を分析するための準備ステップである。しかし、閉鎖経済の分析結果は、北朝鮮などの比較的閉鎖経済に近い国の場合、おおむね当てはまるといえる。また、世界の各国経済を合わせた世界経済を1つの経済単位としてとらえると、閉鎖経済の分析結果は世界経済にそのまま適用できる。(コラム「『投資』の意味の違いに注意」参照。)

(閉鎖経済では、必ず貯蓄＝投資)

GDPの支出面からとらえた定義式を思い出そう。

$$Y = C + I_p + G + X - M \qquad (式1)$$

(式1)は定義上の関係を表しているので、等号関係は常に成り立っており、「国民所得の恒等式」とも呼ばれる。貯蓄・投資バランスの分析は、この式の左辺と右辺の項目をいろいろ操作することによって行う。分析自体は足し算・引き算するだけの単純なものではあるが、そこから得られるいろいろな分析結果は、各国経済の動向を理解するのに大変重要なものである。

> コラム
「投資」の意味の違いに注意

　投資という用語は、金融で最も使われる用語の1つである。株式投資、外国人投資家、分散投資、投資収益、投資戦略などなど、例をあげれば切りがない。
　これらの投資は、金融資産とりわけリスクが比較的高い金融資産を購入(ないし保有)することを意味する。投資家が金融資産を購入するのは、金融資産から収益が得られる(と期待する)からである。例えば、株式投資とは株式を購入することであり、株式を保有すると、配当や値上がり益(キャピタルゲイン)と呼ばれる投資収益が得られる。株式投資はリスクがあるので、投資収益がマイナスになる、つまり損失を被ることもある。不動産などの実物資産も収益を生む。たとえば、土地を購入して人に貸せば地代が入るし、値上がり益も期待できるかもしれない。したがって、投資という用語は不動産投資、あるいは金投資などでも使われる。
　金融資産や不動産などの購入という意味のほかにも、投資という用語はしばしば使われる。本章で出てくる「貯蓄と投資」というときの投資がその例だが、他にも、企業の投資マインドの冷え込み、投資主導の経済成長、住宅投資、公共投資など、多くの例があげられる。これらの投資は、株式投資や債券投資の話ではない。ここでの企業の投資は、機械や工場建設などのための支出であり、住宅投資は家計が住宅を建設したり新設マンションを購入することである。公共投資(ないし政府投資)は、橋や道路などの建設・補修である。これらの投資は、株式投資などの金融的な投資と異なり、「物理的」な資本ストック(機械や工場の総量)、住宅ストック(住宅の総量)、あるいは政府資本ストック(橋や道路などの総量)の増加分を意味している。

　閉鎖経済では貿易が行われないので、輸出入は常にゼロである。したがって、閉鎖経済の場合の国民所得の恒等式は次のようになる。

$$Y = C + I_p + G \qquad (式1)'$$

　このうち政府支出Gは政府消費Cgと政府投資Igからなるので、($G = C_g +$

Ig)を(式1)'に代入する。そして、民間消費Cと政府消費Cgを左辺に移項すると、次のようになる。

$$Y = C + Ip + Cg + Ig$$
$$Y - C - Cg = Ip + Ig$$

ここで、政府の税収をTとし、上式の左辺に−Tと＋Tを挿入すると、次の関係が得られる。なお、(−T＋T＝0)なので上式の等号関係が維持されることに注意しよう。

$$(Y-T-C) + (T-Cg) = Ip + Ig$$
民間貯蓄 ＋ 政府貯蓄 ＝ 民間投資＋政府投資

この式の右辺は民間投資と政府投資の合計で、この国全体の投資を表している。一方、左辺はこの国全体の貯蓄を表しているのだが、それがなぜか考えてみよう。

まず(Y−T−C)の経済的な意味を検討しよう。(Y−T)は所得から税収を引いたもの、つまり民間部門にとって自由に使える所得なので「可処分所得」と呼ばれる。民間部門の可処分所得から民間消費を引いた残りは、民間部門の貯蓄である。結局、(Y−T−C)＝民間貯蓄なのである。(T−Cg)は政府の収入から政府消費を引いたものなので、民間部門の所得、消費、貯蓄の関係を当てはめると、これは政府部門の貯蓄と呼ぶことができる。つまり、(T−Cg)＝政府貯蓄である。結局(Y−T−C)＋(T−Cg)は、民間貯蓄と政府貯蓄を合計したものなので、その国全体の貯蓄を表していることになる。

1国全体の貯蓄をS、投資をIとすると、閉鎖経済では次の関係が常に成り立つことになる。

$$S = I \qquad (式2)$$
貯蓄 ＝ 投資

この閉鎖経済の貯蓄・投資バランスの分析結果(式2)が、どのような経済的な意味を持っているか考えよう。前述のように、世界経済は閉鎖経済なので、1年間に世界中で行われる投資の総額は、その年に世界中で行われる貯蓄の総額に必ず等しい。したがって、誰かが投資するためには、誰かが貯蓄していなければならないのである。逆に言えば、誰かが貯蓄した分は必ず投資に回されているということになる。

　北朝鮮は閉鎖経済に近い国だと考えられるので、貯蓄＝投資の関係がおおむね成立していると言える。北朝鮮の経済データは入手不能なので正確なことはわからないが、恐らく貯蓄は非常に少ないであろう。なぜなら、大部分の国民は貧困にあえいでいるので、稼いだ所得は食べ物などに消費されて、貯蓄に回される分はほとんどないと考えられるからである。したがって、北朝鮮は低貯蓄国であると推測される。貯蓄・投資バランスの関係から、低貯蓄国の北朝鮮は低投資国であるということになる。新たな工場の建設、新たな機械の導入、あるいは道路や橋などのインフラの建設・更新といった経済全体の投資が低水準なら、将来の経済成長は望めない。低投資国は低成長国となる。以上要するに、北朝鮮が現在のような体制を続けるならば、低貯蓄、低投資が続き、いつまでも経済停滞が続くということになる。

(開放経済では、貯蓄不足を外国貯蓄で補える)
　開放経済は外国との貿易を行っているので、国民所得の恒等式は閉鎖経済の場合と異なり、純輸出(X－M)が入った(式1)となる。

$$Y = C + Ip + G + X - M \qquad (式1)$$

　前述したように、経常収支は純輸出とほぼ等しいので、以下では(X－M)を経常収支と呼んで議論する。(X－M)がプラスであれば経常収支黒字、(X－M)がマイナスであれば経常収支赤字である。

　(式1)に含まれる項を若干操作することによって、(式1)は次のように書き換えることができる。国民所得の恒等式を書き換えたこれらの式は、各国の国内経済と対外取引の間に大変興味深い関係があることを示している。

$$S - I = X - M \quad \text{(式3)}$$
$$Y - (C + I_p + G) = X - M \quad \text{(式4)}$$
$$(S_p - I_p) + (T - G) = X - M \quad \text{(式5)}$$

以下では、(式3)、(式4)、(式5)がどのように導出されるかを説明し、各式が持つ経済的意味合いを検討する。

貯蓄・投資バランス分析のまとめ

◆ 国民所得の恒等式
  所得 ＝ 消費 ＋ 民間投資 ＋ 政府支出 ＋ 純輸出
  $Y = C + I_p + G + X - M$ (式1)

◆ 閉鎖経済の場合
  貯蓄 ＝ 投資
  $S = I$ (式2)

◆ 開放経済の場合
  貯蓄 － 投資 ＝ 経常収支
  $S - I = X - M$ (式3)

  所得 － 国内支出 ＝ 経常収支
  $Y - (C + I_p + G) = X - M$ (式4)

  民間部門の貯蓄投資差 ＋ 財政収支 ＝ 経常収支
  $(S_p - I_p) + (T - G) = X - M$ (式5)

まず(式3)から始めよう。閉鎖経済の場合、国民所得の恒等式は(式2)に変形されたことを思い出そう。開放経済の場合は(X－M)が含まれるので、(式2)の右辺には(X－M)が入る。

  (閉鎖経済の場合)　　$S = I$　　　　(式2)
  (開放経済の場合)　　$S = I + X - M$

開放経済の式の右辺のIを左辺に移項すれば、(式3)が得られる。

$$S - I = X - M \quad (式3)$$
貯蓄 − 投資 = 経常収支

(式3)は、1国の経常収支は国内の貯蓄と投資の差に等しいということを示している。これは経常収支の第3の経済的意味である。この関係から、経常収支黒字国($X-M>0$)では $S-I>0$ となり、経常収支赤字国($X-M<0$)では $S-I<0$ となる。したがって、ある国の経常収支と国内の貯蓄と投資の関係について、次のことが言える。

経常収支黒字国は、貯蓄超過(ないし投資不足)　$S>I$
経常収支赤字国は、貯蓄不足(ないし投資超過)　$S<I$

経常収支黒字国と赤字国に分けて、さらに議論を深めてみよう。まず経常収支黒字国について考えよう。(式3)は(式3)'のように書き換えることができる。経常収支黒字国の場合、($X-M$)はプラスである。以前に学んだように、プラスの($X-M$)はこの国が対外投資国である、つまりネットで対外投資をしているということを意味している。

$$S = I + (X - M) \quad (式3)'$$
国内貯蓄 = 国内投資 + 対外投資

このように考えると、経常収支黒字国の場合、国内で行われた貯蓄は、国内での投資に使われるだけでなく、外国への投資にも使われているということになる。閉鎖経済の場合は、国内貯蓄はすべて国内投資で使うしかなかった。しかし、開放経済の場合は、国内貯蓄の一部は対外投資に回すことが可能となり、それだけ投資機会が増えることになる。国内投資と対外投資は将来、投資収益と元本回収をもたらすので、現在貯蓄を行ったこの国の国民は、将来入ってくる投資収益・元本を使って将来の消費を増やすことができる。

今度は経常収支赤字国について検討するために、(式3)を次のように書き変えよう。

$$S + (M-X) = I \qquad (式3)''$$
国内貯蓄 ＋ 外国貯蓄 ＝ 国内投資

　経常収支赤字国では(M−X)がプラスであり、それはこの国がネットで対外借り入れをしていることを意味している。つまり、経常収支赤字国は、国内の投資を賄うのに国内貯蓄に加えて、対外借入を活用している。対外借入は外国の貯蓄を使うことだともいえる。したがって、経常収支赤字国では、不足する国内貯蓄を外国貯蓄で補って国内投資を行っているということになる。閉鎖経済の場合は、国内貯蓄の分だけしか投資できなかったが、開放経済では外国の貯蓄を活用してより高い投資を実現することが可能になる。

　このように考えると、「経常収支黒字が望ましく、経常収支赤字は悪いこと」と考えるのは誤りだということがわかる。収益性の高い投資機会が豊富にあり、将来の高成長が望める国(例えば新興国)の場合、国内貯蓄に加えて外国貯蓄を活用すること、つまり経常収支赤字を出すことはむしろ望ましいと言える。高投資が実現すれば生産設備が増強されて、将来の成長が高まる。経常収支を赤字にして高投資と高成長を実現することは、その国にとって望ましい。同時に、その国に対外投資をする国にとっても、将来高い投資収益を享受できるので望ましい。

　しかし、経常収支赤字となることが望ましくない場合もある。第1に、収益性の低いムダな投資が多く行われて国内投資が高くなり、貯蓄不足(S<I)となって経常収支赤字になる場合である。そのような場合には、高成長とはならず将来の所得は高まらないので、対外借入の返済によって将来世代の生活水準が低下してしまう。第2に、過剰消費で低貯蓄となり、その結果貯蓄不足(S<I)となって、経常収支赤字となる場合も問題である。この場合は、投資ではなく過剰消費をファイナンスするために、対外借入をしていると言える。この場合も、将来の所得は高まらないので、対外借入の返済によって将来世代の生活水準が低下してしまう。

一方、経常収支黒字となっていても、主に企業の投資の長期的な低迷によって貯蓄超過($S>I$)となり、その結果経常収支が黒字となっているのであれば、それは望ましくないだろう。企業投資の低迷は将来の低成長につながるからである。

また、これまで経常収支黒字国である日本が、今後赤字国に「転落」するような事態は是非避けなければならないといった議論が最近の経済論議でしばしばなされている。現在の日本の経常収支問題については、経常収支と財政収支の関係を学んだあとで検討する。

(経常収支は財政収支とも密接に関連している)

次に、(式4)について検討しよう。国民所得の恒等式(式1)の右辺にある($C+Ip+G$)を左辺に移項すれば、(式4)が得られる。

$$Y = C + Ip + G + X - M \quad (式1)$$
$$Y - (C + Ip + G) = X - M \quad (式4)$$
$$所得 - 国内支出 = 経常収支$$

($C+Ip+G$)は国内支出、つまり国内の家計、企業、政府が行った支出総額である[*11]。本章①でGDPは生産、支出、所得の総額であると学んだが、その時の支出総額はその国の生産物に対する支出総額という意味であった。国内支出($C+Ip+G$)には、国内の生産物に加え輸入品(外国の生産物)が含まれており、また外国人の国内生産物に対する支出(つまり輸出)は含まれていない点で、国内支出は支出総額としてのGDPとは異なることに注意しよう。

(式4)は、経常収支は所得と国内支出の差と等しいということを意味している。これは、経常収支の第4の経済的意味である。(式4)の関係から、経常収支黒字国($X-M>0$)では、$Y-(C+Ip+G)>0$となっており、経常収支赤字国($X-M<0$)では、$Y-(C+Ip+G)<0$となっていることがわかる。つ

---

*11 経済分析用語では、国内支出($C+Ip+G$)はアブソープションabsorptionとも呼ばれる。アブソープションという名称は、この分量の財・サービスが国内で「吸収absorb」されて費消されることからきている。

まり、経常収支黒字国は、自国で稼いだ所得よりも少ない支出を行っている国であり、経常収支赤字国は自国の所得以上に支出を行っている国だということになる。

「米国人は身の丈以上の生活をしている(Americans are living beyond their means)」としばしば言われるが、それは米国は長年大幅な経常収支赤字で、米国人(企業、家計、政府)は毎年自分の所得以上の支出を享受しているからである。米国の経常収支赤字の背景には、家計の低貯蓄と大幅な財政赤字があるので、それを問題視した表現でもある。1国の経常収支がその国の民間部門の貯蓄や財政収支に関係していることは、次の(式5)を学ぶとわかる。

そこで最後に、(式5)を検討しよう。この式は次のように導出される。閉鎖経済の分析で、国民所得の恒等式(式1)′が、「民間と政府の貯蓄の合計」が「民間と政府の投資の合計」に等しいという式に変換されたことを思い出そう。

　　　(閉鎖経済の場合)
　　　$Y = C + I_p + G$　　　　　　　　　　(式1)′
　　　$(Y - T - C) + (T - C_g) = I_p + I_g$
　　　民間貯蓄 ＋ 政府貯蓄 ＝ 民間投資 ＋ 政府投資

開放経済の場合は、これに$(X-M)$を加えればよいので、上式は次のように変更される。

　　　(開放経済の場合)
　　　$Y = C + I_p + G + X - M$　　　　　(式1)
　　　$(Y - T - C) + (T - C_g) = I_p + I_g + X - M$

次に、右辺のI_pとI_gを左辺に移項する。$(Y-T-C)$は民間貯蓄なのでS_pと呼ぼう。また政府消費と政府投資の合計は、政府支出$(G=C_g+I_g)$であるので、(式5)が得られる。税収と政府支出の差$(T-G)$は財政収支であることに注意しよう。

$$\{(Y-T-C)-Ip\}+\{T-(Cg+Ig)\} = X - M$$

$$(Sp - Ip)+(T - G) = X - M \qquad (式5)$$
民間部門の貯蓄投資差 ＋ 財政収支 ＝ 経常収支

　(式5)は経常収支と財政収支が密接に関わっているということを示している。経常収支は輸出入ないし資本流出入といった対外取引の問題であり、一方、財政収支は政府の税収と支出の問題であり、両者は一見無関係のように思われる。しかし、貯蓄・投資バランスの分析からは、例えば、財政赤字が拡大すると、民間部門の貯蓄投資差に変化がなければ、経常収支赤字が拡大する（ないし経常収支黒字が縮小する）という関係にあるということがわかる。

　米国では1980年代前半に財政赤字と経常収支赤字が拡大し、その状況は**双子の赤字**twin deficitsと呼ばれた。2000年代前半以降も、米国では双子の赤字となっている（**図表2-2**参照）。米国の経常収支は1990年代半ば以降拡大傾向にあり、米国の経常収支赤字を縮小するには、米国が財政赤字を削減す

図表2-2　米国の双子の赤字

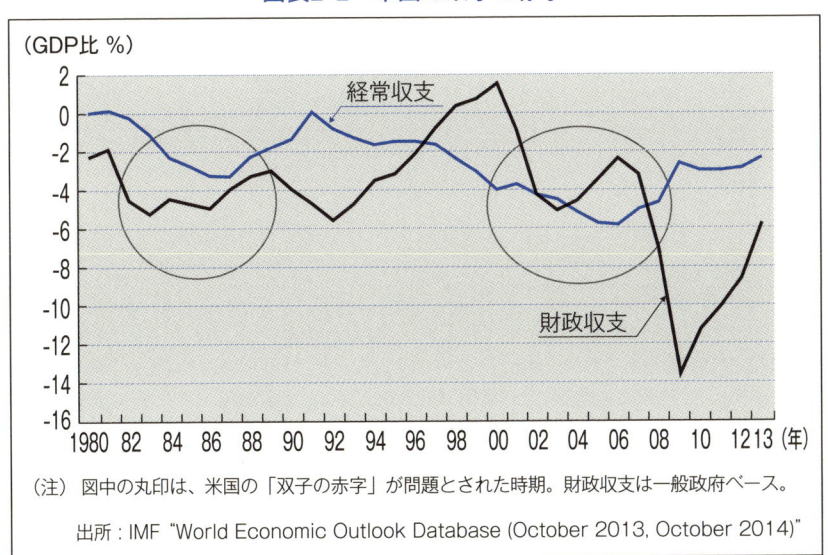

（注）　図中の丸印は、米国の「双子の赤字」が問題とされた時期。財政収支は一般政府ベース。
出所：IMF "World Economic Outlook Database (October 2013, October 2014)"

る財政再建を図るべきだとする議論がしばしばなされる。この議論は貯蓄・投資バランスの関係に基づいているのである*12。

　財政赤字なら必ず経常収支赤字になるというわけではないことに注意しよう。それは、(式5)が示すように、民間部門の貯蓄投資差が関係しているからである。例えば、現在の日本の場合、財政赤字は大幅化しているが、民間貯蓄投資差がプラス(貯蓄＞投資)なので、経常収支は黒字となっている。(コラム「日本の経常収支問題─赤字国『転落』は悪いこと？─」参照。)

---

*12　本章で「経常収支赤字イコール悪」ではないことを学んだ。しかし、米国の経常収支赤字拡大の背景には、財政赤字が大幅化していること、民間の貯蓄が著しく低下していること(換言すれば過剰消費)があるので、是正が必要だと言える。また、大幅な経常収支赤字が継続している結果、米国の対外負債(外国からみれば対外資産)が拡大している。今後外国の投資家のドル資産購入意欲が減退すればドル安となるが、何らかのきっかけで外国の投資家がドル売りに走りドルが暴落すれば、ドルは世界の基軸通貨となっているために世界経済への悪影響は大きい。したがって、世界経済の安定的な発展のために、米国の経常収支赤字を縮小する必要があると考えられている。そのための1つの方策は、米国が大幅化した財政赤字を削減することにある。財政赤字の削減はそれ自身で望ましい改革でもある。

コラム

日本の経常収支問題
― 赤字国『転落』は悪いこと？ ―

　日本は1980年代初め以降経常収支黒字を続けている経常収支黒字国である。しかし、2012～13年には経常収支黒字幅がかなり縮小した（**図表2-3**参照）。経常収支のうち貿易収支も長年黒字を続けていたが、2000年代半ば以降減少傾向となり、2011～13年はついに赤字となった。なお、貿易には財（自動車や石油など）とサービス（運輸サービスや金融サービスなど）の輸出入があるが、上述の貿易収支はこのうち財の輸出入に関するもので、財とサービスの輸出入差は貿易・サービス収支と呼ばれる。この点については、第3章「国際収支を学ぶ」で詳しく説明する。

　今後貿易収支赤字が定着し、さらには経常収支が赤字になるのではないかと懸念されている。そして、日本にとって経常収支黒字を維持することが重要で、経常収支赤字国「転落」を是非避けるべきだといった議論がしばしばなされている。

　経常収支の中長期的な動向の検討には、貯蓄・投資バランスの分析（特に式

図表2-3　日本の経常収支の推移

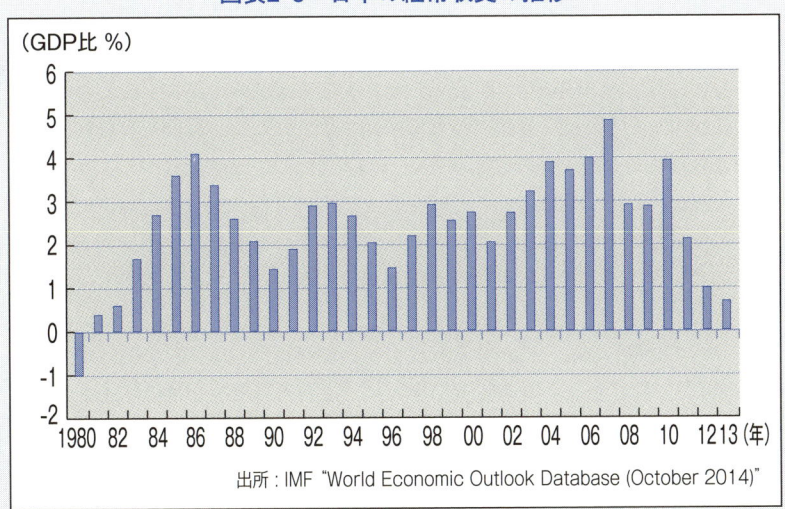

出所：IMF "World Economic Outlook Database (October 2014)"

(5))が役に立つ。政府(一般政府ベース)の財政収支は、1990年代初めのバブル崩壊以降大幅な赤字となっており、最近の2～3年はGDP比10％前後に膨らんでいる。民間部門のうちの家計部門の貯蓄つまり家計貯蓄は1980年代以降、高齢化の進展を反映して趨勢的な低下傾向にある。財政赤字が拡大し家計貯蓄が減れば、日本の経常収支黒字は減少しそうだが、経常収支黒字のGDP比は90年代平均2.4％から2000年代平均3.3％に拡大している。

　それは民間部門のうちの企業部門に大きな変化が見られるからだ。企業の貯蓄が増加している一方、企業の投資が減少傾向にあるので、企業の貯蓄・投資差がプラスで拡大しているのである。企業貯蓄とは企業の内部留保(企業利益の大部分)であり、企業の投資は主に設備投資(工場建設、機械購入など)である。企業貯蓄の増加(つまり企業利益の増加)は、長期的な低金利と企業の債務削減で利子支払いが減少していることが主な要因である。企業の投資は景気変動とともに変動するが、トレンドとしては緩やかに減少している。

　要するに、財政赤字拡大、家計貯蓄減少の中で、日本が経常収支黒字を維持してきたのは、日本企業に元気がなかったからだとも言えるのである。日本経済は2012年末頃から回復しているが、今後も景気回復が続き企業の投資がさらに増加する一方で抜本的な財政再建が行われなければ、経常収支赤字になる可能性は十分ある。

　赤字国「転落」を懸念する立場の人たちは、経常収支赤字化は日本の財政問題に悪影響を与えると心配している。日本の国債の外国人投資家保有はこれまでのところ低水準(2014年3月8.4％)で、大部分が国内で保有されているが、経常収支赤字となれば、外国人投資家の国債保有が増え、外国人投資家は簡単に国債売却に走りやすいので、ギリシャのような政府債務危機が起こりやすくなると懸念されているのである。経常収支黒字は巨額の国債の国内消化に不可欠だとも言われている。しかし、経常収支黒字ならば財政赤字のファイナンスは国内ででき、経常収支赤字になれば外国に頼ることになると考えるのは誤りである。

　本章2で説明したように、経常収支赤字国は対外借入国、黒字国は対外投資国(貸出国)と呼ばれる。経常収支赤字の年には、対外借入が対外投資を上回っているからである(黒字は反対)。これは対外借入と対外投資の差分の問題であって、赤字国も黒字国も対外借入と対外投資を同時に行っている。日本はこれまで経常収支黒字だが、毎年多額の対外借入をしており、赤字になれば突然

対外借入が始まるというわけではない。

　国内投資家の国債投資意欲が減退するかどうかは、今後も巨額の国債増発が続くかどうか(つまり大幅な財政赤字が今後も続くのかどうか)にかかっており、経常収支黒字でも財政悪化が続けば国債の国内保有が大きく低下することは十分ありうる。なお、ドイツは経常収支黒字が大幅で、かつ家計貯蓄率も高いが、国債の約半分が外国保有である。

　また、経常収支赤字化を懸念する人たちは、赤字国「転落」を防ぐには、日本の輸出企業の競争力を高めて貿易収支を改善し、日本の対外投資の収益率を高めて第1次所得収支を改善することが重要だと考えている。輸出企業の競争力を高めること、対外投資の収益性を高めることは、それ自身重要である。しかし、日本の輸出力が強まり、対外投資の収益性が上昇しても、民間部門の貯蓄・投資の関係、政府の財政収支のゆくえ次第で、経常収支の黒字縮小や赤字化が起こりうる。

　貿易論の業績でノーベル経済学賞を受賞したポール・クルーグマンの有名な言葉に、「国にとって輸出はそれ自身目的ではなく輸入が大切で、輸出しなければ輸入ができないので輸出が行われる」というものがある。長年経常収支黒字の日本は、毎年、輸出した分より少ない輸入しか行ってこなかった。輸入を上回る輸出分は、いわば外国にツケで売っていたのである。日本が経常収支赤字国になれば、過去に我慢して輸入しなかった分を輸入して消費することになる。このように経常収支は現在消費と将来消費の取引という関係を持つので、赤字「転落」と言って嘆く必要はない。経常収支黒字国ならば高成長、赤字国ならば低成長になるという関係もない。なお、「現在消費と将来消費の取引」とは、経常収支黒字国は外国との取引を通じて現在の消費を減らして将来の消費を高めているという意味である(赤字国はその逆)。

　大事なことは、経常収支動向の背後にある財政悪化、高齢化、日本企業の活力低下、日本経済の低成長といった問題に正面から取り組むことである。これらの問題への対応は、経常収支が黒字でも赤字でも必要である。

第3章　国際収支を学ぶ

　日本は長期にわたって経常収支黒字を続けているが、最近は黒字幅が縮小しており、いずれ日本は経常収支赤字国になる可能性がある。一方、米国は長期にわたって経常収支赤字国である。経常収支の動向は各国経済における重要な関心事項であり、新聞などでもしばしばとりあげられる。経常収支の経済的な意味については、すでに第2章「各国経済と国際金融の結びつき」で学んだが、経常収支が何を意味するのかをしっかり理解するためには、国際収支統計がどのように作られているのか学ぶ必要がある。それによって経常収支とその裏側にある資本収支との関係、経常収支と対外純資産との関係などが明らかになる。

1　対外経済取引をとらえる国際収支

(国際収支統計の特徴)

　国際収支統計(ないし**国際収支**、国際収支表) balance of paymentsは、一定の期間における1国の対外経済取引を総合的・体系的に記録する統計である。国際収支統計はGDP統計(国民経済計算)と並んで、1国経済の動向を把握するための最も基本的な統計である。GDP統計は1国の国内における生産・支出・所得にかかわる経済活動全体を体系的にとらえる統計であるが、国際収支統計は外国との経済取引をとらえる統計である。輸出入のデータはGDP統計と国際収支統計の双方に含まれており、輸出入を通じてGDPと国際収支はリンクしている。

　前述したように、国際収支統計は一定の期間における1国の対外経済取引をとらえるものであるが、その基本的な特徴をまとめておこう。

- 国際収支統計で記録される経済取引には、モノの取引とカネの取引が含まれる。

    モノの取引は、財とサービスの輸出・輸入つまり貿易である。カネの取引は、例えば国内の銀行が外国の銀行に資金を融資すること、外国の投資家が国内企業の株式を購入することなどが含まれ、国際的な**資本取引** capital transaction と呼ばれる。資本取引が行われると資本が流出・流入する。

- これらの取引は、国境を越えた取引(対外取引)である。

    国際収支統計は、居住者と非居住者の間の取引が記録される。第1章「金融の国際化」の資本流出入の説明では、日本人と外国人の間の取引という言い方をしたが、統計上は日本の居住者と非居住者の間の取引である。日本の居住者には、企業の場合、外国企業の日本法人(現地子会社)や支店などが含まれ、個人の場合、日本に居住する外国国籍の人(例えば日本企業で働く外国人社員)が含まれる[*1]。

    このように居住者・非居住者は国籍などで区分されるものではないが、日本の国際収支上の取引のほとんどは、日本の企業・個人・政府と外国の企業・個人・政府の間の取引なので、日本人と外国人という言い方で大きな支障はなく、またわかりやすいだろう。

- 国際収支統計では、ある一定の期間(例えば1年間)における取引が記録される。

    したがって、経常収支黒字・赤字、直接投資その他国際収支に出てくる項目は、すべてフロー変数である。なお、GDPも一定期間の生産額なのでフロー変数である。一方、対外資産・対外負債、外貨準備

[*1] 居住性の概念は、国籍や法的な基準ではなく、取引当事者の経済利益の中心がどこにあるかを基礎としている。日本の居住者についていえば、個人(自然人)の場合、住所ないし居所が日本にあるかどうか、企業(法人)の場合、主たる事務所が日本にあるかどうかで決まる。日本企業の海外子会社(例えばホンダの米国法人 Honda of America Mfg.)は日本の非居住者なので、その子会社が現地で生産したモノを日本に輸出したり、日本の親会社から出資や融資を受けると、それらは対外取引となることに注意しよう。

などは、ある時点(例えば2013年の年末)における数値なのでストック変数である。(第1章のコラム「フロー vs. ストック」参照。)

● 国際収支統計は複式簿記の原理で作成される。
　複式簿記の原理で作成される企業会計書類と同様、左側の諸項目の合計と、右側の諸項目の合計は必ず一致するので、両者の帳尻(最終的な収支)はゼロとなる。この点は、本章②で詳しく学ぶ。

国際収支統計がどのような姿をしたものか理解するために、最近の日本の国際収支を見てみよう(図表3-1参照)*2。各国の国際収支統計はその国の通貨で表示され、日本の場合は円表示となっている。実際の取引はドルなどの

図表3-1　日本の国際収支

(兆円)

	2000年	2005年	2010年	2013年
経常収支	14.1	18.7	19.1	3.3
(貿易・サービス収支)	(7.4)	(7.7)	(6.6)	(−12.2)
(第1次所得収支)	(7.7)	(11.9)	(13.6)	(16.5)
(第2次所得収支)	(−1.1)	(−0.9)	(−1.1)	(−0.9)
金融収支	14.9	16.3	22.2	−1.5
(直接投資)	(3.7)	(5.2)	(6.3)	(13.0)
(証券投資)	(3.8)	(1.1)	(13.2)	(−25.5)
(金融派生商品)	(0.5)	(0.8)	(−1.0)	(5.5)
(その他金融投資)	(1.6)	(6.8)	(−0.0)	(1.7)
(外貨準備)	(5.3)	(2.5)	(3.8)	(3.9)
資本移転等収支	−1.0	−0.5	−0.4	−0.7
誤差脱漏	1.8	−1.8	3.6	−4.1

出所：財務省「国際収支統計」

*2　日本では2014年1月から、IMFの新しい国際収支マニュアル(第6版)に準拠した形式の国際収支統計が発表されている。それに伴い、主要な項目の名称が次のように変更されている。第1次所得収支(従来の所得収支)、第2次所得収支(従来の経常移転収支)、金融投資(従来の「投資収支+外貨準備増減」)、資本移転等収支(従来のその他資本収支)。また、金融収支の＋－は、従来の投資収支(および外貨準備増減)の＋－と逆に表示されるようになった。

外貨で決済されるものも多いが、外貨建ての金額を取引時の為替レートで換算して円金額で表示している。

　経常収支の値がプラスであれば経常収支黒字、マイナスであれば経常収支赤字、ゼロであれば経常収支均衡と呼ばれる。なお、経常収支の「均衡」には、望ましい状態とか、経常収支が均衡に回帰する傾向があるといった意味はないので注意してほしい。

　日本は1980年代初めから30年あまり毎年経常収支黒字となっている（第2章の図表2-3参照）。ただし、最近は黒字幅が縮小しており、2013年の日本の経常収支黒字は3.3兆円であった。

　<u>金融収支</u>financial accountから資本移転等収支を引いたものは、資本流入と資本流出の差を示している。つまり、これは外国との資本取引を示すものなので、本書では<u>資本収支</u>capital and financial accountと呼ぶ[*3]。なお、2014年から採用されている国際収支統計の様式（図表3-1参照）では、資本収支という用語は使われていないが、金融収支と資本移転等収支はともに資本取引の収支なので、両者を合わせたものを資本収支と呼んだほうがわかりやすい。また、資本収支という用語は経済分析などではよく使われる。

　資本収支はネットの資本流出（＝資本流出－資本流入）を示しており、資本収支のプラスは資本流出超（資本流出＞資本流入）、マイナスは資本流入超（資本流出＜資本流入）を意味している。日本の資本収支（金融収支－資本移転等収支）は、過去30年余りの間プラスつまり資本流出超となっていたが、2013年は－0.8兆円つまり若干の資本流入超であった。後述するように、この点は最近の経常収支黒字の縮小と密接に関係している。

　誤差脱漏は統計的な誤差を示す項目である。国際収支統計は複式簿記の原理で作成されているので、経常収支の金額と資本収支の金額は本来一致するはずである（この点は本章②を学ぶとよくわかる）。しかし、今日モノとカネの対外取引は膨大な規模となっており、統計部局がすべての取引を正確に把握

[*3] 英語では資本移転等収支はcapital account（直訳は資本収支）と呼ばれ、英語名は重要そうに聞こえるが、実際は全体の金額は小さく重要な項目ではない。本書で用いている資本収支は資本移転等収支capital accountと金融収支financial accountからなるので、本書での資本収支の英語名はcapital and financial accountである。

することは不可能で、どうしても誤差が発生する。そこで国際収支統計では、誤差脱漏と呼ばれる項目を設け、経常収支に誤差脱漏を加えると、資本収支と一致するようにしている。図表3-1を見ると、2013年の誤差脱漏は－4.1兆円であったが、これは計測上の誤差なので、その内容がいったいどのようなものかはわからない。誤差脱漏は年によってプラスであったりマイナスであったりする。

(国際収支の2本柱：経常収支と資本収支)

前述したように、国際収支統計では毎年、経常収支に誤差脱漏を足したものが資本収支と一致している。つまり、

　　　経常収支 ＋ 誤差脱漏 ＝ 資本収支

この関係が常に成立するのは、国際収支統計は複式簿記の原理で作成されており、また統計的な不突合は誤差脱漏の項目で調整されているからである。図表3-1の日本の国際収支のデータで、各年においてこの関係が成立していることを確認しておこう。なお、この図表の数値は四捨五入しているため（経常収支＋誤差脱漏）と資本収支が一致しない年もあるが、原データをとれば両者は完全に一致する。

誤差脱漏は統計的な誤差の機械的な調整項目なので、誤差脱漏を捨象すれば、つまりすべての対外取引が誤差なしに正確に捕捉されていたとしたら、次の関係が成り立つ。

したがって、日本のある年の経常収支が10兆円の黒字であれば、その年

経常収支と資本収支の関係

　　　　　経常収支 ＝ 資本収支

- ここでは誤差脱漏を捨象している。
- 資本収支＝金融収支－資本移転等収支

の資本収支は10兆円のプラスとなっている。プラスの資本収支は資本流出超を意味するので、この年、日本からネットで10兆円の資本が流出している。言い換えれば、「資本流出＞資本流入」でその差額が10兆円ということになる。

　もし経常収支がある年10兆円の赤字であれば、その年はネットで10兆円の資本が流入していることになる。この経常収支と資本流出入の関係は、本章②で国際収支統計の作り方を学ぶと、さらによくわかるようになる。

　経常収支の中核は輸出入の差であり、資本収支は資本流出入の差である。したがって、経常収支は主にモノの取引(つまり貿易)の帳尻を示し、資本収支はカネの取引(つまり資本取引)の帳尻を示していると言える。

(経常収支の内容)

　図表3-1に見るように、経常収支と資本収支はいくつかの(下位の)収支を合わせたものになっている。以下では、これらの国際収支統計の主要な収支について説明しよう。

　国際収支統計の作成に当たっては、一定のルールに従って貸方項目と借方項目に取引額が記入される。国際収支の収支balanceとは、貸方項目と借方項目の差のことである。例えば、経常勘定の貸方(輸出など)の合計金額と借方(輸入など)の合計金額の差が、経常収支である。

　経常収支は、貿易・サービス収支、第1次所得収支、第2次所得収支からなる。つまりこれら3つの収支を合計したものが経常収支である。貿易・サービス収支が経常収支の最も重要な項目である。日本の場合、近年は第1次所得収支の黒字が大きくなってきており、貿易・サービス収支の動向に加えて第1次所得収支の動向も重要となっている。

　貿易・サービス収支balance on goods and services tradeは、財とサービスの輸出と輸入の差である。財の輸出入は、例えば自動車、石油、牛肉などの貿易取引であり、サービスの輸出入は、輸送サービス、金融サービス、海外旅行などの貿易取引である。例えば、日本企業が外国の会社の船や飛行機を使って輸出品(財)を輸送すれば、それは日本が輸送サービスを輸入したことになる。中国人観光客が日本のホテルに滞在し観光バスで観光するのは、

日本の旅行サービスの輸出となる。第2章「各国経済と国際金融の結びつき」で説明したように、国際収支統計上の貿易・サービス収支は、GDP統計における純輸出(＝輸出－輸入)と同じものである。

実は、貿易・サービス収支は貿易収支とサービス収支を合わせたものであり、貿易収支が財の貿易の収支であり、サービス収支がサービスの貿易の収支である。経済的な観点からすると、貿易されたものが財であろうとサービスであろうと重要ではないが、財の貿易は通関手続き(税関事務所の手続き)がとられるので、サービスの貿易よりも金額が補足しやすく速報性があることなどから、国際収支統計では財の貿易とサービスの貿易を区別している。なお、GDP統計では財とサービスの区別は特段しておらず、GDP統計の輸出と輸入は、財・サービスの貿易を意味していることに注意しよう。

<u>第1次所得収支</u>balance on primary incomesは、(1)利子・配当などの投資収益の受払差、および(2)海外で働く自国労働者・自国で働く外国労働者の雇用者報酬(賃金など)の受払差である。受払差とは、受け取りと支払いの差額のことである。例えば、日本の金融機関が保有する米国国債の金利が支払われれば、投資収益の受け取り(第1次所得収支のプラス要因)であり、外国人投資家が保有するNTTドコモの株式に配当が支払われれば、投資収益の支払い(第1次所得収支のマイナス要因)となる。なお、第2章「各国経済と国際金融の結びつき」で、GDPとGNPの違いは純要素所得であると学んだが、GDP・GNP統計の純要素所得は、国際収支統計の第1次所得収支と同じものである。

前述のように、国際収支では居住者と非居住者の取引が計上される。例えば、ニューヨーク駐在の日本人の銀行員は米国の居住者なので、その人が受け取る雇用者報酬は第1次所得収支に含まれない。第1次所得収支に含まれる雇用者報酬は、日本人が外国に短期滞在して稼いだ報酬などに限られるので、計上される金額は投資収益と比べると非常に小さい。実際、日本の第1次所得収支の大部分は、投資収益の受払差である。図表3-1に見るように、近年では日本の第1次所得収支の黒字が大きくなっている。それは日本の対外資産が対外負債を大幅に上回っているため、日本が外国から受け取る投資収益の方が、外国へ支払う投資収益よりも大きいためである[*4]。

第2次所得収支balance on secondary incomesは、途上国への経済援助（例えば食料や医療品の無償援助）、慈善団体の寄付など見返りなしに提供される物資や資金などの受払差である。日本の場合、先進国として経済援助を途上国に供与しているので、第2次所得収支は赤字となっている。一方、先進国などから経済援助を受けている途上国の場合、第2次所得収支は黒字となっている。

（資本収支の内容）

資本取引を示す資本収支は、資本流出と資本流入の差額である。資本収支は金融収支と資本移転等収支に分かれるが、金融収支が資本収支の中心であり、資本移転等収支はあまり重要ではない[*5]。金融収支に含まれる資本取引は、直接投資、証券投資、金融派生商品、その他金融投資、外貨準備に分類される。

直接投資foreign direct investmentは、第1章「金融の国際化」で学んだように、国境を越えた企業買収・出資、工場その他の建設などである。直接投資による資本流出は対外直接投資、資本流入は対内直接投資と呼ばれる

直接投資の多くは、株式取得の形態をとる。日本企業による外国企業の買収、外国企業への出資は、その外国企業の株式購入によって行われる。また、日本企業がインドに進出して現地生産のため工場を建設する場合、現地子会社を設立してその子会社の株式を購入する。

直接投資には、このような株式取得以外に、買収企業、出資先企業、現地

[*4] 第1次所得収支には、資本と労働という生産要素の所得が計上されている。資本の所得は利子・配当などの投資収益であり、労働の所得は雇用者報酬である。直接投資の投資収益には、配当のほかに再投資収益（内部留保の増加分）が含まれる。例えば、韓国に進出した日本企業の現地子会社が、利益の一部を内部留保した場合、この日本企業が子会社から受け取った配当に加え、内部留保分も再投資収益として日本の投資収益にカウントされる。出資比率が50％であれば、内部留保分の50％が再投資収益となる。再投資収益は、第1次所得収支の勘定と直接投資の勘定の貸方・借方に記入される。

[*5] 資本移転等収支には、債務免除（外国の借り手に対する貸付債権の放棄など）、特許権の売買その他の取引が含まれる。「資本収支＝金融収支ー資本移転等収支」と引き算になっているのは、金融収支では資本流出は＋、資本流入はーとなっているが、資本移転等収支では資本流出がー、資本流入が＋と符号が逆になっているためである。

子会社に対する長期融資、およびそれら企業の再投資収益も含まれる。再投資収益は、配当として支払われずに社内に内部留保された利益のことであるが、日本企業の現地子会社などの内部留保利益は、その日本企業が追加的に直接投資を行ったと考えるのである。

証券投資 portfolio investment は国境を越えた株式・債券などの証券の売買である。例えば、日本の年金基金がドイツの国債を購入すれば、証券投資による資本流出となる。ドイツの投資信託が日本企業の株式を購入すれば、証券投資による資本流入となる。近年では、機関投資家による証券投資が非常に活発となっている。

第1章「金融の国際化」で学んだように、証券投資には株式の売買が含まれるが、直接投資の多くも株式の売買の形をとる。企業買収は被買収企業の株式を購入することによって行われる。また、現地子会社（法律的には外国企業）の設立は、親会社が現地子会社の新規発行株式を購入することによって行われる。証券投資に分類される株式購入と、直接投資に分類される株式購入の違いは何であろうか。証券投資の株式購入は配当やキャピタルゲインを得ることを目的とするものである。一方、直接投資の株式購入は投資先会社の経営権の取得ないし経営に影響を与える目的で行われるものである。経営権の取得ないし影響力を意図しているかどうかは主観的なものであるが、統計上は、原則としてその会社の発行済み株式の10％以上を取得する場合は直接投資、それ未満の場合は証券投資に分類されている。

金融派生商品（先物、オプションなど）の取引は近年重要性を増してきている。国際収支統計では、国境を越えた金融派生商品の取引に伴って生じる資金の受け取り・支払いが計上される。例えば、日本の機関投資家が米国の取引所で国債先物の取引を行い売却益を得た場合（あるいは売却損となった場合）、その金額が計上される[*6]。

金融収支の一部である「その他金融投資」は、名前は重要そうでないが、銀行融資、銀行預金の取引が含まれるので非常に重要な項目である。例えば、日本の銀行が韓国の企業に融資すれば、それはその他金融投資による資

[*6] 金融派生商品の取引額は、想定元本の金額ではなく、権利行使などで実際に資金の授受が行われた時にその金額が計上される。

本流出であり、韓国企業が日本の銀行に持っている口座の預金額を増やせば、それはその他金融投資による資本流入である。その他金融投資には、銀行の融資・預金のほか、企業間の貸し借り、貿易信用その他が含まれる[*7]。

金融収支の最後の項目である外貨準備は、外貨準備の残高金額ではなく、その年における外貨準備の増減(変化額)である。**外貨準備** foreign reserves, foreign exchange reserves とは、政府が為替レートの安定化を図る目的で保有する外貨資産などである。日本の外貨準備には金なども含まれているが、その大部分はドル建て資産(主に米国国債)で保有されている。2013年(年末)の日本の外貨準備は、約1.3兆ドルにのぼる。金融収支の外貨準備がプラスのときは外貨準備が増加、マイナスのときは外貨準備が減少していることを意味している。外貨準備の増加は資本流出であり、外貨準備の減少は資本流入であることに注意しよう。図表3-1を見ると、2013年の外貨準備の項目は3.9兆円であった。これは日本の外貨準備が2013年の1年間に3.9兆円増加したことを意味している。

政府は為替レートの安定化を図る目的で**為替市場介入**(ないし**為替介入**) exchange market intervention を行う場合がある。為替市場介入は時々行われ、毎年行われるわけではないが、介入が行われると外貨準備が増減する。2000年代以降では、日本政府は2003〜04年と2010〜11年に円高を防ぐ目的で為替市場介入を行った。特に2003〜04年の介入は大規模であった。

円高を防ぐ目的の場合、政府が為替市場で円を売ってドルを買うドル買い介入を行うので、政府が保有する外貨準備が増加する。逆に円安防止目的でドル売り介入を行えば外貨準備が減少する。これまで日本政府の介入は円高防止目的のドル買い介入がほとんどなので、介入が行われた年は外貨準備が増加する。(為替市場介入の問題については、第7章「為替市場介入と外貨準備」で詳しく学ぶ。)

このように介入が行われた年は外貨準備が大幅に増加するが、介入が行われない年も、日本の外貨準備は少しずつ増加している。それは、外貨準備の

---

*7　貿易信用は延払い輸出などである。モノは輸出したが代金支払いは将来に繰り延べて行われるのが延払い輸出であるが、例えば、日本企業が延払い輸出を行った場合、代金受け取りまでの期間、日本企業が外国の輸入企業に融資を行ったとみなすのである。

ほとんどは米国国債などで運用されているので、金利収入を生むからである。日本政府は受け取った金利の外貨収入を売却せず外貨準備に積み足している（例えば米国国債を買い増している）ので、外貨準備が増加する。したがって、日本の国際収支の外貨準備の項目は、毎年プラスの値となっている。

2 国際収支統計のメカニズム

この節では、国際収支統計が具体的にどのように作成されるかを学ぶ。国際収支統計作成の仕組みを理解すれば、経常収支や資本収支の意味をよく理解することができ、また、なぜ「経常収支＝資本収支」となるのか、なぜ経常収支とネットの資本流出入は裏表の関係にあるのかがわかるようになる。

（国際収支統計作成の基本ルール）

前述したように、国際収支統計は複式簿記の原理で作成されている。通常、国際収支統計では経常収支その他の「収支balance」が注目されるが、もともとの統計では左側に「貸方credit」、右側に「借方debit」の欄があり、貸方と借方を引き算したものが収支となっている（図表3-2参照）。

1つの取引について、貸方と借方に取引金額が記入される。複式簿記は英語ではdouble-entry bookkeepingと呼ばれるが、1つの取引をダブって2度

貸方・借方の記入ルール

〔貸方〕
非居住者からの資金の受け取りを生じる取引
- 輸出
- 投資収益の受け取り
- 対外負債の増加
- 対外資産の減少　など

〔借方〕
非居住者への資金の支払いを生じる取引
- 輸入
- 投資収益の支払い
- 対外資産の増加
- 対外負債の減少　など

帳簿に記入するのである。例えば、10億円の機械が輸出されると、貸方に10億円、借方に10億円が記入される。なお、企業会計では借方が左で貸方が右で、国際収支統計の場合と左右が逆になっているが、複式簿記の基本的な考え方は同じである。記入される金額はすべて円表示であり、例えば1億ドルの米国国債を購入した場合、そのときの為替レートで円に換算して記入される。

(対外取引の具体例)

それでは、このルールで貸方と借方に取引金額がどのようにエントリー(記入)がなされるのか、具体的な事例を使って説明しよう。為替レートは$1＝100円とする。以下のA～Fの事例の金額のエントリーは、図表3-2に示されている。なお、図表3-2の資本勘定には、金融収支の主要項目である直接投資、証券投資、その他金融投資、外貨準備が示されている。

図表3-2　国際収支統計の作り方

(億円)

	貸方	借方	収支
(経常勘定)			
貿易・サービス	(A)500　(E)5	(B)10	
第1次所得	(C)5		
第2次所得		(E)5	
経常収支			495(黒字)
(資本勘定)			
直接投資	(D)1,000		
証券投資		(C)5　(D)1,000	
その他金融投資	(B)10　(F)100	(A)500	
外貨準備		(F)100	
資本収支			495(資本流出超)

例A　日本企業が500億円の機械を米国企業に輸出し、米国の銀行(例えばCity Bank)の預金口座に5億(＝500億円)ドルの支払いを受けた。

第1のエントリーは、経常勘定の貿易・サービスの欄に行われる。輸出すると非居住者から資金の受け取りを生じるので、貿易・サービスの欄の貸方に500億円と記入される。

　輸出の代金支払いによって、日本企業が保有する米国の銀行預金が増加しているので、第2のエントリーは、資本勘定のその他金融投資の欄に行われる。その他金融投資には銀行融資、銀行預金などが含まれることを思い出そう。ここで、米国の銀行預金の増加は、対外資産を購入したものだと考える。対外資産の購入は資金の支払いを生じるので、その他金融投資の借方に500億円がエントリーされる。

> **例B** その輸出企業が、海上輸送に韓国の船会社の船を使い、英国の海上保険会社の保険を購入した。合計で1,000万ドル（＝10億円）を米国の銀行口座から支払った。これらの取引はすべてドル建てで行われたとしよう。

　この取引はサービスの輸入である。日本は韓国から輸送サービスを輸入し、英国から海上保険という金融サービスを輸入したのである。例Aの輸出の場合は貿易・サービスの貸方にエントリーされたが、輸入は貿易・サービスの借方にエントリーされる。借方にエントリーするのは、輸入すると非居住者への支払いが生じるからである。したがって、第1のエントリーは、貿易・サービスの借方の10億円となる。

　第2のエントリーは、銀行預金が変化しているので、その他金融投資の欄になる。この場合、輸入代金の支払いのため、外国の銀行預金が減少している。ここで、外国の銀行預金の減少は、対外資産の売却と考える。対外資産の売却は資金の受け取りを生じるので、その他金融投資の貸方に10億円がエントリーされる。

　例Aと例Bを比較しておこう。輸出は貿易・サービスの貸方にエントリーされ、輸入は貿易・サービスの借方にエントリーされる。日本が保有する外国の銀行預金は増加するとその他金融投資の借方に、減少するとその他金融投資の貸方にエントリーされる。外国の銀行預金の増加は対外資産の増加であり、日本からの資本流出となる。逆に外国の銀行預金の減少は対外資産の

減少であり、日本への資本流入となる。対外資産の減少が資本流入になるのは、対外資産の増加は資本流出、対外資産の減少は「マイナスの資本流出」なので資本流入と考えればわかりやすいだろう。

> **例C** 日本の生命保険会社が、保有している米国国債の金利500万ドル（＝5億円）を受け取り、その資金で米国国債を買い増した。

第1のエントリーは、経常勘定の第1次所得の欄である。第1次所得収支には、金利や配当などの受け取り・支払いが含まれることを思い出そう。米国債の金利収入は、非居住者からの資金の受け取りを生じる取引なので、貸方への記入となる。したがって、第1のエントリーは第1次所得の貸方の5億円である。

第2のエントリーは、証券投資の欄になされる。米国国債の購入は非居住者への支払いを伴う取引なので、証券投資の借方に5億円がエントリーされる。米国国債への投資は、日本にとって資本流出である。

> **例D** シンガポールの会社が、日本企業を1,000億円で買収した。このシンガポールの会社は運用目的で保有していた日本の株式・債券を売却し、それで捻出した資金1,000億円を企業買収資金に当てた。

企業買収が行われたので、第1のエントリーは資本勘定の直接投資の欄である。外国企業による日本企業の買収は、非居住者からの資金の受け取りを生じる取引なので、直接投資の貸方に1,000億円がエントリーされる。

第2のエントリーは資本勘定の証券投資の欄である。シンガポールの会社による日本の証券の売却は、非居住者への支払いを生じる取引なので、証券投資の借方に1,000億円がエントリーされる。

> **例E** 日本政府が地震災害を受けたハイチに対し、5億円分の医療品・テントなどを無償援助した。

通常の取引の場合、モノや証券を引き渡して代金を受け取る、あるいは代金を支払ってモノや証券を受け取る。無償援助の場合、モノは引き渡すが見返りの支払いが行われない。国際収支統計では、このような代償が支払われ

ない取引についても複式簿記の原理を適用するため、次のような工夫がなされている。

第1のエントリーとして、経常勘定の貿易・サービスの貸方に5億円が記入される。これはハイチへの物資の輸送を輸出と同様に扱っているということになる。いわば代金が支払われない輸出である。

第2のエントリーは、経常勘定の第2次所得の欄である。この欄は政府の無償援助や民間慈善団体などの寄付その他、見返りなしに行われる取引について、2つのエントリーを行うために作られたものである。第1にエントリーは貸方だったので、第2のエントリーは借方になる。つまり、第2のエントリーは、第2次所得の借方の5億円となる。先進国の日本は、外国から経済援助などを受け取るよりも、途上国などに援助を供与する側なので、日本の第2次所得収支は常に赤字となっている。

> **例F** 日本政府が円高進行を阻止しようとして、1億ドル（＝100億円）のドル買い介入を行った。

為替レートの安定化を図る意図で行われる為替市場介入には、円を売ってドルを買うドル買い介入（ないし円買い介入）と、ドルを売って円を買うドル売り介入（ないし円買い介入）がある*8。政府が為替市場でドルを買えば市場でドル買い需要が増加するので、ドル高（つまり円安）になると期待して、市場で円高が進むときに政府はドル買い介入を行うのである。逆にドル売り介入は円安の進行を止めたいときに行われる。日本政府のこれまでの介入は、大部分がドル買い介入である。つまり、介入が行われるときは円高で、円安の時は介入しない。なお、為替市場介入の仕組みと効果については、第7章「為替市場介入と外貨準備」で詳しく勉強する。

為替市場で最も重要なプレーヤーは銀行なので、1億ドルを政府に売ったのは日本の銀行だったとしよう。第1のエントリーは、その他金融投資の貸方の100億円である。なぜなら、ドルを売却した日本の銀行が米国の銀行に持っている預金が1億ドル減っており、これは外国の預金が増加した例A

*8 ドル以外の通貨(例えばユーロ)も為替市場介入に使われることもあるが、日本の場合、これまでのほとんどの介入は、東京市場の取引の中心的通貨であるドルで行われている

の場合と逆に、貸方の記入となるからである。なお、為替市場でのドルの売買はドル預金の取引であることなどは、第4章「外国為替市場の基礎知識」で詳しく学ぶ。

　第2のエントリーは、外貨準備の借方で100億円の記入となる。外貨準備の借方記入は、外貨準備の増加を意味する。ドル買い介入では、日本政府が外国の預金を増加させており、日本政府が保有する外国資産である外貨準備が増加する。民間企業などが外国の預金を増加させた場合は、例Aのように、その他金融投資の借方記入となるが、政府が為替市場介入で外国預金を増加した場合は、外貨準備の欄に借方で記入される。

　この為替市場介入の取引では、日本の民間銀行が保有していた外国の預金が減り、一方日本政府が保有する外国の預金が同額増加している。外国の預金の減少は資本流入、増加は資本流出なので、為替市場介入の結果、民間部門では資本が流入し、日本政府が同額だけ資本流出させているということになる[*9]。

(記入例の集計とまとめ)

　図表3-2で、「経常収支＝資本収支」の関係が成り立っていることを確認しよう。国際収支統計は複式簿記の原理で作成されるので、貸方項目の合計は借方項目の合計と必ず一致する。したがって、すべての貸方項目の合計からすべての借方項目の合計を引いた差(「総合的な」収支ともいえる)は必ずゼロとなる。経常収支や資本収支は、経常勘定だけあるいは資本勘定だけを集計するので、貸方の合計と借方の合計は一致するとは限らない。したがって、経常収支と資本収支(およびその内訳の各収支)はゼロとはならない。

　経常収支、資本収支はそれぞれ経常勘定、資本勘定の項目の貸方と借方の差であるが、経常収支は「貸方－借方」、資本収支は「借方－貸方」で定義されている[*10]。国際収支統計は複式簿記の原理で作成されているので、経常収支と資本収支は必ず一致することになるのだが、その点を**図表3-3**で確

[*9] 日本政府は通常、購入した外国預金を使って、金利を生む米国国債などを購入する。この取引は外貨準備の資産構成の変化であり、国際収支統計では新たな記入は行われない。図表3-1では、外貨準備の金利収入によって、外貨準備が増加していることを学んだ。金利収入による外貨準備増加の場合は、経常勘定の第1次所得の欄で貸方記入が行われ、外貨準備の欄で借方記入が行われる。

図表3-3　経常収支と資本収支の関係

	貸方 credit	借方 debit	収支
（経常勘定）	C_1	D_1	$C_1 - D_1$
（資本勘定）	C_2	D_2	$D_2 - C_2$
貸方と借方の合計	$C_1 + C_2$	$D_1 + D_2$	

- 複式簿記で作成されているため、貸方の合計と借方の合計は等しい。つまり、$C_1 + C_2 = D_1 + D_2$

- この関係は次のように書き換えられる。$C_1 - D_1 = D_2 - C_2$
  すなわち、経常収支＝資本収支という関係が得られる。

認しておこう。

　仮に、以上の取引(例A～例F)がある年における日本の対外取引のすべてだったとすると、その年の日本の経常収支は495億円の黒字だったということになる(図表3-2の「収支」欄を参照)。資本収支は495億円で、これは日本からネットで495億円が資本流出したこと(流出超)を意味している。この年の495億円の経常収支黒字は、その年における495億円の資本流出と見合っている。経常収支黒字国は対外貸出国ないし資本輸出国なのである[10][11]。

[10] 厳密に言うと、資本収支のうち金融収支は「借方−貸方」であるが、資本移転等収支は「貸方−借方」で定義されておりややこしい。本文では、金融収支が資本収支の中核なので単純化した説明をしている。

[11] 日本の国際収支統計では、貸方・借方の表記は用いられていない。経常勘定では「受け取り」と「支払い」という表記が用いられており、「受け取り」は貸方、「支払い」は借方と同じものである。資本勘定では「資産」と「負債」という表記が使われて資産・負債の増減が記録されており、金融投資収支＝資産(の増減)−負債(の増減)となっている。資産、負債ともに増加は＋、減少は−で記入される。本書の貸方・借方表記では、借方に資産増加(＋)と負債減少(＋)が記入され、貸方に負債増加(−)と資産減少(−)が記入されているので、本書での定義の金融投資収支＝借方—貸方は、結局、金融投資収支＝資産(の増減)−負債(の増減)と同じものである。なお、資本移転等収支と金融収支とでは、資産増減・負債増減の符号が逆となっておりややこしい。本書では、国際収支統計の基本的な仕組みを理解しやすい貸方・借方の表記方式に従った説明をしている。

3 経常収支と対外純資産の関係

本章2で、経常収支は資本収支と等しいこと、したがって経常収支はネットの資本流出（＝資本流出−資本流入）と裏表の関係にあることを学んだ。つまり、次の関係がある。

> 経常収支 ＝ ネットの資本流出　　　　（式3−1）

ここで、経常収支がプラスの値であれば経常収支黒字、マイナスであれば経常収支赤字であり、またネットの資本流出がプラスであれば、その国は資本流出超（資本流出＞資本流入）であり、マイナスであれば資本流入超（資本流出＜資本流入）であるということに注意しよう。

例えば、日本の2010年の経常収支黒字額は、その年における日本の資本流出超の金額と等しい。米国の2010年の経常収支赤字額は、その年における米国への資本流入超の金額と等しい。なお、ここでは誤差脱漏を捨象している。

第2章「各国経済と国際金融の結びつき」で、経常収支の経済的な意味について学んだことを思い出そう。第1の経済的な意味は「経常収支は広い意味での貿易収支」、第2は「経常収支は純資本流出」であった。第2章では、両者の関係について直観的な説明を行ったが、国際収支統計がどのように作られているかを理解すると、経常収支に関する2つの経済的な意味の内容が正確にわかるようになる。

ある国のネットの資本流出は、その国のネットの対外資産（＝対外資産−対外負債）を変化させる。ネットの対外資産は**対外純資産** net external assets ないし**ネット対外投資ポジション** net international investment position（NIIP）と呼ばれる。資本流出は対外資産の増加および対外負債の減少であり、資本流入は対外負債の増加および対外資産の減少なので、資本流出入によって対外資産と対外負債が変化する。

ここで、対外純資産はストック変数であり、経常収支黒字・赤字および資

本流出入はフロー変数であることに注意しよう。ある年(t年)の年末における対外資産と対外負債を、対外資産(t)と対外負債(t)とし、(t−1)年末の対外資産と対外負債を、対外資産(t−1)と対外負債(t−1)とすると、t年の1年間におけるネットの資本流出は、次のように表現される[12]。

ネットの資本流出
　＝｛対外資産(t)−対外資産(t−1)｝−｛対外負債(t)−対外負債(t−1)｝
　＝｛対外資産(t)−対外負債(t)｝−｛対外資産(t−1)−対外負債(t−1)｝
　＝対外純資産(t)−対外純資産(t−1)
　＝△対外純資産　　　　　　　　　　（式3−2）

(3−1)式と(3−2)式を合わせると、次の関係が得られる[13]。

　　　経常収支　＝　△対外純資産　　　　（式3−3）

(式3−3)は、経常収支が黒字だと対外純資産が増加し、赤字だと対外純資産が減少することを意味している。日本は1980年代初めから毎年経常収支黒字を続けているので、対外純資産が累積している。2013年末の対外純資産は約325兆円(対外資産は約797兆円、対外負債は約472兆円)であった。日本は世界最大の対外純資産保有国なのである。**図表3−4**は日本と他の主要国の対

---

[12] 「ネットの資本流出＝資本流出−資本流入」なので、資本流出の金額は＋で算入し、資本流入の金額は−で算入すれば、ネットの資本流出が計算できる。｛対外資産(t)−対外資産(t−1)｝が＋であれば、また｛対外負債(t)−対外負債(t−1)｝が−であれば資本流出なので、(3−2)式ではともに＋として算入される。つまり、｛対外資産(t)−対外資産(t−1)｝の＋の値は＋のまま、｛対外負債(t)−対外負債(t−1)｝の−の値は＋にして算入される。｛対外負債(t)−対外負債(t−1)｝が＋であれば、また｛対外資産(t)−対外資産(t−1)｝が−であれば資本流入なので、(3−2)式ではともに−として算入される。

[13] 厳密に言うと、経常収支は対外純資産の変化とほぼ等しい(経常収支≒△対外純資産)。それは、経常収支の裏側に当たる資本流出入によって対外純資産が変化するほかに、対外資産・対外負債の評価額の変化によっても対外純資産が変化するからである。例えば、米国の株価上昇は対外資産の一部である米国株式保有額が増加し、また円高になれば対外資産が(円建てで)減少する。しかし、通常こうした評価額の変化は大きくはないので、経常収支は対外純資産の変化とほぼ等しい。

図表3-4　主要国のネット対外投資ポジション

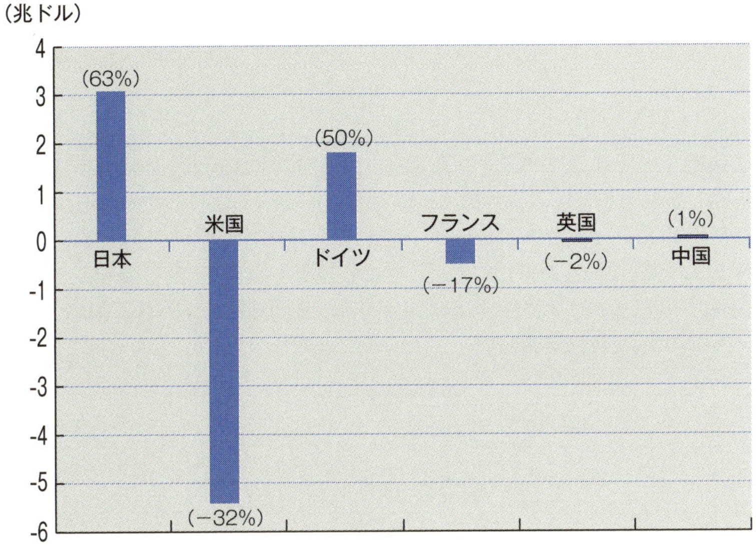

(兆ドル)
- 日本： 約3.2 (63%)
- 米国： 約-5.3 (-32%)
- ドイツ： 約1.9 (50%)
- フランス： 約-0.4 (-17%)
- 英国： 約-0.1 (-2%)
- 中国： 約0.1 (1%)

（注）カッコ内の数値はGDP比。データは2013年。
出所：IMF "Balance of Payments Statistics" および "World Economic Outlook Database (October 2014)"

外投資ポジションを示している（国際比較なのでドル評価額となっている）。

　一方、米国は1980年代前半以降ほぼ毎年経常収支赤字となっており、特に2000年代前半から半ばにかけて経常収支赤字は大幅化した。その結果、米国の対外純資産は大幅なマイナス、つまり大幅な対外純負債となっている。実際、米国は世界最大の対外純負債国となっている。換言すれば、米国は外国からのネットの借り入れ（残高）が世界で最も大きい借金国なのである。

第4章　外国為替市場の基礎知識

> 異なる2つの通貨が売買される外国為替市場は、株式市場や債券市場と並ぶ重要な金融市場である。世界の外国為替市場で取引される金額は巨額で1日あたり5兆ドルを上回っており、また「眠らない市場」とも呼ばれ、例えば円ドルの取引は24時間世界のどこかの市場で行われている。為替レートは外国為替市場での取引に使われる価格である。本章では、外国為替市場と為替レートに関する基礎知識を学ぶ。

1　外国為替市場の取引

(外国為替市場とは)

　外国為替市場 foreign exchange market は、異なった通貨(ドル、ユーロ、円など)が売買される市場である。外国為替市場は単に**為替市場**あるいは**外為市場**とも呼ばれ、また、異なる通貨を売買することは**為替取引**(外国為替取引) foreign exchange trading、currency trading と呼ばれる。為替取引は、例えば、円を支払ってドルを買うことである。この取引は、取引相手から見れば、ドルを支払って円を買っているということになる。つまり、為替取引は、2つの異なる通貨(例えば円とドル)を交換することである。

　私たちが海外旅行に出かける時には、円の現金(1万円札や千円札)を外国の現金(例えば100ドル札や50ユーロ札)に交換する。しかし、このような現金での取引は、外国為替市場の取引のごく一部で、為替取引の大部分は、異なる通貨建ての銀行預金の売買である[*1]。つまり、円ドル取引では、ドルの買い手はドル預金(例えば、ニューヨークのウェルズ・ファーゴ銀行の当座預金)を手にし、円預金(例えば、東京の三井住友銀行の当座預金)で支払う。後述のように、外国為替市場では、毎日(毎営業日)、巨額の為替取引が行われているが、

売り手と買い手の間で大規模な現金の受払いが行われているわけではない。

外国為替市場で最も重要なプレーヤーは、銀行である。銀行は顧客（銀行以外の金融機関、事業会社、個人など）を相手に為替取引を行うとともに、他の銀行との間で非常に活発な為替取引を行っている。

銀行間取引では、国内の銀行同士のみならず、国内の銀行と海外の銀行との間でも、多額の通貨が毎日売買されている。こうした銀行間取引は、インターバンク市場と呼ばれる。「為替取引のインターバンク市場」は、①異なる通貨が売買される、②海外の銀行も活発に参加しているという点で、「銀行間で短期資金の貸し借りを行うインターバンク市場（その中心はコール市場）」とは、異なるものであることに注意しよう。

日本の外国為替市場では、銀行間取引が取引額の約8割を占めている（図表4-1(a)参照）。他の主要国でも同様に、為替取引の多くは銀行間取引である。また、日本の外国為替市場では、ドルと円の取引が最も多く6割近くを占めており、次いでユーロと円、ドルとユーロの取引が多い（図表4-1(b)参照）。日本はさまざまな国と貿易・金融取引を行っているが、日本で行われている為替取引では、ドル・円、ユーロ・円、ドル・ユーロの取引が市場全体の取引額の約3/4も占めている。

銀行は銀行間の取引のほかに、ドル、ユーロなどの**外貨** foreign currency の売買をしたい顧客を相手に、為替取引をする。外国からモノを輸入する企業は、支払いのために外貨を必要とする。一方、輸出代金の支払いとして得た外貨を円に換えたい輸出企業も多い。金融取引でも外貨の売買が必要となる。例えば、米国国債に投資したい保険会社は、円をドルに代える必要がある。このような貿易を行う事業会社や、海外での金融取引を行う金融機関な

・1 貿易の場合は、輸出業者・輸入業者と銀行の間で、手形（輸出手形ないし輸入手形）の買い取りおよび決済という形で外国為替取引が行われることが多い。例えば、ドル建てで輸出した日本企業は、将来ドルでの支払いが約束された輸出手形を日本の取引銀行に買い取ってもらう。この場合、銀行は輸出手形という形のドル資産を買い取って、輸出企業の銀行口座に円で支払を行っている。つまり、輸出企業と銀行の間で、ドルの輸出手形と円の銀行口座が交換されているということになる。その後、輸出手形を買い取った銀行が預金口座を持つ米国銀行に、輸出代金のドルが入金される。結局、貿易代金の支払いに伴う為替取引の場合も、預金の取引（円預金とドル預金の交換）が行われる。

図表4-1　日本の外国為替市場

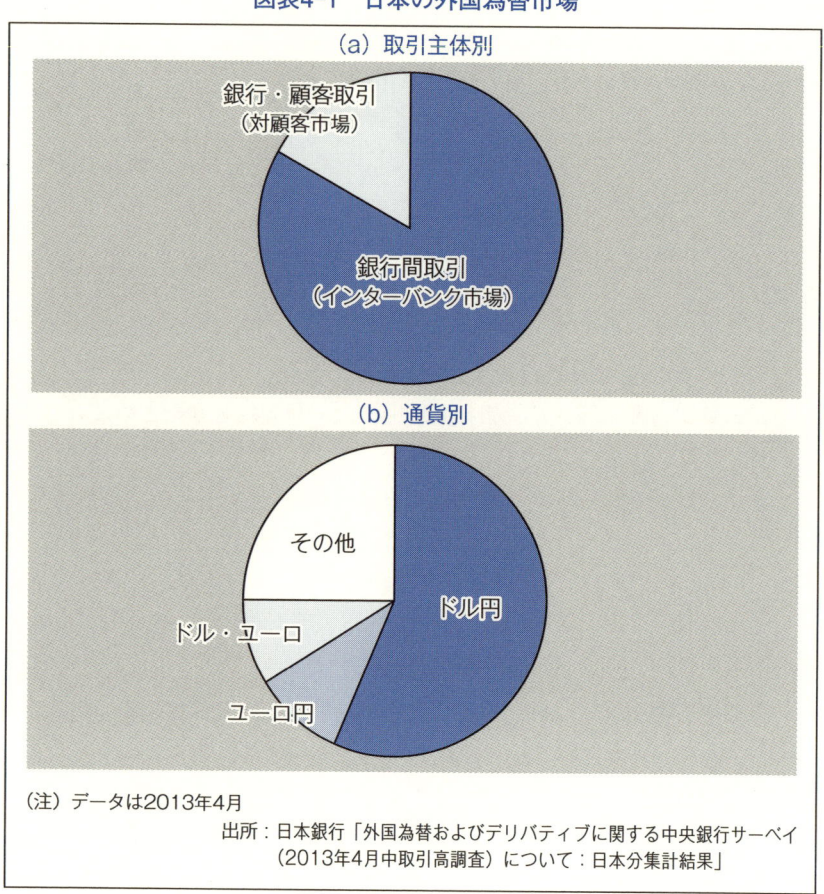

(a) 取引主体別
- 銀行・顧客取引（対顧客市場）
- 銀行間取引（インターバンク市場）

(b) 通貨別
- ドル円
- ユーロ円
- ドル・ユーロ
- その他

(注) データは2013年4月
出所：日本銀行「外国為替およびデリバティブに関する中央銀行サーベイ（2013年4月中取引高調査）について：日本分集計結果」

どを相手に、銀行は外貨を売買する。

　銀行が顧客を相手に外貨を売買をするのは、収入が得られるからである。銀行は外貨を売買する時、外貨の売値と買値に差（スプレッド）を設けることによって儲けている。例えば、銀行が1ドルを顧客から買うときには100円とし（買値＝100円）、売るときには102円とする（売値＝102円）。つまり、銀行は外貨を安く買って、高く売っているのである[*2]。一方、銀行間取引が活発に行われるのは、主に、対顧客取引の結果として為替リスクを負うので

ポジション調整（為替リスクをなくすための調整）のために行われる。ポジション調整については本章③で学ぶ。

　外国為替市場での取引は、売買当事者間の相対（あいたい）取引で行われている。株式の場合、主に証券取引所で集中的に取引が行われるが、為替取引はそのような取引所取引ではない。銀行と顧客の取引では、銀行は本店や支店で、さまざまな顧客の注文に応じて外貨の売買を行っている。銀行間取引では、銀行同士が電話やコンピュータを通じて直接取引を行ったり、ブローカー（外国為替専門の仲介業者）あるいは国際的な電子ブローキング・システムを介して取引を行っている[*3]。

（世界の外国為替市場）
　世界の外国為替市場の規模は、極めて大きい。国際決算銀行（BIS）が3年ごとに行っている調査では、2013年に世界中の外国為替市場で取引された金額は、1日平均で約5.3兆ドルであった。なお、ここではドル以外の通貨の売買（例えば円ユーロ取引）はドル換算して合計されている。第1章「金融の国際化」で学んだように、過去20年余りの間、世界の為替取引額は飛躍的に拡大している（第1章図表1-6参照）。日本の外国為替市場では、1日平均で約3,700億ドル（約37兆円）が取引されていた。日本の外国為替市場は東京が中心なので、しばしば東京市場と呼ばれる。

　世界の外国為替市場において、最も取引規模が大きいのは英国である（図表4-2(a)参照）。このBIS調査は1980年代末から3年毎に実施されているが、英国はこれまでの毎回の調査で第1位となっている。2013年において、英国と第2位の米国の為替取引額を合計すると、世界全体の為替取引額の約

[*2] ドル円の場合、顧客が企業・金融機関などであればスプレッドは1ドルあたり2円程度だが、個人を相手にした現金の売買（ドル札と円札の交換）の場合は、コストがかかることなどからスプレッドは大きい（6円程度）。銀行間取引でもスプレッドはある。しかし、銀行間取引では常時巨額の売買が行われるので、スプレッドは対顧客市場よりもかなり小さい（数銭、1銭は1/100円）。

[*3] ブローカーと電子ブローキングは、ある通貨を売りたい（あるいは買いたい）銀行が取引相手を探しやすくするシステムであり、売買の約定は銀行間で行われる。したがって、ブローカーないし電子ブローキングを介した銀行間取引も、相対取引である。なお、金融派生商品である通貨先物、通貨オプションは、シカゴ・マーカンタイル取引所（CME）などの取引所で取引されている。

6割を占めていた。日本の外国為替市場はバブル期の1980年代末には、米国に迫る規模であったが、その後日本のシェアは低下を続け、最近では英国や米国と比べるとかなり小さくなっている。

　外国為替市場は1日24時間開いており、「眠らない市場」だと言われる。アジアの東京市場、香港市場、シンガポール市場が夜になって閉まれば、ヨーロッパが朝を迎えてフランクフルト市場やロンドン市場が開き、そのうち米国が朝を迎えてニューヨーク市場が活動を始める。そして、シドニー市場が朝を迎え、その後アジアの市場が活動を始める。したがって、円ドル取引は東京市場が閉まっても、開いている他の市場でいつでも取引が可能である。

　世界の外国為替取引では、ドルと円、ドルとユーロ、ドルと韓国ウォンといったように、ドルと他の通貨との間の取引が大部分を占めている。**図表4-2(b)** は、世界の外国為替市場における通貨別の為替取引シェアを示している。この統計では、1つの売買（例えば10億ドルの円ドル取引）は、ドル10億ドル、円10億ドルと2度エントリーされるので、合計は100%ではなく200%となっていることに注意しよう。2010年では、ドルは87%、ユーロが33%、円が23%であった。仮にすべての取引の片側がドルの場合、ドルのシェアは100%となるので、87%という数字は、世界の大部分の為替取引がドルと他の通貨の取引であるということを示している。

　このように世界の為替市場で最も取引されるドルは、世界の**基軸通貨** the world's key currencyであると言われる。ドルの取引が大きい理由の1つには、米国は世界第1位の経済大国なので、貿易や国境を越える金融取引で、多額のドルが売買されるという事情がある。また、米国の金融市場は世界で最も発達した市場であることも、米国と外国との金融取引を活発にしている要因である。

　しかし、それ以上に重要なのは、ドル以外の2通貨の取引に、ドルが媒介通貨として使われるからである。**媒介通貨** vehicle currencyとは、通貨Aと通貨Bの取引を行う場合、間に介在して両通貨の取引を成立させる役割を果たす通貨である。媒介通貨は通貨Aと通貨Bの間をつなぐ「乗り物vehicle」のようなものである。例えば、円を売ってインド・ルピアを買う場合、まず円を売ってドルを買い、そのドルを売ってインド・ルピアを買うということ

1 外国為替市場の取引   69

図表4-2　世界の外国為替市場

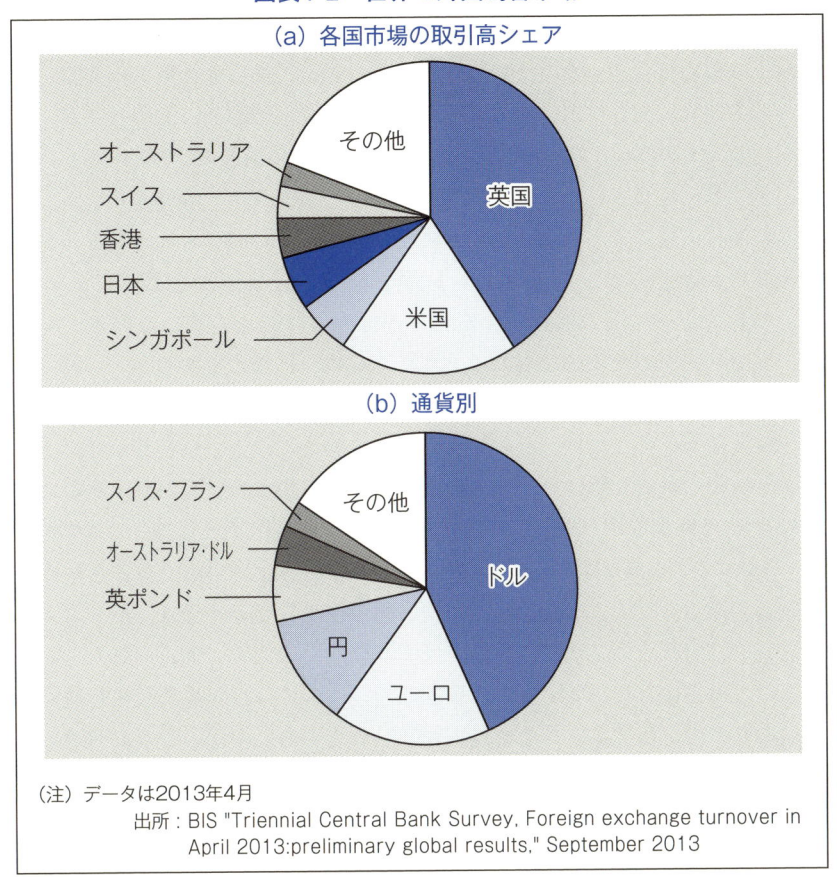

(a) 各国市場の取引高シェア

その他／英国／米国／シンガポール／日本／香港／スイス／オーストラリア

(b) 通貨別

その他／ドル／ユーロ／円／英ポンド／オーストラリア・ドル／スイス・フラン

（注）データは2013年4月
出所：BIS "Triennial Central Bank Survey, Foreign exchange turnover in April 2013:preliminary global results," September 2013

が行われる。円とインド・ルピアを取引するのに、ドルを媒介させたほうがコストが安くすむからである。円とインド・ルピアの取引額はあまり多くないが、ドルと円、ドルとインド・ルピアの取引は活発に行われている。そのため、ドルと円、ドルとインド・ルピアの取引コストは低いので、2回売買しても全体の取引コストが安くて済む。このような理由から実際、為替市場において円とルピアの直接取引はほとんど行われていない。

このように世界の為替市場ではドルが最も取引される通貨であるが、ドル

以外ではユーロや円などが多く取引されている（図表4－2(b)を再び見てほしい）。一方、中国は今や世界第2位の経済大国であり、世界経済に占める中国の地位は極めて大きくなっているが、中国の通貨である元の取引は非常に少ない。中国元は図表4-2(b)では「その他」に含まれており、2013年において中国元のシェアは0.3％（全体200％のうちの0.3％）に過ぎないのである。同様に、インド・ルピア、ロシア・ルーブルなどの取引シェアも非常に小さい。世界の為替市場で多く取引されており、したがっていつでも他の通貨と簡単に交換できる通貨は、**ハード・カレンシー** hard currencyと呼ばれる[*4]。ハード・カレンシーにどの通貨が含まれるかはっきりした定義はないが、ハード・カレンシーの代表的なものはドル、ユーロ、円などである。

　ある通貨がハード・カレンシーになるための条件はいくつか考えられるが、重要な条件の1つは、その通貨の「使い勝手」が良いかどうかである。つまり、その通貨を手にしたらその国のモノが自由に買えるのか、あるいはその国との資本取引（例えばその国の銀行預金の取引を行う、株式や債券を購入・売却する、現地で得た利益を自国に送金するなど）が自由にできるかどうかが重要である。このような意味での使い勝手が良くない通貨は、ハード・カレンシーになれない。現在の中国では、貿易取引のために外貨を購入・売却することは自由となっているが、資本取引については近年規制緩和が進んではいるものの、依然さまざまな規制が課されている。中国の資本取引が完全に自由化されない限り、中国元が世界の為替市場で広く取引される通貨になることはない。

[*4] ハード・カレンシーという名前は、金本位制時代の通貨の観念から来ている。ドル、ユーロ、円などは金と同じくらい「硬い」しっかりした通貨だという意味で、ハード・カレンシーと呼ばれている。ハード・カレンシー以外の通貨、特にしばしば減価するような通貨はソフト・カレンシー soft currencyと呼ばれる。

2　為替レートとは

（為替レートは価格）

　外国為替市場で最も重要な役割を果たすのは、為替レートである。**為替レート**（ないし**為替相場**）exchange rateとは、2つの通貨の交換比率である。例えば、$1＝¥100の為替レートは、外国為替市場で1ドルと100円が交換されるということを意味している。ここで、為替レートは価格であるということを理解することが重要である。$1＝¥100は、1ドルの円価格が100円であるということを示している。

　ビッグマック（マクドナルドの定番ハンバーグ）の日本での価格が250円ならば、1BM＝¥250と表示できる。ビッグマックの米国での価格が2ドルならば、1BM＝$2と表示できる。1BM＝¥250はビッグマックの円価格を示しており、1BM＝$2はビッグマックのドル価格を示している。これとまったく同様に、$1＝¥100はドルの円価格であり、$1＝6元はドルの中国元価格である。

　為替レートには、**直接表示（自国通貨建て）**direct quotationと、**間接表示（外国通貨建て）**indirect quotationの2つの表示方法がある。$1＝¥100を例にとろう。$1＝¥100は日本から見ると直接表示である。直接表示と呼ばれるのは、外貨（ドル）の価格が直接的に表示されているからである。1BM＝¥250が、ビッグマックの価格を直接表示しているのと同じである。

　$1＝¥100の場合、間接表示は¥1＝$0.01である。0.01は1を100で割れば求められる。$1＝¥120の間接表示は、¥1＝約$0.0083（＝1/120）である。¥1＝$0.01や¥1＝$0.0083では、外貨の価格が間接的に表示されている。なお、米国から見ると、直接表示と間接表示は逆になることに注意しよう。つまり、米国にとっては、¥1＝$0.01が直接表示、$1＝¥100が間接表示である。

　円ドル・レートについて見ると、直接表示の為替レート（$1＝¥△△）は、ドルの円価格を示しており、間接表示の為替レート（¥1＝$△△）は、円のドル価格を示している。モノの価格の表示は、1BM＝¥250のように1通

りしかない。「1円は250分の1ビッグマック(￥1＝(1/250)BM)である」とは言わない。それは「ビッグマックを買う」というが、「マクドナルドの店員はビッグマックを売って円を買っている」とは通常言わないからである。しかし、為替取引の場合は、交換されるものがともにおカネなので、円ドル取引は「円を売ってドルを買う」取引であり、同時にそれは「ドルを売って円を買う」取引でもある。したがって、為替レートという価格の場合、直接表示と間接表示の2通りの表示方法がある。

このように為替レートは直接表示、間接表示のどちらで表示しても構わないのだが、日本では、$1＝￥100、あるいは€1＝￥130(€はユーロ)のように直接表示で表すのが慣行となっている。しかし、ヨーロッパ主要国では、€1＝$1.37、£1＝$1.55(£は英国ポンド)のように、間接表示が通常使われている。

(為替レートの変化 —増価と減価—)

為替レートが変化した時は、通貨が増価した、あるいは減価したという。増価appreciationは、ある通貨の価値が他の通貨に対して高くなることであり、減価depreciationはある通貨の価値が他の通貨に対して低くなることである。増価、減価という用語は主に経済分析で使われる用語で、実務家や新聞などは、円高stronger yen、円安weaker yen、あるいはドル高、ドル安という言い方を使う。また、円高は「円が強くなる」、円安は「円が弱くなる」とも表現される。

増価・減価、円高・円安は、初学者にとって若干ややこしいので注意が必要である。円ドル・レートで説明しよう。$1＝￥100が$1＝￥110に変化した時は、円が対ドルで減価した、あるいは対ドルで円安となったという。この場合、ドルは対円で増価した、あるいは対円でドル高となっている。

$1＝￥100という表示はドルの円価格を示しているので、それが100円から110円に高くなったということは、ドルの価値が(円に対して)高まったので、ドルの増価(ドル高)を意味する。ビッグマックの例で言えば、1BM＝￥250が1BM＝￥280となれば、「ビッグマック高」だと言えるのと、同じことである。

一方、ドルの価値が円に対して高まったということは、円の価値がドルに対して低下したことを意味するので、$1＝¥100から$1＝¥110への変化は、円の減価（円安）である。ドル高と円高の関係は相撲と同じで、自分が勝つときは相手は負けており、自分が負けるときは相手が勝っている。「$1＝¥100 → $1＝¥110」の変化が円の減価であることは、間接表示の為替レートで見るとはっきりする。$1＝¥100は間接表示では¥1＝$0.01（＝1/100）であり、$1＝¥110は¥1＝$0.009（＝1/110）である。これは1円のドル価格が0.01ドルから0.009ドルに低下したことを意味するので、「$1＝¥100 → $1＝¥110」の変化は円の減価（円安）なのである。

直接表示の為替レートを使う日本と、間接表示の為替レートを使うユーロ圏諸国（ドイツ、フランスなど）の場合の増価・減価を考えてみよう。$1＝¥100のような直接表示の為替レートの場合、数字が大きくなれば（例えば100→110）、自国通貨安を意味する。一方、€1＝$1.30のように間接表示の為替レートの場合、数字が大きくなれば（例えば1.30→1.35）、自国通貨高を意味する。

前述のように、円ドル・レートの場合、ドル高はすなわち円安であり、ドル安はすなわち円高である。しかし、その変化率（つまり増価率と減価率）は同じではないことに注意しよう。この点を為替レートの変化が小さい場合と大きい場合をとって説明しよう。

為替レートが$1＝¥100から$1＝¥105に変化したとしよう。これはドル高・円安である。この場合の為替レートの変化率を計算しよう。

ドルの増価率　　　$\{(105 \div 100) - 1\} \times 100 = 5\%$

円の減価率　　　$\left\{\left(\dfrac{1}{105}\right) \div \left(\dfrac{1}{100}\right) - 1\right\} \times 100 \fallingdotseq -4.8\%$

つまり、「$1＝¥100 → $1＝¥105」の変化は、5％のドル高であり、約4.8％の円安である。このように増価率と減価率は一致しないが、しかし、この例のように為替レートの変化幅が比較的小さい場合は、両者はあまり違わない。「5％のドル高は5％の円安である」と言っても、あまり問題はない。

次に、為替レートが$1＝¥100 から$1＝¥200に大きく変化したケースを考えよう。この場合の為替レートの変化率は、次のようになる。

ドルの増価率　　　$\{(200 \div 100) - 1\} \times 100 = 100\%$

円の減価率　　　$\{(\frac{1}{200}) \div (\frac{1}{100}) - 1\} \times 100 = -50\%$

この計算から、「$1＝¥100 → $1＝¥200」の変化は、100％のドル高であり、50％の円安であるということがわかる。この場合、ドルの価値は（円に対して）2倍つまり100％増となっており、円の価値は（ドルに対して）半値つまり50％減となっている。このように為替レートの変化幅が大きいときは、増価率と減価率は相当乖離する。したがって、「30％のドル高は30％の円安である」といった考え違いをしないようにしよう。

　ある時期に、例えば先月の1ヶ月間に、円が対ドルで円安になっても、対ユーロや対韓国ウォンでは円高になっているかもしれない。増価・減価、円高・円安、ドル高・ドル安などと言うときは、どの通貨に対してなのかをはっきりさせる必要がある。なお、日本ではどの通貨に対してかを明示せずに円高・円安という用語が広く使われているが、それは常に対ドルでの円高・円安を意味していることに注意しよう。

　具体例として、2000年以降の円ドル・レートと円ユーロ・レートの動向をみてみよう（図表4-3参照）。2002年初めから2008年半ば頃にかけての時期、対ユーロでは円安が進んだが、対ドルではむしろやや円高となっている。その後、円は対ドルでも対ユーロでも円高となったが、2012年後半以降になると今度は対ドル、対ユーロで円安となっている。このようにドルに対してもユーロに対しても共通に円高あるいは円安となった時期も、円高・円安の度合いは対ドルと対ユーロで異なっていることに注意しよう。

　ある国の通貨が増価すると、その国の輸出が減少し、輸入が増加する傾向がある。逆に、通貨が減価すると、その国の輸出が増加し、輸入が減少する傾向がある。この点を理解するために、円ドル・レートの変化が、日米の貿易にどのような影響を与えるか見てみよう。例えば、$1＝¥100が$1＝

図表4-3　円の為替レートの推移
―対ドルと対ユーロ―

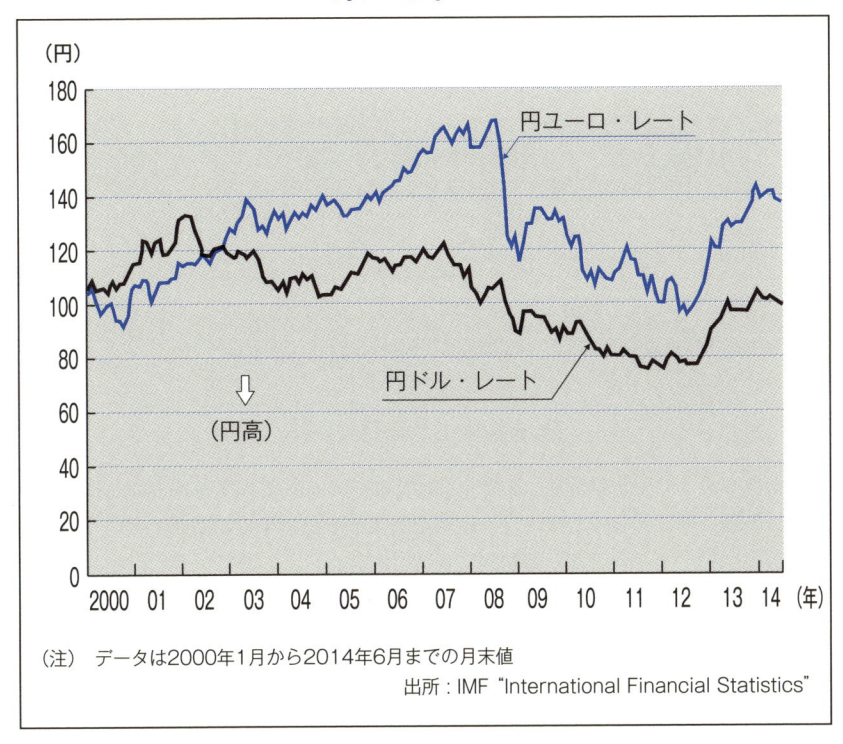

(注)　データは2000年1月から2014年6月までの月末値
出所：IMF "International Financial Statistics"

¥90に変化したとしよう。この変化は、円の対ドルでの増価(円高)である。

　$1 = ¥100の時、米国人は100万円の日本製品を1万ドルで買うことができた(ここでは輸送費などを無視する)。しかし、$1 = ¥90の円高になると、同じ100万円の日本製品は1万1,111ドル払わなければ買えなくなる。ここで1万ドルと1万1,111ドルの求め方を確認しておこう。$1 = ¥100は¥1 = $(1/100)なので、100万円のモノは1,000,000 × (1/100) = 10,000ドルとなり、為替レートが$1 = ¥90になれば、100万円のモノは1,000,000 × (1/90) = 11,111ドルとなる。このように円高になれば、米国人にとって日本のモノは(ドルで見て)高くなるので、米国人は日本製品を買うのを控えるようになり、日本から米国への輸出が減少する。

一方、日本人にとっては、$1＝¥100の時、1万ドルの米国製品を買うのに100万円かかったが、$1＝¥90になれば90万円で買えるようになる。したがって、円高になれば、米国からの日本の輸入が増加する。

円安になれば、上と反対のことが起こる。要するに、円高は日本の輸出減少要因、輸入増加要因となり、円安は日本の輸出増加要因、輸入減少要因となる。なお、為替レートだけで1国の輸出入の動向が決まるわけではなく、為替レート以外に貿易相手国の経済状況その他さまざまな要因が輸出入に影響する。（コラム「産業空洞化と為替レート」参照）

> コラム
>
> ## 産業空洞化と為替レート
>
> 　為替レートの変化は貿易に影響を及ぼすが、それ以外に資本取引などにも影響しうる。特に、日本では円高は産業空洞化をもたらすので問題だという考え方が一般的である。実際、2008年から2012年にかけて円高が進行した時期には、産業空洞化を防ぐためにも円高の修正が必要だという議論が盛んに行われていた。
>
> 　産業空洞化の定義は必ずしもはっきりしたものではないが、空洞化する「産業」は通常製造業を指している。つまり、日本の製造業企業が近隣のアジア諸国などに海外立地（直接投資）をして生産を移転する結果、国内の製造業の生産と雇用が減少する現象が産業空洞化と呼ばれている。また、それによって従来日本が得意としてきた「ものづくり」の技術が、外国に流出したりあるいは喪失してしまうのではないかと懸念されている。
>
> 　産業空洞化と呼ばれる現象と為替レートがどのように関係しているかデータで検証しよう。図表4-4は、1980年代からの円ドル・レートと製造業生産のシェア（製造業部門のGDPが経済全体のGDPに占める比率）の長期的な動向を示している。データは各年の値ではなく5年毎の平均値をとっている。それは第1に、製造業GDPは短期的な景気変動に伴って変動するがここで注目したいのは中長期的な製造業の動向であり、また第2に産業空洞化に影響しうる為替レートの変化は、短期的な（あるいは一時的な）為替レートの変動ではなく、中

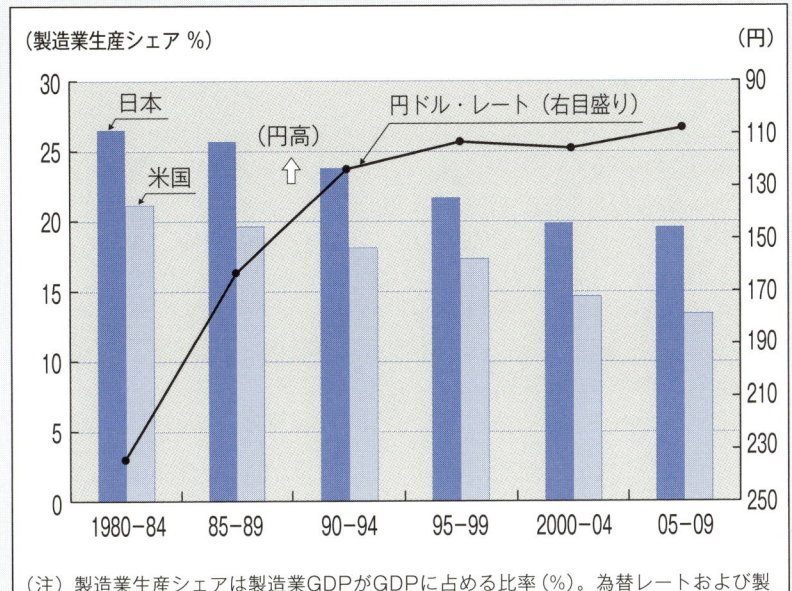

図表4-4　為替レートと産業空洞化

（注）製造業生産シェアは製造業GDPがGDPに占める比率（％）。為替レートおよび製造業生産シェアのデータは各期間の平均値。
出所：世界銀行"World Development Indicators"、IMF "International Financial Statistics"

長期的な為替レートの動向が重要だと考えられるからである。

　グラフを見ると、1980年代以降、日本の製造業生産は一貫して低下傾向にあることがわかる。雇用統計を見ると、それに伴って製造業雇用も減少している。つまり日本で産業空洞化と呼ばれる現象が起こっている。しかし、日本の製造業部門の縮小は、為替レートの動向とかかわりなく進行している。1980年代前半から1990年代前半にかけて円高が進み、その後は円高はおおむね止まったが、このような為替レートの変化にかかわらず製造業の生産はほぼ同様のテンポで低下している。つまり、円高の時も円高でない時も、産業空洞化が進んでいるのである。図表4-4は、参考として米国の製造業生産の動向も示しているが、米国でも円ドル・レートの動向とかかわりなく製造業が縮小している。ここでは為替レートとして日本で最も注目される円ドル・レートをとっている

> が、本章⑤で学ぶ実質実効為替レートと呼ばれる総合的な為替レートで見ても、日米ともに為替レートと製造業生産の間に相関関係は見られない。
> 　日本、米国などの先進国で製造業が縮小傾向にある基本的な要因は、経済のグローバル化の進展である。人件費などのコストの違い、現地需要への機敏な対応の必要性、新興国の製造業企業の台頭などによって、先進国国内での製造業生産は縮小してきているのである。このうち、現地需要への機敏な対応の必要性とは、同じ製品でも世界各国・地域で人々が求めるもの・重視するものは異なりまたしばしば変化するので、日本で生産したものを外国に輸出するという従来のやり方では柔軟に対応できず、需要地に近いところで生産するために海外立地が重要となっていることを指している。
> 　日本から輸出するだけではなく、企業活動を国際的に展開して、世界で所得を稼ぎ出すことが求められているのである。

③　スポット取引とフォワード取引

（スポット取引とフォワード取引の違い）

　外国為替市場での為替取引には、スポット取引とフォワード取引がある。円とドルの取引について言えば、**スポット取引**（直物取引） spot transaction とは、売り手と買い手が円とドルを直ちに売買する取引である。つまり、"on the spot"（「ただちに」ないし「その場で」という意味）で行われる取引である[*5]。私たちがコンビニでおにぎりを買うのは、「おにぎりのスポット取引」ということになる。

　フォワード取引 forward transaction は、取引日に売り手と買い手が、将来のある日（例えば3ヶ月後、6ヶ月後でほとんどは1年以内）に、円とドルの引渡しを行うことを合意する取引である。引渡しは取引日に合意した価格（つまり為替レート）で行われる。フォワード取引はしばしば、**為替先物**取

[*5]　従来は、時差や確認作業などのため、取引成立後の2日後に決済（通貨の引渡し）が行われていた。しかし、現在は、先進国通貨のスポット取引の大部分は、Continuous Linked Settlementと呼ばれる電子システムを使って、即日に決済が行われている。

引、**先渡**(さきわたし)取引、**為替予約**とも呼ばれるので注意しよう[*6]。

スポット取引に適用される為替レートは、**スポット・レート**(直物レート、直物相場) spot rate と呼ばれ、フォワード取引に適用される為替レートは**フォワード・レート**(為替先物レート、先渡レート) forward rate と呼ばれる。同じ日にスポット・レートとフォワード・レートが存在している。スポット取引ではスポット・レートが適用される。3ヶ月フォワードの取引では、3ヵ月後になると、その日のスポット・レートではなく、取引日にあらかじめ合意したフォワード・レートで通貨の引渡しが行われる。なお、新聞やテレビで毎日報道される為替レートは、スポット・レートである。

スポット・レートとフォワード・レートの差は、**直先スプレッド**(じきさき) forward spread と呼ばれる。通常、直先スプレッドは小さく、スポット・レートとフォワード・レートは密接に連動して変化する[*7]。フォワード・レートのほうがスポット・レートよりもドルが高くなっていれば、ドルの**フォワード・プレミアム** forward premium、安くなっていればドルの**フォワード・ディスカウント** forward discount と呼ばれる。例えば、今日のスポットが＄1＝￥100でフォワードが＄1＝￥99なら、ドルのフォワード・ディスカウントである。なお、フォワードのドルが安いということは、円が高いということなので、ドルのフォワード・ディスカウントはすなわち円のフォワード・プレミアムであるが、日本の為替市場では通常、ドルから見たプレミアムかディスカウントかで表現する(しばしば「ドルの」が省略される)。

スポット取引は、いろいろなモノの取引と同様「その場で」通貨を売買す

[*6] 為替のフォワード取引の歴史は古く、日本では従来、先物取引を呼ばれていた。しかし、1970年代以降、外国為替市場でも金融派生商品(デリバティブ)の一種であるフューチャーズ futures の取引が行われるようになり、フューチャーズは日本語で先物と呼ばれるようになった。株式や債券のフューチャーズは、株式先物、債券先物と呼ばれ、為替取引のフューチャーズは通貨先物(ドル先物など)と呼ばれる。そこで、フューチャーズは先物、フォワードは先渡と呼ぶ方式が考えられた。しかし、先渡は教科書などで使われるが、実務家はあまり使わない。現在でも為替取引のフォワードはしばしば先物(ないし為替先物)と呼ばれる。紛らわしいので注意しよう。

[*7] 円ドルの直先スプレッドは、日本と米国の金利差に等しい。この関係は、第5章で金利裁定理論を学ぶとわかる。日米の金利差はそれほど大きくないので、直先スプレッドは小さいのである。

る取引なので単純だが、フォワード取引という一見面倒な取引はなぜ行われるのだろうか。フォワード取引は為替リスクのリスク・ヘッジとして行われる。**為替リスク**exchange rate riskとは為替レート変動によって損失を被るリスクであり、**リスク・ヘッジ**risk hedgeはリスクを回避ないし軽減することである。フォワード取引の片方の当事者は銀行であり、もう片方の当事者は、輸出企業・輸入企業、保険会社その他の金融機関などである。後者(銀行の顧客)が為替リスクを回避しようとして、銀行を相手にフォワード取引を行う。銀行が顧客の為替リスクを吸収してくれるのである。この仕組みを、具体例を使って理解しよう。

(輸入業者のフォワード取引の例)

米国からボールペンを輸入した日本の輸入業者のケースを考えよう(図表4-5参照)。輸入価格は1本あたり100ドルで、この輸入業者は日本で1本11,000円で売る計画である。輸入契約では、輸入業者は契約日の3ヵ月後にドルで輸入代金を支払うことになっている。契約日である今日の為替レート(スポット)は、$1=¥100である。

図表4-5　フォワード取引の例

	【今日】	【3ヵ月後】
(スポット・レート)	$1=¥100	$1=¥110？ ¥90？
(フォワード・レート)	$1=¥102	

- 輸入業者　フォワードでドル買い　$1=¥102でドルを買う
- 銀行　　　フォワードでドル売り　$1=¥102でドルを売る
- 3ヵ月後の輸入契約決済日にもフォワード・レートがあるが、この輸入業者にとっては決済日のフォワード・レートがいくらでも関係がない。

単純化のため輸入コスト以外の諸コストは無視すると、もし3ヵ月後の為替レートが$1=¥100であれば、輸入業者は1本当たり1,000円の儲けとなる。もし3ヵ月後の為替レートが$1=¥90とドル安になれば、輸入業者

の儲けは増えて2,000円となる。逆に、もし$1＝¥110以上のドル高になれば、輸入業者の儲けはなくなりむしろ損をする。将来ドル高・円安になって損失を被る(あるいは利益が縮小する)可能性が、この輸入業者が直面する為替リスクである。

輸入業者が得意とする仕事は、日本で売れそうな良い商品を輸入して国内で販売することで、為替レートを予測することではない(実は為替市場の専門家にとっても、為替レートの予測は至難の業であることは、第5章「為替レートはなぜ変動するか」で学ぶ)。いかに輸入品の国内での販売がうまくいっても、為替レート次第で利益が変動し、運が悪ければ大損となる可能性もある。そこで、輸入業者は取引銀行を相手に、ドルをフォワードで買う取引を行う(銀行はドルをフォワードで売る)。今日のフォワード・レートは$1＝¥102だとしよう。フォワード取引をしたので、輸入業者は3ヵ月後に$1＝¥102でドルを買うことができる。したがって、輸入業者は今日の時点で、ボールペン1本当たり800円の儲けが保証される(もちろんボールペンが国内でうまく売れればの話だが)。

フォワード取引によって、輸入業者は為替リスクを回避することができた。フォワード取引を行わなければ、3ヵ月後のスポット・レートが$1＝¥120のドル高となった場合には大損するところだったが、フォワード取引によって確実な利益を確保することができた。逆にドル安になれば、フォワード取引をしていなければ大きな利益をあげられたかもしれないが、輸入業者としては、不確実な大儲けの可能性に賭けるよりも、損失の可能性を回避して、確実な利益を得るほうが望ましいと考えるだろう。

以上では、輸入業者のケースについて学んだが、将来ドルで支払いを受けることになっている日本の輸出業者も、為替リスクに直面する。輸出業者の場合は、輸入業者と逆に、将来ドル安・円高になれば損失を被ることになる。輸出業者はリスク・ヘッジのためにフォワードでドルを売る[8]。

このような貿易に伴う為替リスクだけではなく、国際的な金融投資でも為替リスクが発生する。例えば、日本の投資家(金融機関など)が、現在保有し

---

[8] 日本の輸入業者や輸出業者が円建てで代金を支払いないし受け取る場合には、為替リスクは発生しない。その場合には、輸出入相手の外国企業が為替リスクを負うことになる。

ている外国の国債や預金が数ヵ月後に満期が来て、その資金を日本に戻す（つまり円に換える）予定だとしよう。この投資家がリスク・ヘッジをしたい場合は、フォワードで外貨を売ることになる。このようにさまざまな企業や金融機関が、為替リスクのヘッジのためにフォワード取引を利用する。

為替市場では、スポット取引とフォワード取引を1つの契約で同時に行う**為替スワップ**foreign exchange swapと呼ばれる取引も活発に行われている。例えば、円ドル取引で、1億ドルをスポットで売って、フォワードで1億ドルを買う取引が為替スワップである。後述するポジション調整のために、銀行が一時的に外貨保有額を減らしたい（あるいは増やしたい）時などに、他の銀行との間で為替スワップ取引が行われる。1億ドルのスポット売り・フォワード買いをした銀行の場合、その銀行のドル保有額は1億ドル減るが、後日1億ドルが買い戻されるので、この取引によって銀行はドル保有額を一時的に調整することができる。日本を含め世界の為替市場では、フォワード取引の多くは、単独のフォワード取引（outright forwardと呼ばれる）ではなく、スポット取引と組み合わせた為替スワップで行われている。

（なぜ銀行は顧客の為替リスクを吸収できるのか）

輸入業者その他の銀行の顧客は、フォワード取引によって為替リスクを回避することができるということを学んだ。しかし、銀行は顧客とのフォワード取引に応じることによって、為替リスクを背負い込むことになることに注意しよう。

先ほどの輸入業者の例に戻ろう。もし3ヵ月後のスポット・レートが$1＝¥110であれば、銀行は輸入業者とフォワード取引をしなかった場合と比べ1ドルあたり8円損をする。なぜなら、スポットで誰かに1ドルを売れば110円手に入るのに、フォワード契約があるために1ドルを102円の安値で売らなければならないからである。もし3ヵ月後のスポット・レートがドル安に振れれば、銀行は逆に利益を出せるが、銀行はフォワード取引を対顧客で行うことによって、将来の為替レートの動向しだいで銀行の利益が変動してしまう。

前述のように、銀行は外貨の売値と買値のスプレッドによって利益を得て

図表4-6　銀行のポジション調整の1例

☆ ある銀行のドルの3か月フォワード取引は、フォワード売り1,200万ドル、フォワード買い1,000万ドルで、フォワード・レートは$1＝¥100だったとしよう。そこでこの銀行はスポット取引で200万ドル（フォワードの売り買いの差額分）を買って保有し続けるとしよう。単純化のために、スポット・レートはフォワード・レートと同じ$1＝¥100だったとする。

☆ この場合、将来ドル安になってもドル高になっても、この銀行には損得が出ない、つまり為替リスクがヘッジされるということを確認しよう。

【将来円安のケース】 3か月後のスポット・レートが$1＝¥110となった場合

（銀行のポジション）　　　　　　（3か月後の損得）

- フォワード売り　1,200万ドル　⇒　1.2億円の損　（1ドルあたり10円の損）
- フォワード買い　1,000万ドル　⇒　1.0億円の儲け（1ドルあたり10円の儲け）
- スポットの買い　200万ドル　⇒　0.2億円の儲け（1ドルあたり10円の儲け）

　　　　　　　　　　　　　　　　　損得の合計　0円

【将来円高のケース】 3か月後のスポット・レートが$1＝¥90となった場合

（銀行のポジション）　　　　　　（3か月後の損得）

- フォワード売り　1,200万ドル　⇒　1.2億円の儲け（1ドルあたり10円の儲け）
- フォワード買い　1,000万ドル　⇒　1.0億円の損　（1ドルあたり10円の損）
- スポットの買い　200万ドル　⇒　0.2億円の損　（1ドルあたり10円の損）

　　　　　　　　　　　　　　　　　損得の合計　0円

☆ 逆に、フォワードの売りがフォワードの買いよりも少ない場合は、差額分だけスポットでドルを売れば、為替リスクをヘッジできる。

いるが、それでは為替リスクを肩代わりことの代償としては不十分である。なぜ銀行は、フォワード取引の相手側となれるのだろうか。その答えは、銀行は為替リスクを軽減する手段を持っているからである。

　第1に、銀行の顧客には、フォワードのドル買いの顧客(輸入業者など)とフォワードのドル売りの顧客(輸出業者など)の双方がいるので、銀行の為替リスクが減少する。なぜなら、将来ドル高となれば、銀行はフォワードのドル売りからは損が出るが、フォワードのドル買いから儲けが出るからである。仮にフォワードのドル買いとドル売りの金額が同額であれば、損と儲けは完全に相殺され為替リスクはゼロとなる。現実には常に同額になるということはありえないが、しかし、損と儲けはかなりの程度相殺される。

　第2に、銀行はポジション調整によって、為替リスクを回避することができる。例えば、フォワードのドル売りの金額がフォワードのドル買いの金額よりも多ければ、銀行は差額分のドルを今日買っておけば、為替リスクを回避できる(図表4-6参照)。銀行同士がポジション調整を行うため外貨売買を毎日活発に行うため、為替市場取引の過半は銀行間取引となっている。(コラム「買い持ちvs.売り持ち」参照)

コラム

買い持ち vs. 売り持ち

　銀行は、さまざまな顧客とスポットとフォワードでドルの売り買いを行う。銀行自身も外国の資産(例えば米国国債)への投資などのためにドルを売買する。銀行はそれらの取引の結果として為替リスクを負うことになるが、為替リスクをなくすために、銀行は**ポジション調整**adjusting currency positionsと呼ばれるドル取引を常時行っている。なお、ポジション調整は銀行が取引するユーロなど他の通貨についても行われる。

　ポジション調整を理解するためには、まずポジションについて学ぶ必要がある。ドルのロング・ポジションlong positionは、現在保有しているドルの金額と将来のドル買いの金額の合計である。ロング・ポジションは将来ドル高になると利益が生まれる。なぜなら、将来ドル高になれば、現在保有しているドルは

キャピタル・ゲインを生む。また銀行がフォワードでドル買いの契約をしていれば、将来ドルが高くなっても事前に約束した安い価格でドルを買うことができるので得をする。

ドルのショート・ポジション short position は、将来のドル売りの金額である。ショート・ポジションは将来ドル高になると損失を生む。なぜなら、銀行がフォワードでドル売りの契約をしていると、将来時点のスポットのドル価格よりも安い価格でドルを売らなければならないので、その分損をする。

ある銀行のロング・ポジションとショート・ポジションが等しい状態にあるとき、その銀行のポジションはスクエア・ポジションになっている。スクエア・ポジションになってれば、将来ドル高になってもあるいはドル安になっても、銀行には損も利益も生まれない。つまり、銀行がスクエア・ポジションを維持していれば、銀行は為替リスクをまったく負わないということになる。

ロング・ポジションの方がショート・ポジションよりも大きい状態は、**買い持ち** net long position、逆にショート・ポジションの方がロング・ポジションよりも大きい状態は、**売り持ち** net short position と呼ばれる。ある銀行がドルの買い持ちになっているときは、将来のドル高は利益を生む。ドルの売り持ちの場合は、将来ドル高になれば銀行は損をする。なお、スクエア・ポジションになっていないとき(つまり買い持ちないし売り持ちの状態)は、オープン・ポジションと呼ばれる。オープン・ポジションの銀行は、為替リスクを負っている。

銀行はさまざまな顧客とドルの売り買いを行っており、また銀行自身も外国の資産への投資などのためにドルを売買するので、いつもスクエア・ポジションになるとは限らず、買い持ちになったり売り持ちになったりする。そこで、銀行は他の銀行とスポット取引、フォワード取引、為替スワップ取引を行ったり、金融派生商品(デリバティブ)の一種である通貨先物・通貨オプションなどの売買を行うことによって、スクエア・ポジションになるように調整している。こうした調整がポジション調整である。

- ロング・ポジション(L)　＝　現在保有のドル ＋ 将来のドル買い
- ショート・ポジション(S) ＝　将来のドル売り
- スクエア・ポジションは、「L ＝ S」の状態
- 買い持ちは、「L ＞ S」の状態
- 売り持ちは、「L ＜ S」の状態

4 変動レート制 vs. 固定レート制

（為替レート制度）

　国によってどのような為替レート制度を採用しているか異なる。為替レート制度には変動レート制、固定レート制、管理変動レート制がある。

　現在の日本および他の先進国では、**変動レート制**（変動為替レート制、変動相場制）flexible exchange rates, floating exchange ratesがとられている。変動レート制では、外国為替市場の参加者による外貨の需要と供給によって為替レートが決定し、為替レートは株価と同様１日のうちでも刻々変化し、時には大きく変動する。

　為替市場で外貨（例えばドル）を需要する市場参加者は、輸入企業、外国の証券などに投資をする金融機関、ポジション調整で外貨を買いたい銀行、海外旅行に出かける個人その他である。一方、為替市場で外貨を供給する市場参加者は、輸出企業、日本の証券などに投資をする外国の金融機関、ポジション調整で外貨を売りたい銀行、外国人旅行者その他である。その他、投機的な目的で外貨を売り買いするヘッジ・ファンドなどの投資家もいる。投機目的の売買が行われる点も株式市場などと同様である。例えば、将来ドル高を予測する投機者は、今日円を売ってドルを買い、その後ドル高になったらドルを売って円に戻して儲ける。つまり、ドルを安く買って高く売るので儲けが出る。しかし、予想が外れれば損をする。

　変動レート制では、為替レートは市場における通貨の需要と供給によって自由に決まる。円ドル・レートを例にとれば、為替市場でドルの需要（ドル買い・円売り）が増えればドル高・円安となり、ドルの供給（ドル売り・円買い）が増えればドル安・円高となる。なお。ドルの需要は円の供給であり、ドルの供給は円の需要であることに注意しよう。したがって、ドルの需要が増加している時は、円の供給が増加しているので円安になる。

　変動レート制の反対にあるのは、**固定レート制**（固定為替レート制、固定相場制）fixed exchange ratesである。ドルに対して自国通貨の為替レートを固定する場合が多く、それは**ドル・ペッグ制**（ドルにペッグする固定レート制）

dollar pegと呼ばれる。ペッグとは「釘で止める、固定化する」という意味である。現在の多くの新興国・途上国は、固定レート制、ないし変動レート制と固定レート制の中間の制度(管理変動レート制)をとっている。歴史的には、先進国も固定レート制をとっていた時期があるが、現在の先進国は変動レート制を採用している[*9]。

固定レート制をとっている国が自国通貨の固定レートの水準を変更することは、切り上げないし切り下げと呼ばれる。**切り上げ** revaluation は自国通貨高にするレート変更であり、**切り下げ** devaluation は自国通貨安にするレート変更である。変動レート制(および後述の管理変動レート制)の国の通貨高は増価 appreciation、通貨安は減価 depreciation と呼ばれ、固定レート制の国の通貨高は切り上げ、通貨安は切り下げと呼ばれることに注意しよう。

管理変動レート制 managed floats は変動レート制と固定レート制の間の中間的な制度で、為替レートは完全に固定されていないが、しかし自由に変動もしない[*10]。為替レートを「固定」ないし「管理」しているのは、その国の政府であるが、管理変動レート制の場合、政府が為替レートの変動をかなり許容していれば、変動レート制に近くなり、政府が為替レートをあまり変動させずほぼ固定的なレートを維持していれば、固定レート制に近い制度となるので、一口に管理変動レート制といってもかなり幅がある。

為替レートを固定ないし管理(自由に変動しないように管理)するとは、自国通貨と他国の通貨の間の為替レートを固定・管理するということであるが、他国の通貨は具体的にどの通貨だろうか。世界の多くの国はドルに対して固定・管理しているが、その他ユーロあるいは通貨バスケット(ドル、ユーロ、円などの主要通貨を束ねたもの)に固定・管理する国もある。なお、対円で固

[*9] 19世紀から第2次世界大戦前までの金本位制度、および第2次大戦後から1970年代初めまでのブレトンウッズ制度は固定レート制で、これらの時期では先進国通貨の為替レートは基本的に固定されていた。(本章コラム「金本位制とブレトンウッズ体制の時代」参照。)

[*10] 固定レート制と変動レート制の間の中間的な制度は、これまでクローリング・ペッグ制その他いろいろな名前で呼ばれてきた。現在のIMFの為替レート制度の分類によると中間的な制度は5つに分類されている(stabilized arrangement, crawling peg, crawl-like arrangement, pegged exchange rate within horizontal bands, other managed arrangement)。本書ではこれらの中間的な制度はすべて管理変動レート制と呼んでいる。

定レート制ないし管理変動レート制をとっている国はない。

　固定的な為替レート制の例として、中国の為替レートについて見てみよう。近年、中国の経済的地位の目覚しい向上と時に大幅化する経常収支黒字を背景に、中国の為替レートの動向は、世界的に非常に注目されている。中国では「改革開放」と呼ばれた市場経済移行の改革が導入された1980年代初め以降、為替レート制度は変化してきているが、1980年代初めから今日に至るまで、中国の為替レート水準は政府がコントロールしているという点では変わりがない。

　1990年代半ばから2005年に至る期間、中国は元をドルに対して＄1＝約8元で固定する固定レート制（ドル・ペッグ制）をとっていた。中国は2005年に、通貨バスケットを参照する（つまり複数の主要通貨との為替レートを安定的に維持する）管理変動レート制に移行するという内容の為替制度改革を導入した。しかし、その後も事実上対ドル・レートの安定が重視されており、レートの変動幅は小さい。つまり、今日の中国はおおむね固定的な為替レート制をとっていると言える。

　以上の中国の為替レート制度について、次の2点に注意しよう。第1は、2005年までとられていた元とドルの固定レートだが、これは中国と米国の間の協定などによって維持されたものではなく、中国がいわば「勝手に」自国通貨をドルにペッグしていたという点である。これは他のドル・ペッグ国も同様である。第2は、中国が1990年代半ば以降、対ドルで固定ないしほぼ固定の為替レートを維持しているということは、対円、対ユーロでは元の為替レートは変動し固定レートではないという点である。なぜなら円ドル、ユーロ・ドルの為替レートは自由に変動するからである。

（為替レートのコントロールの方法）

　政府が自国通貨の為替レートを固定ないし管理するのは、どのような手段で行われるのだろうか。政府が為替レートをコントロールする基本的な手段は、為替市場介入と呼ばれる為替市場における外貨の売買である[11]。

　前述のように、変動レート制の場合、為替市場における外貨の需要と供給次第で、為替レートが変動する。ドルの需要（＝自国通貨の供給）が増えれ

ば、ドル高・自国通貨安となるわけだが、政府が対ドルの為替レート水準を不変に保とうとする場合には、政府が為替市場でドル売り（＝自国通貨買い）をする。つまり、市場ではドル需要が増加しているが、政府がドル供給を増やすので、為替レートが安定化する。逆に、ドル安・自国通貨高になるときには、ドル買い（＝自国通貨売り）を行う。このように政府が為替レートを固定するないし変動を小さくすることを目的に、為替市場で通貨の売買を行う操作が、為替市場介入である。

　為替市場介入を行うために政府が保有する外貨資産が、外貨準備である。政府が自国通貨安を防ぐために外貨売りを行えば、その政府が保有する外貨準備が減少し、逆に自国通貨高を防ぐために、外貨買いを行えば外貨準備が増加する。近年中国の外貨準備は増加を続けているが、それは中国政府が元高を防ぐ目的でドル買い介入を積極的に行っているからである。

　実は、為替レートを固定ないし固定的にするには、為替市場介入だけでは不十分である。固定レート制ないし管理変動レート制をとっている新興国・途上国では、為替市場介入に加え、民間の資本取引を規制している[*12]。**資本取引規制**capital controlsとは、例えば、外国企業が自国企業に買収・出資することを規制する、自国企業が外国銀行から融資を受けることを規制する、自国民が外国の証券を購入することを規制するなど、自国や他国の企業・金融機関・個人に対して自由な資本取引（つまり自由な資本流出入）を認めない政策のことである。

[*11] カレンシー・ボードcurrency boardと呼ばれる特殊なタイプの固定レート制の場合は、通常為替市場介入なしに固定レートが維持される。カレンシー・ボード制では、自国通貨はドル（ないし他の主要外貨）と固定レートで自由に交換できるということを政府が保証し、それを担保するために自国通貨の発行額を外貨準備保有額以内にする制度である。自国通貨はいつでもドルに換えられるという安心感があるので固定レートが維持されるが、その国は自国通貨の発行に制約があるため金融政策を自由に運営することはできない。この制度は昔の金本位制に似ており、金の代わりにドルなどのハード・カレンシーが使われている。現在カレンシー・ボード制をとっている国・地域で有名なのは、香港（対ドルで固定）である。その他は少数の小国の途上国である。

[*12] 為替レート制度と資本取引制度と金融政策のあり方の間には、「開放経済のトリレンマ」と呼ばれる密接な関係がある。資本規制がない国でも、金融政策の独立性をあきらめれば、為替市場介入によって固定レート制をとることができる。これらの問題は、8章「国際金融と経済政策運営」で詳しく学ぶ。

中国が為替レートを固定的にコントロールできているのは、資本取引を厳しく規制している制度の下で、大規模に為替市場介入を行っているからである。日本の場合、資本取引は一部の例外を除き自由なので、政府が為替介入を大規模に行っても、為替レートを固定的に維持することはできない[13]。日本政府はこれまで為替レート安定化の目的で時々為替市場介入を行ってきたが、その効果は限定的だったと考えられる。為替市場介入に関する問題については、第7章「為替市場介入と外貨準備」で詳しく勉ぶ。

コラム

金本位制とブレトンウッズ体制の時代

金本位制とブレトンウッズ体制は、過去の国際金融制度であり、ともに固定レート制である点で共通している。

金本位制 gold standard は19世紀後半から1930年代まで(第一次世界大戦中は中断)、世界の主要国が採用していた制度である。金本位制の下では、各国の貨幣(通貨)はいわば金の代用品で、各国政府は一定の交換比率(平価)で貨幣と金を交換(兌換)することを保証していた。

例えば、日本の場合、金2分(約0.75g)＝1円であり、1円札を日本銀行に持っていけば0.75gの金と交換できた。米国では、金1オンス(約28.3g)＝$20.67だったので、金0.75gは約0.55ドルであった。1円と0.55ドルは同じ価値を持つことになるので、円とドルの交換比率、すなわち円ドルの為替レートは1円＝0.55ドルの固定レートとなる。各国がこのように自国の貨幣と金との交換比率を固定していたので、その結果として、各国間の為替レートは固定レートとなっていた。

金本位制の下では、各国の貨幣の総量は各国が保有する金の総量に制約される。なぜなら、保有する金を上回って貨幣を発行すれば、政府が約束している貨幣と金との自由な交換ができなくなるからである。したがって、各国政府が

---

[13] 日本では他の先進国と同様、例えば、国家安全保障などの理由から、放送局会社、航空会社、電力会社などに対する外国企業の出資を制限しているが、それらの例外を除けば、資本取引は自由である。他方、新興国・途上国の資本取引制限は広範である。例えば、中国では、一部の金融機関を除き、外国の株式に投資することは禁止されている。

過大な財政支出を賄うために貨幣を増刷することはできないので、物価の安定に役立った。また、各国間の固定為替レートは貿易や投資にとって便利であった。しかし、金本位制が中断した第1次世界大戦の時期には各国でインフレが高まったので、その後再び金本位制に復帰するのは非常に難しかった。それでも各国は順次金本位制に復帰したが、結局1930年代半ばまでにすべての国が金本位制度から離脱してしまった。

ブレトンウッズ体制 Bretton Woods system は、金本位制に代わる国際金融制度として導入されたもので、第2次世界大戦の終戦以降1970年代初めまでの四半世紀続いた。米国のニューハンプシャー州ブレトンウッズで開催された会議で導入が決まった制度なので、ブレトンウッズ体制と呼ばれた。ブレトンウッズ体制では、当時他国を圧倒するほどの経済力を持ち、かつ金を潤沢に保有していた米国が中核的な役割を担っていた。米国の金保有は第1次世界大戦終戦時に世界最大となっていたが、さらに第2次世界大戦中、米国はヨーロッパの連合国に軍需品、食糧その他を輸出し金での支払いを受けていたので、第2次世界大戦終戦時には圧倒的な規模の金を保有する国となっていた。

ブレトンウッズ体制では、潤沢に金を保有する米国が、他国に対し固定的な交換比率のもとで金とドルの自由な交換を保証し、米国以外の国はそれぞれ自国通貨とドルとの為替レートを固定していた。ドルは金との交換が保証されていたので信任が厚く、各国はそのドルに自国通貨をリンクしていた。また各国の通貨はドルを介在して他国の通貨とも固定レートで結ばれていたのである。例えば、円とドルは固定レートで結ばれ、英国の通貨ポンドとドルは固定レートで結ばれていたので、円とポンドの間も固定レートとなっていた。

ブレトンウッズ体制がうまく機能するためには、中心国の米国の経済政策が健全に保たれていなければならなかった。しかし、米国では1960年代中頃から、金融財政政策の規律が守られずにインフレが高まってしまい、その結果、米国の貿易赤字が拡大した(本章5で学ぶが、固定レート制のもとでインフレが高まると実質為替レートが増価し、輸出減・輸入増となる)。一方、貿易黒字が拡大した他国では、輸出代金として支払われるドルが累積することになったが、一部の国は米国に対しそのドルを金に換えるよう要求した。それによって米国の金保有量は大幅に減少し、ついに米国はドルと金との自由な交換に応じることが不可能になり、1971年にブレトンウッズ体制は崩壊した。

その後、各国はブレトンウッズの修正版(スミソニアン体制と呼ばれた)に合意

し固定レート制を維持しようとしたが、これは結局短命に終わった。1973年になると各国はなし崩し的に変動レート制に移行し、現在に至っている。

5 経済分析で使われる為替レート
― 実質為替レートと実効為替レート ―

　これまで議論してきた為替レートは、貿易取引や金融取引など実務に使われる為替レートで、私たちが新聞・テレビなどで見聞きするものである。こうした「通常の」為替レートのほかに、経済分析では実質為替レートと実効為替レートと呼ばれる為替レートがしばしば使われる。

（実質為替レート vs. 名目為替レート）

　実質為替レートreal exchange rateとは、外国の物価水準と自国の物価水準の比率のことである。実質為替レートに対して、実務などで使われる「通常の」為替レートは、**名目為替レート**nominal exchange rateと呼ばれる。本書でこれまで説明してきた円ドル・レートなどは、すべて名目為替レートである。名目為替レートという用語は、実質為替レートの議論をするときにそれと区別するために使われるものである。実務では実質為替レートは使わないので、実務家や新聞・テレビなどでは、名目為替レートとは言わず単に為替レートと呼んでいる。

　以下ではまず、実質為替レートの定義について説明する。その後、なぜ実質為替レートという一見ややこしい概念が必要なのかを説明する。

　名目為替レートをE、自国の物価水準をP、外国の物価水準をP*と呼ぶと、実質為替レートErは、次のように定義される。ここでEは直接表示のものを使う。

$$Er = \frac{EP^*}{P} \qquad (式4-1)$$

　自国が日本、外国が米国のときの実質為替レートを考えよう。その場合、分母のPは日本の物価水準である。これを米国の物価水準と比較したいわけ

だが、日本ではすべて円で取引が行われ、米国ではすべてドルで取引が行われているので、PとP*の大きさを単純に比較しても意味がない。日本の物価と米国の物価を同一の通貨で評価して比較する必要がある。米国の物価水準に為替レートE（例えば＄1＝¥100ならE=100）を掛ければ、円表示の米国の物価水準となる。したがって、分子のEP*は円表示の米国の物価水準であり、それを円表示の日本の物価水準で割った比率が、円ドルの実質為替レートとなる[*14]。

実質為替レートとは、外国の物価水準と自国の物価水準の比率のことであると説明したが、厳密に言うと、「同一通貨で評価した」外国の物価水準と自国の物価水準の比率が実質為替レートである。なお、ここでは米国の物価水準を円表示にしたが、逆に日本の物価水準をドル表示にして、2国の物価水準の比率をとっても、実質為替レートErは同じ値になる[*15]。

（式4-1）で定義された実質為替レートErが上昇すれば、実質で見て円安（円の実質為替レートの減価）であり、実質で見てドル高（ドルの実質為替レートの増価）である。逆に、Erが下落すれば、実質で見て円高・ドル安である。

名目為替レートに直接表示と間接表示の2通りの表現があるように、実質為替レートも2通りの表現がある。つまり、（式4-1）では米国の物価水準

[*14] 自国と外国の物価水準の比率である実質為替レートは、自国の商品バスケットと外国の商品バスケットの交換比率だとも解釈できる。例えば、円ドルの実質為替レートが2（Er = 2）であれば、米国の物価は日本の物価の2倍ということだが、それは日本の商品バスケット2単位と米国の商品バスケット1単位が交換できるということを意味すると言える（実際に交換が行われるわけではないが）。

経済分析で使われる実質GDP、実質消費、実質金利などの「実質」は通常、数量ベースの概念であり、実際の価格で計測した金額ベースのものは名目（名目GDPなど）と呼ばれる。しかし、実質為替レートは2つの国の物価水準の比率（ないし商品バスケットの交換比率）なので、数量ベースの概念ではないという点で例外だといえる。なお、実際の統計では、実質GDPや実質消費などは、ある年（基準年）の価格で評価した金額（兆円）で表されているが、各年の実質GDP（実質消費）の変化を見ることによって財サービスの生産数量（消費数量）の変化を測ることができる。また名目金利は利払い金額の（元本金額に比べた）大きさを示しており、実質金利は貸し手が1年後に財・サービスの数量を追加的にどのくらい買うことができるかを測っている。

[*15] 2国の物価水準をドルで評価する場合は、$Er = P^* \div (P/E)$ となる。これは結局 $Er = EP^*/P$ と等しい。

を日本の物価水準で割っているが、逆に、日本の物価水準を米国の物価水準で割ったものを実質為替レートErだと定義することもできる。その場合は、実質為替レートErが上昇すれば、実質での円高・ドル安を意味する。したがって、実質為替レートの数字の変化を見るときには、実質為替レートがどちらの定義によっているかを常に注意して、円高と円安を読み違えることがないようにする必要がある[*16]。

名目為替レートのほかに、なぜ実質為替レートという面倒な為替レート概念を考える必要があるのだろうか。この点を理解するために、日本と米国について2つのケースを考えよう。以下の為替レートなどの変化は1年間の変化だとする(**図表4-7**参照)。

ケースAは、名目為替レートが10％ドル高になった場合である。そのとき、日本と米国の物価水準は不変、つまり両国のインフレ率はゼロであったとしよう。このケースでは、日本人は去年よりも10％多く円を支払わなければ去年と同じ金額のドルを買えない。去年と同じドル金額を手にすれば、去年買ったのと同じ数量の米国のモノが買える。結局、日本人にとって米国のモノは10％高くなったということになる。

ケースBは、名目為替レートが一定で変化しない場合である。そのとき、日本の物価水準は不変だが、米国の物価水準が10％上昇したとしよう。このケースでは、日本人は去年と同じ金額の円を用意すれば去年と同じ金額のドルを買うことができるが、米国のモノはインフレで10％値上がっているので、去年よりも少ない数量しか買えない。ケースBの場合も、ケースAと同様に、日本人にとって米国のモノは10％高くなったということになる。ケースBでは名目為替レートは不変だが、米国の物価が上昇したために、名目為替レートが変化した場合とまったく同じ経済効果となっている。

以上の議論から、日本人が米国のモノを買うという観点からすると、名目為替レートの動向に注目するだけでは不十分で、日本と米国の物価水準の動向にも注目する必要があるということがわかる。そこで実質為替レートという概念が必要となるのである。円ドルの実質為替レートは、(円で見た)米国

[*16] 後で学ぶ実質実効為替レートの場合、日本銀行やIMFが公表している円の実質実効為替レートは数値が上昇すれば円高を意味する(名目実効為替レートも同様)。

図表4-7 名目為替レートと実質為替レートの変化

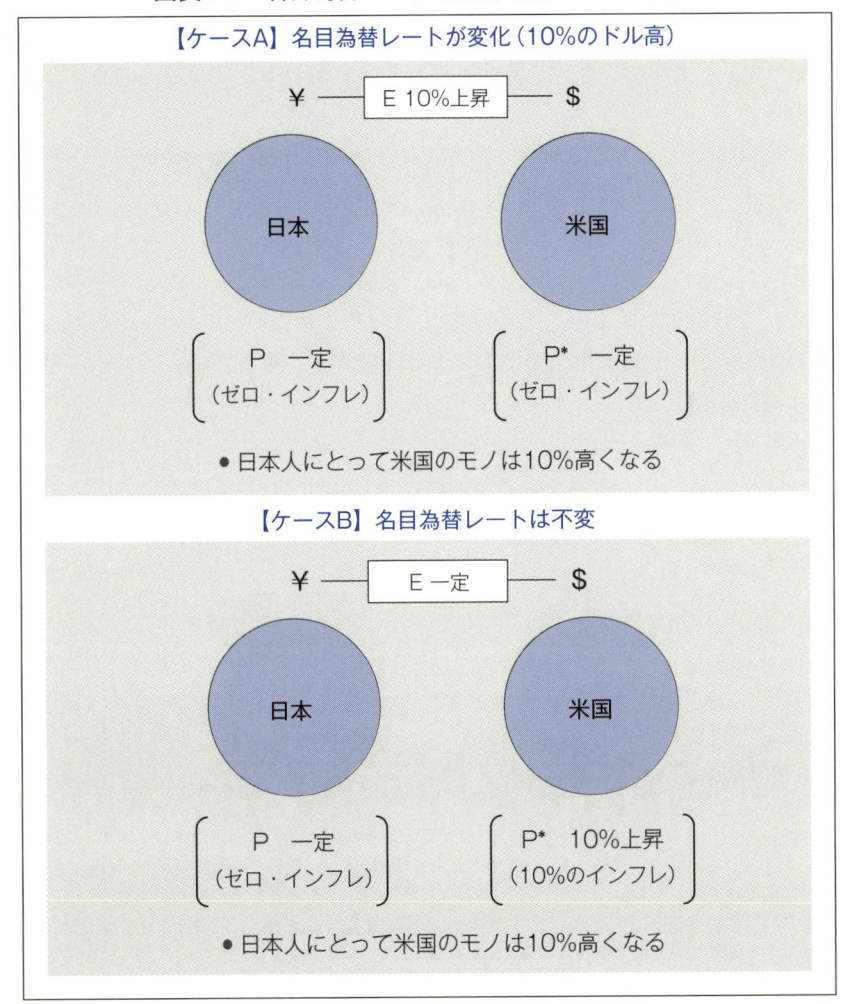

【ケースA】名目為替レートが変化（10%のドル高）

¥ —— E 10%上昇 —— $

日本　　　米国

[P 一定（ゼロ・インフレ）]　　[P* 一定（ゼロ・インフレ）]

● 日本人にとって米国のモノは10%高くなる

【ケースB】名目為替レートは不変

¥ —— E 一定 —— $

日本　　　米国

[P 一定（ゼロ・インフレ）]　　[P* 10%上昇（10%のインフレ）]

● 日本人にとって米国のモノは10%高くなる

の物価水準を日本の物価水準で割ったものであるが、これは日本人にとって、米国のモノが相対的に高くなっているかあるいは安くなっているどうかを見る指標となる。

なお、以上では、日本人が米国のモノを買う場合を説明したが、逆に米

国人が日本のモノを買う場合を考えても結果は同様となる。ケースAとケースBではともに、米国人にとって、日本のモノは相対的に（つまり米国で買い物する場合と比べて）安くなっており、米国のモノは相対的に高くなっている。

ケースAとケースBにおいて、実質為替レートがどのように変化するか、（式4-1）を使って見てみよう。ケースAでは、PとP*は不変だが、Eが10％上昇するので、Erが10％上昇する。この場合は、名目為替レートの変化と実質為替レートの変化は一致する。名目でも実質でも、円安・ドル高である。ケースBでは、EとPが不変で、P*が10％上昇するので、Erが10％上昇する。この場合、名目為替レートは不変だが、実質為替レートが円安・ドル高に変化している。

本章②で、「円高は日本の輸出減少要因、輸入増加要因となり、円安は日本の輸出増加要因、輸入減少要因となる」と説明した。実は輸出入に影響を与える為替レートは、名目為替レートではなく実質為替レートなのである。ケースBのように、名目為替レートが変化しなくても、実質為替レートが円安・ドル高になれば、日本の輸出は増加し、日本の輸入は減少する*17。

この点を十分理解するために、名目為替レートが極端に変化した1980年代半ば～1990年代初めのアルゼンチンの場合を見てみよう。1980年代半ば～1990年代初めにおいて、アルゼンチン・ペソと米ドルの名目為替レートは、極端なペソ安・ドル高となっていた。ドルは対ペソで年に数百％ないし

---

*17 したがって、円の実質為替レートが減価（Erが上昇）すると、日本の貿易収支（＝輸出－輸入）は改善することになる。しかし、厳密に言うと理論的には、実質為替レートが円安になった場合に、日本の貿易収支が改善せず逆に悪化する可能性もある。それは円安は確かに輸出数量を増加させ輸入数量を減少させる効果（数量効果）を持つと考えられるが、しかし同時に円安は円での輸入代金の支払いを増加させる効果（価格効果）を持つからである。もし数量効果が価格効果に比べて小さければ、円安で日本の貿易収支が悪化することも起こりうる。理論分析では、マーシャル・ラーナー条件と呼ばれる一定の条件が成立しない場合、そのようなことが起こることが明らかにされている。しかし、通常マーシャル・ラーナー条件は成立していると考えられており、したがってある国の通貨の実質減価（実質増価）はその国の貿易収支を改善（悪化）することになる。なお、マーシャル・ラーナー条件の分析は、実質為替レートと実質貿易収支の関係を分析するものだが、実質貿易収支の概念は少し難しいのでここでは単に貿易収支と呼んでいる。

数千％のペースで高くなっていたのである。この時期、米国のアルゼンチンからの輸入が急拡大し、米国人がアルゼンチン観光に大挙して出かけただろうか。現実にはそのようなことは起こらなかった。なぜだろうか。

　当時のアルゼンチンでは、年数百％〜数千％のハイパー・インフレ（極端なインフレ）となっていたのである。一方、当時の米国のインフレ率は年3〜5％で、アルゼンチンと比べれば米国の物価水準はほとんど変化なしとも言える状況であった。その結果、名目為替レートは大幅なドル高となっていたが、実質為替レートはほとんど変化しなかった。実質為替レートが変化しなかったので、アルゼンチンから米国への輸出も急増することはなかったのである。

　（式4–1）でこの点を確認しよう。自国がアルゼンチン、外国が米国だとすると、Eは急上昇したが、同時にPも急上昇したので、EP*（分子）とP（分母）の比率である実質為替レートErはほとんど変化しなかったのである。

　この事例は、輸出入を左右するのは名目為替レートの動向ではなく、実質為替レートの動向であることを端的に示している。ただし、最近の先進国の間では、各国共通に低いインフレ率となっているので、先進国同士の貿易に関しては、名目為替レートの動向を見ていれば良いことになる。2国間でインフレ率にあまり違いがなければ、名目為替レートの変化と実質為替レートの変化は同様になるということを、（式4–1）で確認しておこう。

（実質為替レートの計測）

　上で学んだように、実質為替レートは2国の物価水準の比率なので、物価水準にあまり差がなければ、実質為替レートは1に近い値となる。先進国同士の場合、実質為替レートはおおむね1となっている。しかし、先進国と途上国の場合は物価水準には格差がある。日本人がインドやベトナムなどに旅行に出かければ、日本に比べ物価が安いことを実感するであろう。2国の物価水準に格差がある場合には、実質為替レートの値は1から乖離する。

　この点を具体例で示そう。物価水準の国際比較では、米国を基準にするのが一般的なので、米国ドルと中国元の実質為替レートを計算してみよう。世界銀行などの調査によれば、2010年において1ドルの購買力と4元の購買

力が等しかった。もう少しわかりやすく言うと、米国では1万ドル払えばある商品バスケット(いろいろな財・サービスの組み合わせ)が買えたとすると、同じ商品バスケットを中国で買えば4万元かかったということを意味する。一方、2010年の名目為替レートは＄1＝6.8元(年平均)だった。

この場合、P＝4、P*＝1、E＝6.8となる。これらの数値を(式4-1)に代入すれば、実質為替レートが計算できる。

$$\begin{aligned} Er &= \frac{EP^*}{P} \\ &= \frac{(6.8 \times 1)}{4} \\ &= 1.7 \end{aligned}$$

2010年の実質為替レートErが1.7であったということは、その年の名目為替レートのもとで、米国の物価水準は中国の物価水準の1.7倍であったということを意味している。つまり、米国のもろもろの財・サービスの価格は平均して中国の1.7倍であった。中国人が米国で買い物をすれば物価は70％程度高いと感じ、米国人が中国で買い物をすれば物価は40％程度安いと感じたということになる。なお、40％という数字は、1.7の逆数(1/1.7＝0.6)から得られる。

実は、実質為替レートの計測には2つの方法がある。第1の方法は、上で説明したように、同一の商品バスケットの価格を2国でそれぞれ調べてその比率をとる方法である。この方法で計測した実質為替レートは、米国の物価水準は中国の物価水準の1.7倍だというように、2国の物価水準の違いを具体的な数値で表している。

第2の方法は、物価水準は2国がそれぞれ公表している物価指数のデータを使って計測する方法で、この場合実質為替レートは指数として表わされる。つまり、ある年(基準年と呼ばれる)の実質為替レートを100(ないし1)として、他の年の実質為替レートを指数で表すのである。それによって、実質為替レートの変化、つまり外貨に対して自国通貨が実質で増価となったのか減価となったのかを見ることができる。

図表4-8　実質為替レートの求め方

	P	P*	E	Er
2000年	100.0	100.0	100.0	100.0
2001年	99.3	102.8	112.8 (12.8%)	116.8 (16.8%)
2002年	98.4	104.5	116.1 (2.9%)	123.3 (5.6%)

（注）2000年が基準年。EとErのカッコ内は対前年変化率。

円ドルの実質為替レートについて具体例で説明しよう（**図表4-8**参照）。2000年を基準年としよう。日米の物価水準はそれぞれの国の政府が作成している消費者物価指数を使う。2000年が基準年なので、日本の2000年の物価水準P_0は100.0、米国の2000年の物価水準P^*_0も100.0である。2000年の実際の名目為替レートは、$1 = ¥107.8であったが、これも指数化して$E_0 = 100.0$とする。

基準年の実質為替レートEr_0も100.0となる。（式4-1）にP_0、P^*_0、E_0の値を代入して、$Er_0 = 100.0$となることを確認しておこう。

日本と米国の消費者物価指数統計によると、2001年の日本の物価水準P_1は99.3、同年の米国の物価水準P^*_1は102.8であった。これは、2001年の日本のインフレ率が−0.7%（つまり0.7%のデフレ）、米国のインフレ率が2.8%であったことを意味している。2001年の実際の名目為替レートは、$1 = ¥121.6であったが、これを2000年基準の指数にすると、$E_1 = 112.8$となる（$E_1 = (121.6/107.8) \times 100 = 112.8$）。（式4-1）に$P_1$、$P^*_1$、$E_1$の値を代入すれば、2001年の実質為替レートが計算できる。計算結果は$Er_1 = 116.8$となる。図表4-8には、同様の手順で求めた2002年のデータも示している。

図表4-8には、名目為替レートと実質為替レートの対前年変化率が示されている。2001年の名目為替レートは12.8%のドル高であったが、実質為替レートは16.8%のドル高となっていた。この年、名目のドル高よりも実質のドル高のほうが大きくなった理由を考えてみよう。ここで、実質為替レートは2国の物価水準の比率であることを思い出そう。この年日本ではデフレで物価水準が0.7%下落したのに対し、米国はインフレで物価水準が2.8%上昇

していた。したがって、日本人にとっては、米国の物価水準が相対的に高くなっていたので、米国のモノは名目のドル高以上に高くなっていたのである。

以上で実質為替レートには2つの計測方法があることを学んだが、それらはどのように使われるのだろうか。第1の方法で求めた元ドルの実質為替レートの場合、その値の水準1.7は米国の物価水準が中国の物価水準の1.7倍であるということを示していた。第1の方法の実質為替レートは、先進国と途上国との物価水準の格差を見る時などによく使われる。また、第6章「為替レートと物価」で、各国の経済規模の国際比較には、各国の物価水準の違いを調整するためにPPP換算のGDPが用いられることを学ぶが、PPP換算のGDPは第1の方法の実質為替レート(対ドル)を使って計算されている。

第2の方法で計測した指数化された実質為替レートの場合は、各年の水準の値(例えば、2000年の100.0、2001年の116.8)の大きさ自身には意味がない。基準年が異なれば各年の値は変わる。指数化された実質為替レートの場合は、実質為替レートの変化、例えばある年の実質為替レートが前年に比べて(あるいは10年前に比べて)どの程度変化したかを見るのに使われる。この方式の実質為替レートは、日米など先進国同士の輸出の価格競争力の変化を見る時などによく用いられる。

(固定レート制と実質為替レートの関係)

前節(本章4)で固定レート制を学んだが、ここで固定レート制と実質為替レートの関係について検討しよう。前節ではまだ実質為替レートについて学んでいなかったので名目為替レートと実質為替レートの区別はしていなかったが、固定レート制で固定されるのは名目為替レートなのである。

政府が名目為替レートを不変に保っても、輸出入などに影響する実質為替レートが不変になるとは限らない。実質為替レートには、名目為替レートと2国の物価動向が影響するからである。固定レート制の国のインフレが外国よりも高くなれば、名目為替レートは不変だが、実質為替レートではその国の通貨高となる。この点を実質為替レートの定義式を使って確認しよう。実質為替レートは$Er = (EP^*/P)$なので、Eが不変でもPの上昇がP^*の上昇よりも大きければ、Erが下落する。Erの下落は、自国の実質為替レートの増価

(実質での自国通貨高)を意味している。

例えば、タイは1997年のアジア金融危機勃発まで対ドルでの固定レート制(ドル・ペッグ制)をとっていたが、タイのインフレ率は米国のインフレ率よりも毎年高かったので、タイ・バーツは実質で増価していた。実質のバーツ高は、タイの輸入を拡大し輸出を抑制したので、タイの経常収支赤字が大幅化した。アジア金融危機にはさまざまな要因が作用したが、タイの経常収支赤字拡大はタイが通貨危機に陥った1つの要因であった。なお、アジア金融危機については、第9章「通貨危機はなぜ起こる」で詳しく学ぶ。

(実効為替レート)

これまで学んだ為替レートは、円ドル、円ユーロなど2つの通貨の間の為替レートであった。これらの為替レートは**2国間為替レート**bilateral exchange rateと呼ばれる。2国間為替レートに名目と実質があることはすでに学んだ。

ある時期に円が対ドルで5%円安、対ユーロでは7%円高、対韓国ウォンでは10%円高、対中国元では3%円安といった変化があったとしよう。この場合、円はこれらの通貨に対して、平均で見たら何%の円高あるいは円安になったのだろうかを見るために、実効為替レートと呼ばれる為替レートが算出されている。**実効為替レート**effective exchange rateとは、個々の2国間為替レートを平均した総合的な為替レートなのである。実効為替レートにも名目と実質があり、それぞれ**名目実効為替レート**nominal effective exchange rateと**実質実効為替レート**real effective exchange rateと呼ばれる。名目の2国間レートを平均したものが名目実効為替レートであり、実質の2国間レートを平均したものが実質実効為替レートである。

実効為替レートがどのように作成されるかを具体例で学ぶことによって、実効為替レートがどのようなものか理解することができる。日本銀行が作成・公表している円の実効為替レート(名目および実質)は42通貨を対象に計算されているが、ここでは単純化のため3通貨(ドル、ユーロ、中国元)に対する円の実効為替レートを計算しよう(**図表4-9**参照)[*18]。

円が対ドルで5%増価、対ユーロで10%減価、対中国元で5%増価としよう。この場合、平均すると円は何%増価しただろうか、あるいは何%

図表4-9　実効為替レートの求め方

(a) 名目為替レート（間接表示）

	対ドル	対ユーロ	対元
2000年	￥1＝＄0.01	￥1＝€0.012	￥1＝0.08元
2001年	￥1＝＄0.0105	￥1＝€0.0108	￥1＝0.084元
変化率	＋5％	－10％	＋5％

(b) 指数で表した名目為替レート（2000年＝100）

	対ドル	対ユーロ	対元	実効為替レート
2000年	100	100	100	100
2001年	105	90	105	102
変化率	＋5％	－10％	＋5％	＋2％
貿易ウェイト	0.4 (40％)	0.2 (20％)	0.4 (40％)	

（注）為替レートおよび貿易ウェイトは、仮設値であり現実のデータではない。為替レートの変化率が＋であれば円高、－であれば円安である。

減価したのであろうか。それを見るために実効為替レートを計算する。これらの2国間レートの変化率（増価率・減価率）は、名目為替レートの変化率だとしよう。その場合、名目実効為替レートを計算することになる。

円の価値がドルなどに対してどのくらい変化したか直接見ることができるように、2国間レートを間接表示で表す。2000年と2001年の名目の2国間為替レートが、図表4-9 (a)に示されたものであったとしよう。実効為替レートを計算するためには、2国間為替レートを指数化する必要がある。図表4-9 (b)は、2000年を基準年として指数化した為替レートを示している。

実効為替レートを計算するには、指数化した2国間レートに加え、各国の貿易ウェイトが必要である。実効為替レートは複数の2国間レートを平均して求めるわけだが、その際、日本との貿易面（輸出入）でのつながりの強さを考慮する。図表4-9 (b)に各国の貿易ウェイトに示されているが、これは日本と3カ国との貿易総額に占める各国の貿易額のシェアである。以下の式で示すように、実効為替レートの計算は、各国の為替レートを各国の貿易ウェ

---

[18] 日本銀行が作成・公表している円の実効為替レート（名目と実質）は、国際決済銀行（BIS）が作成・公表している各国通貨の実効為替レートと同じ方法を用いている。

イトで加重平均して求められる。

$$2001年の実効為替レート = (0.4 \times 105) + (0.2 \times 90) + (0.4 \times 105)$$
$$= 102$$

2000年は基準年なので、実効為替レートも100である。上の式で、2国間為替レートに100を入れれば、実効為替レートも100になることを確認しておこう。2001年の実効為替レートが102であったということは、2001年は2000年に比べ2％の円高となっていたということになる。換言すれば、円は外国通貨に対して平均して2％円高となっていた。2002年、2003年の実効為替レートもまったく同じ手続きで計算できる。

以上では、名目実効為替レートの計算を示したが、実質の2国間レートの指数を図表4-9 (b)に入れれば、実質実効為替レートが計算できる。貿易ウェイトは同じものが使われる。

実効為替レート(名目・実質)の統計の見方について、次の点を注意しよう。

第1に、実効為替レートはある年を基準年とした指数なので、その水準自体には意味がない。実効為替レートの変化を見ることに意味がある。この点は、前述した指数の実質為替レートの場合と同じである。

第2に、実効為替レートの数値の上昇はその通貨の増価を意味し、数値の下落は減価を意味する。図表4-9 の例でもそうだが、日本銀行が公表している円の実効為替レートの統計も、数値の上昇は円高(下落は円安)を意味している。米国の連邦準備理事会が公表しているドルの実効為替レートでは、数値の上昇はドル高を意味する。IMFとBISはそれぞれ各国通貨の実効為替レートを算出・公表しているが、それらも同様である[19]。(コラム「2010～12年の『歴史的円高』の虚実」参照。)

> コラム

2010〜12年の「歴史的円高」の虚実

　2010年から2012年にかけて、円の対ドル・レートはかつてない円高水準となったため「歴史的円高」と呼ばれ、新聞・テレビ、エコノミスト、政治家たちの間で、歴史的円高は日本経済に深刻な悪影響を与えているという議論が盛んに行われていた。歴史的円高のおかげで日本の輸出が低迷して景気回復が妨げられており、また産業空洞化が進んで日本経済の長期的な競争力も失われていると懸念されていたのである。

　図表4-10が示すように、2010〜12年の円ドル・レートは確かに、かつて最も円高が進んだ1995年を上回る歴史的な円高となっていた。しかし、日本の貿易動向への影響を考えるには、円ドル・レートを見ているだけでは不十分で、他の通貨との為替レート（円ユーロ・レートや円・元レートなど）も考慮する必要がある。さらに日本と諸外国のインフレ率の違いも重要である。（円高と産業空洞化の関係については、本章コラム「産業空洞化と為替レート」を参照。）

　本章5で実質実効為替レートについて学んだ。円の実質実効為替レートは、円とさまざまな通貨との為替レートを考慮し、さらに日本と貿易相手国の物価動向の違いも考慮した「総合的な為替レート」であると言える。円の実質実効為替レートは2008年から2012年にかけてそれまでと比べると円高となった。しかし、この時期でもっとも円高が進んだ2010〜12年の水準は1995年と比べると25％程度も低かった。また、2000年代の実質実効為替レートの平均水準と比べるとほぼ同じ水準であった。日本経済全体に与える影響を考えるときに

---

*19　日本銀行、IMFなどの機関が作成している実効為替レートでは、加重平均の計算にあたって幾何平均が用いられている。本文の例では、非専門家にとってわかりやすくするために算術平均を用いている。幾何平均を用いた場合は、2001年の実効為替レート $= (105)^{0.4} \times (90)^{0.2} \times (105)^{0.4} = 101.8$ となる。本文の例では、日本銀行などの実効為替レート統計と同様、間接表示（自国通貨の外国通貨価格）の2国間為替レートを指数化したものを加重平均している。指数の上昇は自国通貨高を意味する。一方、直接表示の2国間為替レートを指数化して実効為替レートを計算することもできる。その場合は、数値の上昇は自国通貨安を意味する。実効為替レートの計算に算術平均ではなく幾何平均を用いると、直接表示の指数の逆数は間接表示の指数とほぼ同じになるという特性がある（この場合は基準年は100ではなく1として計算する）。

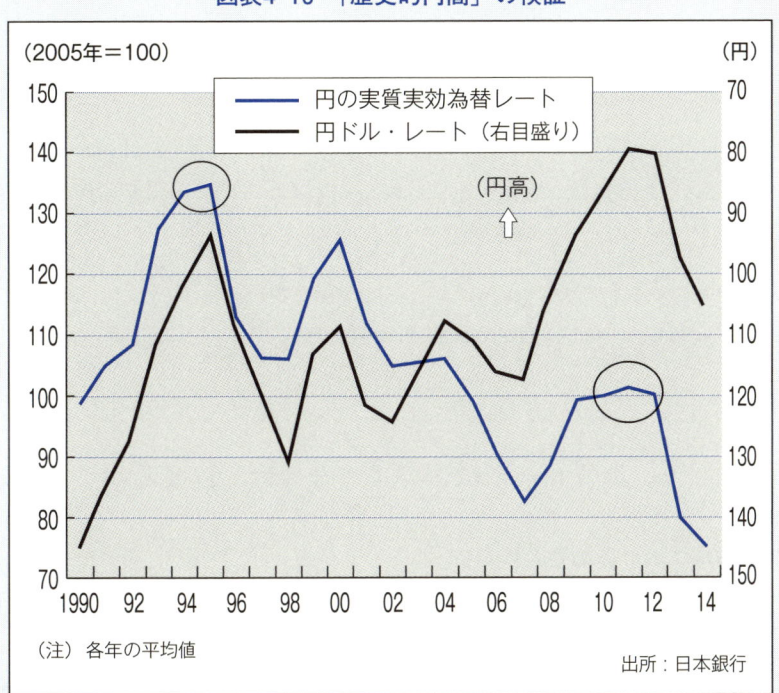

figure 4-10 「歴史的円高」の検証

(注) 各年の平均値
出所：日本銀行

は、円ドル・レートではなく実質実効為替レートを見たほうが良いという立場に立つと、当時の歴史的円高を巡る熱い議論は「カラ騒ぎ」だったと言えよう。

ところで、2012年末頃から円ドル・レートは円安に転換し、その後も現在（2015年2月）まで円安傾向が続いている。実質実効為替レートも円安となっている。歴史的円高が修正されて円安になれば、輸出が増加して景気が回復すると言われていた。確かに日本経済は回復しているが、しかし、日本の輸出は円安への転換以降現在までほぼ横ばいで推移している。輸出入の動向には為替レート以外にさまざまな要因が影響するので、円安になれば輸出が増加すると単純に考えないほうが良い。

第5章　為替レートはなぜ変動するか

為替レートは株価と同様、日々変動しまた1日の間でも刻々変化しており、しばしば大きく上昇したり下落したりする。外貨の価格である為替レートはどのような要因によって決まっているのか、なぜ変動するのだろうか。本章では、今日の最も基本的な為替レート理論であるアセット・アプローチに基づいて、為替レートの決定要因と変動性を解明する。

1　為替レートはどのような要因で決まるか

(為替市場における需要と供給)

　円ドル・レートなどの為替レートは、刻々変化しており、時に大きく変動する。為替レートは一体どのような要因によって決まっているのだろうか。ここで検討する為替レートは、変動レート制をとっている先進国の通貨間の名目為替レートである。つまり、円ドル、円ユーロ、ドル・ユーロ、ドル・ポンドなどの名目為替レートの決定要因について検討する。

　第4章「外国為替市場の基礎知識」で学んだように、為替レートは通貨の需要と供給によって決まる。経済学の初歩で、モノの価格は需要と供給で決まると学ぶ。例えば、サンマが大漁で供給が増えれば、サンマの価格は下落し、健康ブームでサンマの需要が増えれば、サンマの価格は上昇する。為替レートは価格であり、例えば、円ドル・レートはドルの円価格あるいは円のドル価格である。価格の一種である為替レートも、為替市場における通貨の需要と供給によって決まるのである。

　円ドル・レートと通貨の需要・供給の関係を見てみよう。為替市場で、ドル買い(ドルの需要)が増えれば、ドルの価格は上昇する。つまりドル高となる。逆に、ドル売り(ドルの供給)が増えれば、ドル価格の下落、つまりドル

安となる。ここではドルという通貨の需要と供給について見たが、もう一方の通貨である円の需要と供給について見ても、同じ結論となる。ドル買い（ドルの需要）は、円売り（円の供給）であることに注意しよう。ドル買いが増えるときは、円売りが増加つまり円の供給が増加しているので、円の価格が下落する。つまり、円安でありドル高である。ドル売りが増加すれば、円買いが増加つまり円の需要が増加しているので、円の価格が上昇する。つまり、円高・ドル安となる。

為替レートが通貨の需要と供給によって決まるとわかっても、それでは、通貨の需要と供給がどのような要因によって変化するのかがわからなければ、為替レートの決定要因を理解したことにはならない。

かつては、通貨の需要と供給を左右する最も重要な要因は、輸出入であると考えられていた。日本から米国に輸出が行われると、日本の輸出業者はドルを代金として受けとるので、為替市場でドル売りが増える。この輸出業者は、従業員の給与や原材料費を円で支払わなければならないので、輸出代金として受け取ったドルを売って円に換えるのである。逆に、米国から日本へ輸入が行われると、日本の輸入業者はドルで代金を支払う必要があるので、為替市場でドル買いが増える。したがって、日本の輸出が（輸入よりも）増加すれば円高となり、日本の輸入が（輸出よりも）増加すれば円安となる。このような考え方によれば、ある国の貿易黒字（つまり輸出＞輸入）は、その国の通貨を強くし、貿易赤字（つまり輸入＞輸出）はその国の通貨を弱くするということになる。

しかし、現在では、為替レートは輸出入の動向によって決まるという考え方はとられていない。実際、貿易黒字国は通貨高になり、貿易赤字国は通貨安になるという関係は見られない。それは、通貨の需要と供給は貿易だけではなく、国境を越えた金融取引（資本取引）によっても変化し、特に国際的な金融取引が非常に活発に行われる現在の先進国においては、金融取引が通貨の需要と供給を基本的に左右しているからである。国境を越えた金融取引は、資本の流出入と呼ばれることはすでに学んだ。

(為替レートのファンダメンタルズ)

そこで現在では、「異なる通貨建ての金融資産の収益率の変化が、為替レートに影響を及ぼす」と考える為替レート理論が広く受け入れられている。この理論は、投資対象としての金融資産に着目することから、**アセット・アプローチ** asset approachの為替レート理論と呼ばれる。本章では、アセット・アプローチに基づいて、為替レートの動向を分析する。

アセット・アプローチの理論を学ぶと、今日(現時点)の為替レートの決定要因としては、①両国の現在の金利と②為替レート予想が重要である、ということがわかる。つまり、金利が変化すれば、今日の為替レートが変化する。また、為替レート予想が変化すれば、今日の為替レートが変化する。なお、為替レート予想とは、市場参加者が平均的に予想する将来時点(例えば1年後)の為替レート水準のことである。

為替レート予想は、さまざまな要因によって変化しうる。為替レートは金利と関係しているので、将来の金利が変化すると予想されれば、為替レート予想も変化するだろう。次章「為替レートと物価の関係」では、為替レートはインフレと関係していることを学ぶ。将来のインフレ動向が変化すると予想されれば、為替レート予想も変化するだろう。さらに、金融政策、経済成長、財政収支の動向は、その国の金利やインフレに影響を及ぼすので、為替レート予想に関わってくる。経常収支の動向も、為替レート予想に関わる場合がある[*1]。

金利、インフレ、金融政策、経済成長(景気動向)、財政収支、経常収支などは、為替レートに影響を与える**ファンダメンタルズ**(経済の基礎的条件) fundamentalsと呼ばれる。ここで注意すべきは、現在の為替レートがどのような水準で決まるかは、現在のファンダメンタルズがどうなっているかだ

[*1] 経常収支と為替レートの関係については、本文で説明したように、旧来の理論では経常収支黒字(貿易黒字)は通貨高要因、経常収支赤字(貿易赤字)は通貨安要因だと考えられていたが、一般的にそのような関係があるわけではない。しかし、例えば、経常収支赤字が過剰消費によって生み出されているような場合、投資家はそのような状態は持続可能でないと考え、いずれ資本流出が起こりその国の通貨安になると予想するかもしれない。そのような場合には、経常収支赤字の拡大は、その国の通貨安の要因となる。

けではなく、将来のファンダメンタルズがどうなるかが重要だという点である。つまり、現在のファンダメンタルズに大きな変化がなくとも、将来のファンダメンタルズに関するマーケットの予想が変化すれば、現在の為替レートが変化することになる。

2 資産価格としての為替レート

(為替市場の均衡)

　今日の世界では、各国間特に先進国間で、国際的な金融取引が非常に活発に行われている。国境を越えて投資活動を行う各国の投資家は、異なる通貨建ての金融資産の収益率を比較して投資を行っている。例えば、ドルで運用する資産(ドル資産)のほうが、日本円で運用する資産(円資産)よりも収益率が高ければ、投資家は円資産での運用よりもドル資産での運用を好むであろう。その結果、為替市場でドル需要(ドル買い・円売り)が増加してドル高になるであろう。このように、各国の金融資産の収益性の動向が、為替レートの動向に重要な影響を及ぼすと考えるのが、アセット・アプローチである。

　アセット・アプローチの中核的な理論は、**金利裁定(金利平価)** interest rate parity、特に**カバーなし金利裁定** uncovered interest rate parityと呼ばれるものである。カバーなし金利裁定が成立している状態は、**為替市場の均衡** equilibrium in the foreign exchange marketと呼ばれる。経済学の分析では通常、市場の均衡は需要と供給が一致する状態を意味するが、為替市場の均衡は需要＝供給という意味ではなく、(これから説明する)金利裁定が成立している状態を指していることに注意しよう。

　なお、金利裁定にはカバーなし金利裁定と**カバー付き金利裁定** covered interest rate parityがある。後で学ぶように、「カバーなし」と「カバー付き」の違いは、投資家がフォワード取引を行って為替リスクをカバー(回避)しているかどうかの違いである。

　以下ではまず、カバーなし金利裁定に基づいて、為替市場均衡の分析を行う。そして、理論的な分析から得られた結果が、現実の為替市場の動向を理

110　第5章　為替レートはなぜ変動するか

アセット・アプローチの為替レート理論

金利裁定 ― ・ カバーなし金利裁定
　　　　　・ カバー付き金利裁定

- アセット・アプローチの中核的な理論は、カバーなし金利裁定
- 「為替市場の均衡」＝ カバーなし金利裁定が成立している状態

解するのにどのように役立つか検討する。その後、カバー付き金利裁定について学ぶ。カバー付き金利裁定を学ぶと、スポット・レートとフォワード・レートの間に密接な関係があることがわかる。

　アセット・アプローチの理論では、為替市場では裁定が働く結果、カバーなし金利裁定と呼ばれる条件が満たされて、為替市場は常に均衡状態にあると考えられている。もし市場均衡を破る何らかの変化（例えば米国の金利上昇）が起これば、市場参加者が機敏に裁定取引を行うので、為替市場は直ちに均衡状態を回復すると考えるのである。

　裁定（裁定取引）arbitrageとは、経済取引の一種で、同一商品が異なる価格で売られているとき、価格差を利用してリスクなしで利益を稼ぐことである。例えば、魚沼産コシヒカリ1kgが東京では1,500円、大阪では1,000円で売られていたとしよう。この場合、大阪でコシヒカリを買って東京で売れば、1kgあたり500円の儲けを確実に得ることができる。このような価格差を利用してリスクなしで利益を出す取引が、裁定取引と呼ばれるものである。裁定取引の結果、大阪ではコシヒカリの需要が増加して価格が上昇し、東京ではコシヒカリの供給が増加して価格が下落するだろう。東京と大阪で同じ価格（例えば1,300円）となったとき、裁定取引は行われなくなる。現実には輸送費などの取引コストがかかるので、まったくの同一価格が成立する完全な裁定にはならないだろうが、かなり似通った価格になるだろう。

　こうした裁定取引は異なる国の金融商品でも行われる。特に、先進国の銀行預金などは、安全性などの面で同じ商品（金融商品）であり、また取引コストは非常に小さいので、ほぼ完全な裁定が働くと考えられる。取引コストが

小さいのは、購入した外国の預金などを本国に輸送する必要はなく、またインターネットなどの情報通信技術の発達で、内外の金融商品に関する情報が(1取引あたり)わずかなコストで収集・分析できるようになっているからである。

例えば、投資家は、米国の銀行の3ヶ月預金の収益性が、日本の銀行の3ヶ月預金の収益性よりも高くなれば、投資家は直ちに米国預金を保有しようとするだろう。同様に、投資家は米国の短期国債の収益性と日本の短期国債の収益性を比較して投資を行うであろう。このような投資家の行動の結果、この後の分析で学ぶように、円資産(日本の銀行預金や短期国債)の収益性とドル資産(米国の銀行預金や短期国債)の収益性は一致することになる。

(為替市場均衡の理論分析)

それでは、カバーなし金利裁定すなわち為替市場の均衡条件がどのようなものか、国際的に投資をしている日本の投資家(金融機関など)を例にとって説明しよう。国際的な投資には為替リスクがあるが、ここでは投資家は為替リスクを回避するためのフォワード取引を行っていないケースを分析する。

この投資家は、保有している運用資金を日本の金融資産(例えば日本の銀行預金)で運用するか、あるいは米国の金融資産(米国銀行の預金)で運用するかのチョイスを持っている。もしドル預金の収益率が(円預金の収益率と比べて)上昇すれば、投資家はドル預金での運用を増やそうとしてドルを購入する。ドルの需要が増えるので、ドル高となる。逆に、ドル預金の収益率が(円預金の収益率に比べて)下落すれば、ドル安となる。

このように日本の投資家は、ドル預金と円預金の収益率を比較して投資を行うわけだが、その場合注意しなければならない点は、日本の投資家にとって関心のある収益率は、円で見たときの収益率である。円預金の(円で見た)収益率は円預金の金利である。しかしドル預金の(円で見た)収益率は、ドル預金の金利だけでは決まらない。この投資家はフォワード取引で為替リスクを回避していないので、将来の為替レートがドル高になれば、預金の満期が来てドルを円に換えるときに得をする。つまり、将来のドル高はドル預金の(円で見た)収益率を高める。逆に将来のドル安は、ドル預金の(円で見た)収

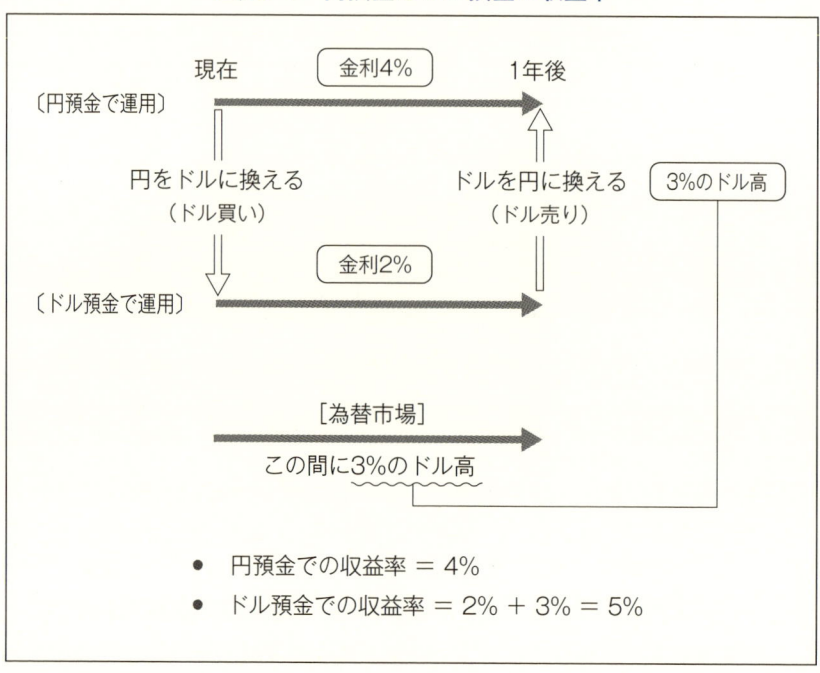

図表5-1 円預金とドル預金の収益率

〔円預金で運用〕 現在 —金利4%→ 1年後

円をドルに換える（ドル買い） ドルを円に換える（ドル売り） 3%のドル高

〔ドル預金で運用〕 —金利2%→

[為替市場] この間に3%のドル高

- 円預金での収益率 ＝ 4%
- ドル預金での収益率 ＝ 2% ＋ 3% ＝ 5%

益率を低下させる。

　具体例として、日本の投資家が100億円を1年定期の円預金（金利は4％）で運用した場合の収益率と、1年定期のドル預金（金利は2％）で運用した場合の収益率を比較してみよう（図表5-1参照）。日本の金利の方が米国の金利よりも高いので、日本で運用したほうが当然有利だと思うかもしれない。しかし、もし1年間のうちにドルが対円で3％強くなれば、米国での運用の収益率は5％となる。なぜなら、米国預金で運用すれば、金利で2％稼ぎ、1年間ドルを保有することによって3％稼げるので、合計5％の収益率となるからである。

　この投資家が手持ちの資金を日米のどちらで運用するか判断する時には、1年後の為替レートはわからない。つまり、投資期間のうちに何％のドル高あるいはドル安になるのか事前に知ることはできない。そこで、投資家は1

年後の為替レートを予想して投資判断を行うことになる。

　したがって、日本の投資家の投資判断にとって重要なのは、①日米両国の金利と、②為替レート予想だということになる。マーケットにおける平均的な為替レート予想は、**期待為替レート** expected exchange rate と呼ばれる。そして、日本と米国の現在の金利が変化したり、あるいは期待為替レートが変化すれば、今日の為替レートが変化することになる。

　日本の投資家は、日米の金利と期待為替レートをもとに日本と米国で投資した場合の収益率を比較してどのように投資するか決めることになるが、この収益率は将来期間（例えば今後１年間）の収益率なので、**期待収益率** expected rate of return と呼ばれる。経済分析では期待収益率、期待為替レート、期待インフレ率など**期待** expectation という用語がしばしば使われるが、「人々が期待して待ち望んでいるもの」といった意味はなく、単に予想と同じ意味で使われることに注意しよう。なお、投資期間が終わって実際に得られた収益率（あるいは将来の現実の為替レート）は、投資する際に予想した期待収益率（期待為替レート）と同じになるとは限らない。

　なお、日本の投資家にとって重要なのは円で見た期待収益率であるが、米国の投資家にとってはドルで見た期待収益率が重要である。ここでは日本の投資家の投資行動について分析するが、ドルで見た期待収益率を比較する米国の投資家について分析しても、得られる結論は同じものとなる。つまり、円での期待収益率を比較考量する日本の投資家にとって、ドル預金の方が円預金よりも有利になっている場合は、ドルでの期待収益率を比較考量する米国の投資家にとっても、ドル預金の方が有利になっている。

　これまでの議論を簡単な数式を使って、一般化しよう。日本の金利はi、米国の金利はi^*と呼ぶ。上の具体例では日本の金利は４％としたが、その場合は$i=0.04$と表現される。また、現在の為替レートはE、期待為替レートはE^eと呼ぼう。現在の為替レートEはスポット・レートであり、期待為替レートE^eは投資家が予想する将来時点のスポット・レートである。為替レートの表示法には直接表示と間接表示があるが、ここでは直接表示を使う。つまり、現在の為替レートがもし＄１＝￥105なら、$E=105$と表現され、Eの値の上昇は自国通貨の減価（円安）を意味する。なお図表5-1の具体

例では1年の運用期間を考えたが、ここでの分析は将来が半年後でもあるいは3ヵ月後でも当てはまる。

日米の投資の期待収益率は、次のように表される。期待収益率は日本の投資家にとっての期待収益率なので、いずれも円で見た期待収益率である。

$$\text{円資産の期待収益率} \quad R = i$$
$$\text{ドル資産の期待収益率} \quad R^* = i^* + \frac{(E^e - E)}{E}$$

円資産の期待収益率は、単純に日本の金利iに等しい。ドル資産の期待収益率は、前述の具体例で学んだように、米国の金利i^*に予想為替レート変化率$(E^e-E)/E$を加えたものとなる[*2]。もし$(E^e-E)/E = 0.03$なら3％のドル高予想であり、もし$(E^e-E)/E = -0.05$なら5％のドル安予想である。

もし日本と米国での投資の期待収益率が異なれば、裁定取引が行われて、2つの期待収益率は一致すると考えられる。これが、カバーなし金利裁定と呼ばれるものである。

為替市場の均衡条件（カバーなし金利裁定）

$$i = i^* + \frac{(E^e - E)}{E} \quad\quad (式5-1)$$

なぜ（式5-1）が成立するのか、縦軸にE、横軸に資産（円資産・ドル資産）の期待収益率をとったグラフを使って説明しよう（図表5-2(1)参照）。図表5-2の分析では、i、i^*、E^eは不変と仮定していることに注意してほしい。なお、後にこの仮定を緩めて為替レートの動向を分析することになる。

円資産の期待収益率を示すR曲線は、垂直となっている。なぜだろうか。それはEがどの水準にあっても（例えば、$1 = ¥105、$1 = ¥92であって

[*2] 厳密に言うと、ドル資産の期待収益率の式$R = i^* + (E^e - E)/E$は近似式である。米国の金利i^*と予想為替レート変化率$(E^e - E)/E$が比較的小さい値であれば、この式がほぼ成り立つ。

2 資産価格としての為替レート　115

図表5-2　為替市場の均衡

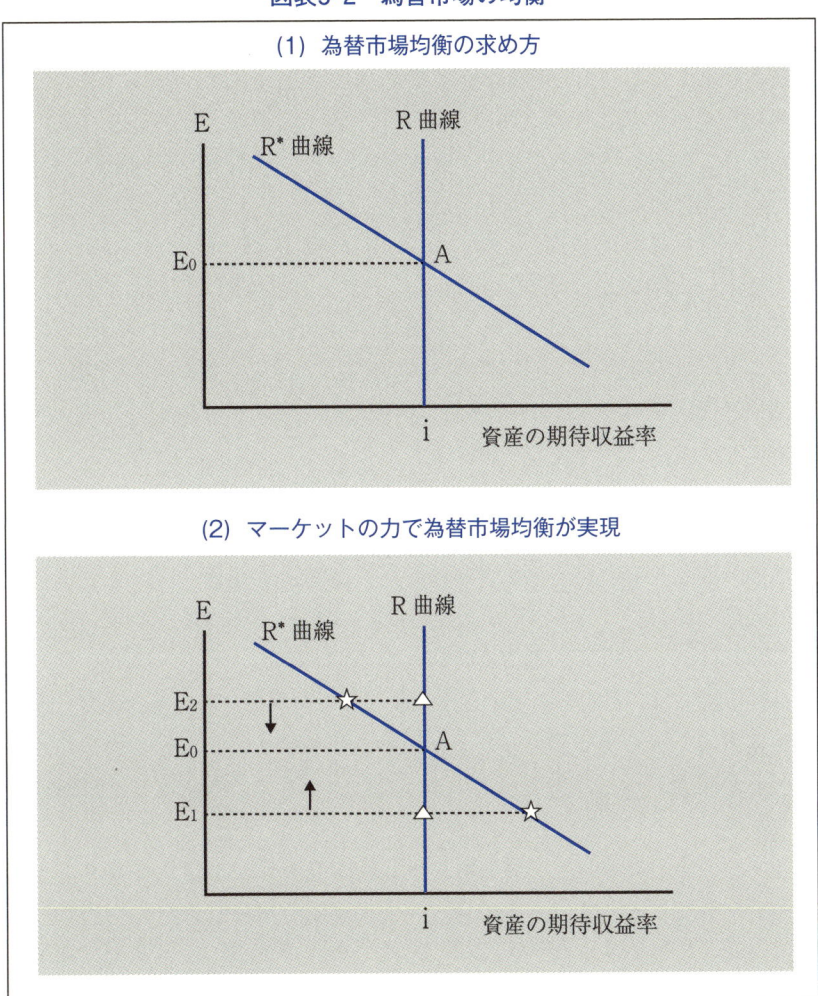

(1) 為替市場均衡の求め方

縦軸: E、横軸: i 資産の期待収益率
R*曲線（右下がり）、R曲線（垂直）、交点A、Eの水準はE₀

(2) マーケットの力で為替市場均衡が実現

縦軸: E、横軸: i 資産の期待収益率
R*曲線（右下がり）、R曲線（垂直）、交点A（E₀）
E₂の水準で☆と△（下向き矢印）
E₁の水準で△と☆（上向き矢印）

も）、円資産の期待収益率は変化しないからである。円資産の期待収益率は日本の金利に等しく、日本の金利は為替レートの水準に依存しない。例えば、みずほ銀行の1年定期預金の金利が2％なら、今日の為替レートが低かろうが高かろうが、預金者には2％の金利が支払われる。したがって、R曲

線は横軸のiの水準で垂直となる。

　ドル資産の期待収益率を示すR*曲線は、右下がりとなっている。R*曲線が右下がりとなる理由を考えよう。まず、$R^* = i^* + (E^e - E)/E$であることを思い出そう。ここでは、期待為替レートE^eと米国金利i^*は不変であると仮定されている。予想為替レート変化率$(E^e - E)/E$は、現在の為替レートEが低い水準にあれば、より大きな値となる。したがって、Eが低いほどドル資産の期待収益率R*は大きくなるので、R*曲線は右下がりとなる。

　Eが低くなれば$(E^e - E)/E$が大きくなる点を、具体例で確認しておこう。現在の為替レートEが低いケース(例えばE＝100)と、高いケース(E＝110)を考えよう。期待為替レートは$E^e = 110$で不変だとする。E＝100の時は、$(E^e - E)/E = 0.1$であり、E＝110の時は、$(E^e - E)/E = 0$である。このようにEが低いほど、$(E^e - E)/E$の値は大きくなる。この関係はE^eがどんな水準にあっても成立する。

　R曲線とR*曲線が交じわる点Aが均衡点であり、点Aにおいてのみ円資産の期待収益率Rの値とドル資産の期待収益率R*の値が一致する。換言すれば、点Aにおいて、カバーなし金利裁定(式5-1)が成立している。点Aのときの為替レートE_0は、均衡為替レートと呼ばれる。

　為替市場では、裁定取引というマーケットの力が働いて、均衡為替レートが常に実現していると考えられる。この点を理解するために、現在の為替レートが均衡レート以外の水準にあったらどうなるか検討しよう(**図表5-2(2)**参照)。

　まず、現在の為替レートが均衡レートE_0よりも低い水準E_1つまりドル安であった場合を考えよう。この場合、ドル資産の期待収益率R*が円資産の期待収益率Rを上回る(図表5-2(2)では☆＞△)。投資家はドル資産で運用したほうが有利なので、為替市場で円を売ってドルを買う。その結果、ドル高となるが、ドル買いは為替レートが均衡レートE_0に達するまで続く。R*＞Rであれば、多くの投資家がこのような裁定取引を行うので、E_1からE_0への変化は瞬時に起こると考えられる。

　現在の為替レートが均衡レートE_0よりも高い水準E_2つまりドル高であった場合は、逆のことが起こる。その場合、ドル資産の期待収益率R*が円資

産の期待収益率Rを下回る（図表5-2(2)では☆＜△）。したがって、ドル売りが増えてドル安となり、為替レートはE_2からE_0へ変化する。

このように考えると、金融取引が自由に活発に行われる為替市場では、為替レートは常に均衡水準にあると考えられる。一時的に均衡から乖離しても、マーケットの力が働いて直ちに調整される。

（金利と為替レート予測の変化の影響）

これまでの分析では、日米の金利と期待為替レートは不変だと仮定してきた。これらの仮定を緩めると、金利変化や期待為替レートの変化が現在の為替レートに与える影響を分析することができる。

(1) 日米の金利が変化すると…

まず、日本の金利iが上昇した場合、為替レートがどのように変化するか分析しよう（**図表5-3(1)**参照）。この時、米国金利i^*と期待為替レートE^eは一定で変化しないと仮定する。この点は以下の分析でも同様で、ある変数が変化したとき他の変数は不変だと仮定している点に注意しよう。

この場合、R曲線が右にシフトする。右にシフトする理由を考えよう。日本の金利iが1％上昇したとすれば、為替レートEがどの水準にあっても、その為替レート水準に対応する円資産の期待収益率Rは、金利上昇前よりも1％高くなる。つまり、E＝100でもE＝120でも、Rは以前よりも高くなる。したがって、R曲線は右に平行に移動し、均衡点が点Aから点A'に変化する。その結果、均衡為替レートは低下する。要するに、日本の金利が上昇すれば、ドル安・円高となる。

日本の金利上昇は円高になるので、米国の金利上昇はドル高になるはずである。この点をグラフを使った分析で確認しよう（**図表5-3(2)**参照）。米国の金利上昇は、R^*曲線を右にシフトさせる。右にシフトするのは、為替レートがどの水準にあっても、ドル資産の期待収益率R^*は、以前よりも金利上昇分だけ増加するからである。R^*曲線の右シフトによって、均衡点は点Aから点A'に変化する。つまり、均衡為替レートが上昇する。これで、米国の金利上昇がドル高をもたらすことが確認できた。

図表5-3 為替レート変化の分析

(1) 日本の金利上昇の影響（$i\uparrow$）

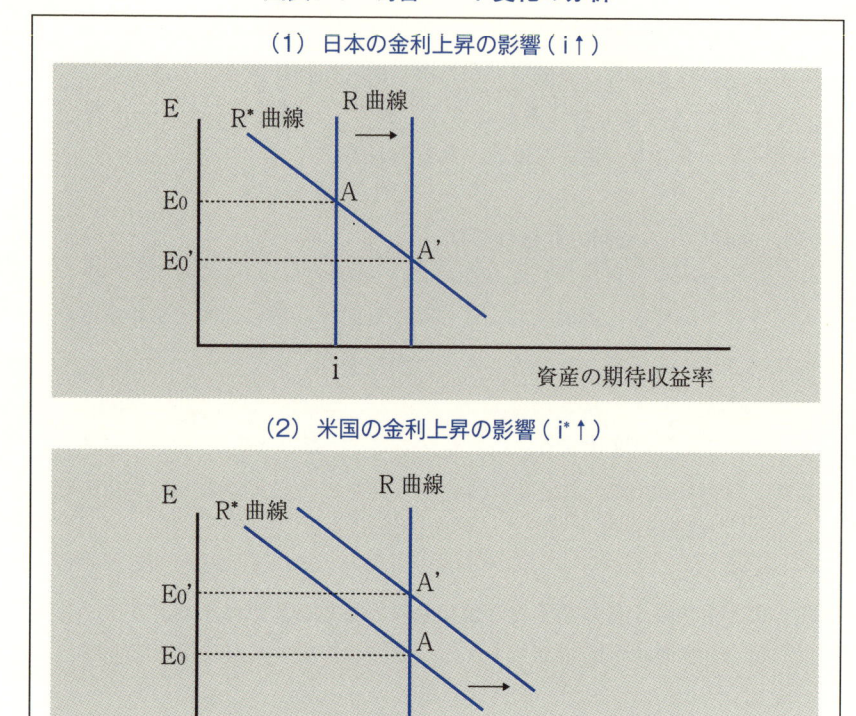

(2) 米国の金利上昇の影響（$i^*\uparrow$）

(3) 将来のドル高予想の影響（$E^e\uparrow$）

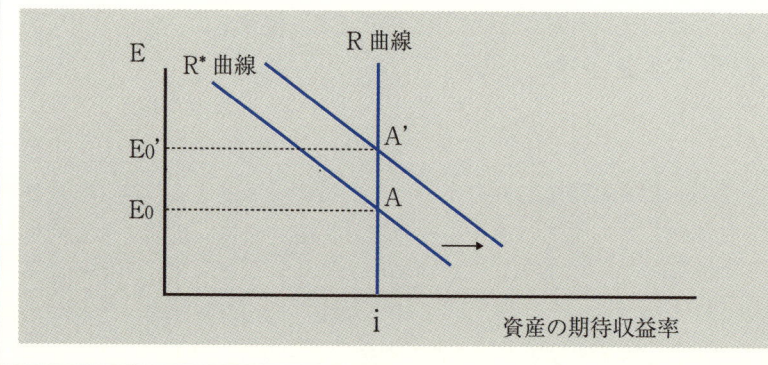

以上の分析から、ある国の金利が上昇すればその国の通貨が増価し、下落すればその国の通貨は減価することがわかった。

(2) 為替レート予測が変化すると…

期待為替レートE^eが変化した場合、現在の為替レートにどのような影響があるだろうか(図表5-3(3)参照)。投資家が将来の為替レートの予測を変えて、それまで予測していたよりもドル高になるだろうと考えたとしよう。つまり、E^eの上昇である。E^eが上昇すると、R^*曲線が右にシフトする。右にシフトするのは、これまでの分析同様、現在の為替レートがどの水準にあっても、それぞれの為替レート水準に対応するドル資産の期待収益率R^*は増加するからである。R^*曲線が右にシフトするので、均衡為替レートは上昇する。つまりドル高である*3。

この分析の結果は、大変興味深い。マーケットで将来ドル高になるだろうと予測されると、現在の為替レートが直ちにドル高になる。逆に、将来ドル安になるだろうと予測されると、現在の為替レートがドル安になる。つまり、将来の予想が今日変化すると、将来の為替レートではなく、今日の為替レートを変えてしまうのである。

3 為替レート変動の特徴

これまでの為替レートの理論的な分析から、現実の為替レートの変動に関して重要な意味合い(インプリケーション)を引き出すことができる。

(1) 金融政策変更の影響

各国の中央銀行は、金融政策を変更するとき利上げないし利下げを行う。

---

*3 新しい均衡点(点A')でも、$\{i = i^* + (E^e - E)/E\}$の関係が成り立っている。日本の金利$i$は変化しないので、$E^e$が変化したあとも、ドル資産の期待収益率$\{i^* + (E^e - E)/E\}$は以前と変わらない値となる。そのためには、$E$が$E^e$と同じだけ変化していなければならない。つまり、将来10%のドル高になるだろうとマーケットが予測すれば、今日の為替レートが10%のドル高になる。

利上げは金融引き締め政策であり、利下げは金融緩和政策である。上の分析から、ある国で金融引き締め政策がとられれば、その国の通貨が増価するということになる。例えば、日本の利上げは円高となり、利下げは円安となる。

ただし、この結論はあくまで、他の条件(他国の金利と将来の為替レート予測)が変化しない場合に当てはまることに注意する必要がある。例えば、米国でも同様に利上げが行われれば、日本の利上げは円高につながらないであろう。利上げが行われたとき、期待為替レートも変化していれば、日本で利上げが行われても円安になることもありうる。

(2) 為替レートの変動性

理論分析によると、期待為替レートが変化すると、現在の為替レートが変化することがわかった。つまり、マーケットの将来の為替レートの予想が変化すると、今日、為替レートが直ちに変化する。この分析結果は、現実の為替レートが日中、日々、月々変動し、変動幅が大きくなることも珍しくないということを理解するのに役立つ。

将来の為替レートには、金利、インフレ、金融政策、景気動向、財政収支、経常収支などのさまざまな要因が影響する。これらの要因が今後(それまでの予想と比べて)変化すると予想されれば、期待為替レートは変化し、その結果、現在の為替レートが直ちに変化する。マーケットには、それらの要因にかかわる内外のニュースが毎日入ってくる。例えば、機械受注・日銀短観その他の日本の景気指標の発表、米国の連邦準備制度理事会議長(米国の中央銀行総裁)の議会証言などなど、今後の経済動向を占うのに役立つ情報が絶え間なく入ってくる。

新しく入ってくる情報によってマーケットの期待が変化すれば、現在の為替レートは変化する。もし、将来の内外の経済動向が、これまで考えられていた以上に大きく変化すると予想されれば、為替レートは大幅に変化することになる。

例えば、米国の将来の景気動向がそれまで予想されていた以上に悪化する、つまり経済成長率がそれまでの予想以上に低下するということを示唆する新たな情報(例えば失業率統計の発表)が入ってくると、ドル安となる。景

気が悪ければ将来の金利は(これまでの予想されていた水準よりも)低くなるので、ドルが売られドル安となるのである。逆に、日本の景気動向の悪化が予想されれば、円が売られ円安になるだろう。

(3) 新しい情報だけが為替レートを変化させる

さまざまな情報が入ってくると、今後の経済動向に関するマーケットの予想が変化して、為替レートが変動するということを学んだ。ここで注意すべきは、入手された情報の内容がそれまで予想されていたものと違う場合のみ、為替レートが変動するという点である。換言すると、予期されていなかったサプライズ情報 unexpected information、surprise information だけが、為替レートを変化させる。

例えば、日本銀行が政策決定会合で0.25％の利下げを決定したと公表しても、それがマーケットの事前の予想通りであれば、為替レートは変化しない。利下げが予想された時点で為替レートは変化する。0.25％の利下げ決定という日本銀行のアクションは、事前に予想された**織り込み済みの情報** expected information で、マーケットは織り込み済みの情報には反応しない。

もし、マーケットでは0.25％の利下げが広く予想されていたときに、日本銀行が0.5％の利下げを決定・公表すれば、マーケットは反応する。この場合は円安になる。0.5％の利下げの決定は、マーケットにとってサプライズ情報で、事前に織り込まれていなかったからである。

(4) 為替レートと株価の共通点

上で学んだ為替レートが変動しやすいこと、そして新しい情報だけが重要であることは、株価の動向にも共通に見られる特徴である。それは、為替レートと株価はともに資産価格だからである。為替レートは外貨建て資産の(自国通貨で評価した)価格であり、株価は会社の株式という資産の価格である。資産価格である為替レートと株価はともに、それぞれの資産の収益によって決まる。

株価は、将来の企業収益が変化すると予想されれば変化する。将来の企業収益を予想するのに役立つさまざまな情報が日々入ってくる。収益予想を変

更するような新しい情報が入ってくると、株が売り買いされて株価が変動する。

同様に、将来の経済動向（金利、経済成長率など）の予想を変化させる新たな情報が入ってくれば、通貨が売買されて為替レートが変動する。また、織り込み済みの情報に反応しない点は、株価も為替レートも同じである。

株式市場で投機目的の投資家が株を売買するように、外国為替市場でも投機が行われる。投機的な行動が株価や為替レートを動かすことはある。しかし、一般に、株価の変動性が大きいのは投機のせいだと考えるのが誤りであるように、為替レートの変動性が大きいのは投機が原因だと考えるのは誤りである[*4]。

(5) 為替レートの変化は予測できるか

変動レート制をとっている国の通貨間の為替レート（円ドル・レートなど）の将来の動向を、予測することはできるだろうか。金融機関などでは、為替レートの予測を仕事にしている人達がいる。しかし、理論的な分析からは、為替レートを予測することは基本的にできないということになる。「今後3ヶ月で円高になる」と予測して、その予測が当たったとしても、それはたまたま当たったに過ぎないと考えられるのである。それはなぜだろうか。

上で学んだように、今わかっている情報はすでに現在の為替レートに反映されており、サプライズ情報だけが為替レートを変化させる。将来出てくるサプライズ情報は、今はわからない（今わかっていれば、それはサプライズ情報ではなくなる）。したがって、為替レートは予測できないということになる。米国連邦準備制度理事会議長を20年近く務めたアラン・グリーンスパンは、議長当時、「主要通貨の変化を予測するのに、どんな分析モデルを使ったとしても、親指ではじいたコインの表裏で変化の方向を予測する単純な方法に比べ、より良い結果が得られるということはない」と述べている。

それでは、理論は役に立たないということになるだろうか。次の点で、理

[*4] 固定レート制の国の通貨に対して大規模な投機が行われ、その国の政府が固定レート制を維持できなくなり、通貨が大幅に減価する事態に陥ることはたまに起こる。この問題については、第9章「通貨危機はなぜ起こる」で学ぶ。

論分析は役に立つと考えられる。

　第1に、為替レートを予測することは至難の業であると知ることは重要である。特に、数ヵ月後、1年後といった短期の為替レート動向を予測することは、ほとんど不可能だと考えられる。

　なお、これは変動レート制をとっている国の通貨の為替レートの話しであって、固定レート制をとっている国の為替レートについては、変化の予測が比較的容易になる場合がある。投資家が固定レート制の維持は難しくいずれその国の通貨安になると予測する場合、投資家は資本逃避や投機によってその国の通貨売りを加速し、その結果、通貨安(しばしば暴落)が起こることがある。その場合は、予測されたとおりに通貨安が現実に起こるということになる。この問題については、第9章「通貨危機はなぜ起こる」で学ぶ。

　第2に、ある条件(例えば金融政策)が変化すれば、為替レートがどのように変化するかを知ることができる。

　第3に、長期的な為替レート動向に影響する諸要因の理論的分析をもとに、5年、10年といった長期的な変化の方向を予測することはある程度可能だと考えられる。この点に関連して、第6章「為替レートと物価」では中国とインドの為替レートの今後の長期的な動向について分析している。

4　スポット・レートとフォワード・レートの関係

　為替市場の均衡分析では、カバーなし金利裁定の条件を用いた。カバーなし金利裁定では、投資家は外貨資産に投資する場合、フォワード取引を行わず為替リスクを負っていた。投資家がフォワード取引を行う場合には、カバー付き金利裁定の条件が成立する。以下でカバー付き金利裁定について学ぶと、スポット・レートとフォワード・レートの差である直先スプレッドは、自国と外国の金利差に等しいことがわかる。

　カバー付きの金利裁定の場合も、投資家は国内で投資したほうが有利か、外国で投資したほうが有利か比較考量して、投資決定を行う。カバーなし金利裁定の分析の場合と同様、日本の投資家が円資産で運用するかあるいはド

ル資産で運用するかを判断する場合を考えよう。この投資家は、円資産の期待収益率Rと、ドル資産の期待収益率R*を比較する。カバーなしの分析と同様、投資期間は1年とし、日本の金利はi、米国の金利はi^*、現在の為替レートはEとする。

円資産で運用する場合は、カバーなしかカバー付きかは関係ないので、円資産の期待収益率は、以前と同じでiに等しい。ドル資産の期待収益率は、カバーなしの場合とやや異なる。この投資家は、ドル資産に投資をする場合、円を売ってドルを買う際、同時に、1年のフォワードでドルを売って円を買う。このときのフォワード・レートはFだとする。ドル資産の期待収益率は、米国金利i^*に、ドルのフォワード・プレミアム$(F-E)/E$を加えたものとなる。[5] フォワード・プレミアムは、例えば、E=100、F=102だとすると、0.02(つまり2%)である。これは、投資家がスポットでドルを100円で買って、1年後に102円でドルを売って円に戻すので、フォワード取引を行うことによって2%の儲けとなるということを意味している。

カバーなしの場合、E^eは現時点での予測値(将来のスポット・レートの予測)であり、1年後に実際にいくらで取引できるかわかっていない。しかし、カバー付きの場合は、1年後にFのレートで取引できることが確定している。

$$\text{円資産の期待収益率} \quad R = i$$
$$\text{ドル資産の期待収益率} \quad R^* = i^* + \frac{(F-E)}{E}$$

もし日本と米国での投資の期待収益率が異なれば、裁定取引が行われて、2つの期待収益率は一致すると考えられる。2つの期待収益率が一致する(式5-2)を少し書き換えれば、2国の金利差が直先スプレッドと等しいことを示す(式5-2)'が得られる。なお、カバーなし金利裁定の(式5-1)との違いは、期待為替レートE^eがフォワード為替レートFに代わっている点だ

---

[5] カバーなしの場合と同様に、カバー付きのドル資産の期待収益率の式$R=i^*+(F-E)/E$も近似式である。米国の金利i^*とドルのフォワード・プレミアム$(F-E)/E$が比較的小さい値であれば、この式がほぼ成り立つ。

4 スポット・レートとフォワード・レートの関係

> **カバー付き金利裁定**
>
> $$i = i^* + \frac{(F-E)}{E} \quad (\text{式}5-2)$$
>
> $$i - i^* = \frac{(F-E)}{E} \quad (\text{式}5-2)'$$

けであることに注意しよう。

この関係を具体例で理解しよう。投資期間は1年とし、日本の金利iは3％、米国の金利i^*は1％だとしよう。この場合、日米の金利差($i-i^*$)は2％なので、カバー付き金利裁定の条件から、ドルのフォワード・プレミアム(F−E)/Eは2％となる。もし、今日のスポット・レートが＄1＝￥100なら、1年のフォワード・レートは＄1＝￥102となる。ドル資産で運用した場合、金利は円資産よりも2％低く損だが、「スポットでドル買い＋フォワードでドル売り」の取引を行うことによって、2％の収益が得られる。ドル資産の合計の期待収益率R^*は1％＋2％＝3％となり、円資産の期待収益率R＝3％と一致する。

もし円資産とドル資産の期待収益率が一致しない場合はどうなるだろうか。日本の金利iが3％、米国の金利i^*が1％のときに、ドルのフォワード・プレミアム(F−E)/Eが3％だったとしよう。

この場合、ドル資産の期待収益率R^*は1％＋3％＝4％となり、円資産の期待収益率R＝3％を上回る。投資家はドル資産で運用したほうが有利なので、スポットでドルを買いフォワードでドルを売る。その結果、スポット・レートEはドル高となり、フォワード・レートFはドル安となる。それによって、ドルのフォワード・プレミアム(F−E)/Eは減少する。当初3％だったフォワード・プレミアムが減少して2％になるまで、この調整が続く。結局、円資産の期待収益率Rとドル資産の期待収益率R^*が等しくなる。この例のように、円資産とドル資産の期待収益率が何らかの理由で乖離した場合、マーケットでは多くの投資家が裁定による収益機会に気づくの

で、調整は瞬時に行われ、カバー付き金利裁定は（瞬時の乖離を除き）常に成立することになる。

　最後に、カバー付き金利裁定を学ぶことによって、現実の為替市場の動向についてわかることを整理しておこう。

　第1に、直先スプレッドは金利差に等しく、金利が低い国の通貨はフォワード・プレミアムとなり、金利が高い国の通貨はフォワード・ディスカウントとなる。この関係は実際のデータを使った実証分析でも確認されている。

　この関係が成立するのは、あくまで自由な資本取引を認めている国の通貨間（円ドル、円ユーロ、ドル・ユーロなど）である。例えば、円と中国元の為替レートの場合は、中国が資本取引にさまざまな規制を加えているので、金利裁定の条件は成立しない。中国政府の規制があるために、内外の投資家は自由に中国元を売り買いできないからである。

　第2に、先進国間の金利差は小さくかつ短期的にはあまり変化しないので、同じ時点のスポット・レートとフォワード・レートの差は小さく、また両レートはパラレルに変化する。例えば、スポット・レートが前日比で5％円高になれば、フォワード・レートも前日比で5％の円高となる。

第6章　為替レートと物価

　為替レートの長期的な動向は、自国と外国の物価動向と密接な関係を持っている。また物価動向の変化が予測されると、第5章「為替レートは変動なぜ変動するか」で学んだ期待為替レートの変化を通じて今日の為替レートを動かすので、物価動向は為替レートの短期的な動向を決める要因としても重要である。本章では、購買力平価と呼ばれる理論をベースにして、為替レートと物価の関係を解明する。また、私たちが旅行や仕事で途上国に行くと、その国の物価は為替レートを使って円価格に直すと非常に安いと感じることが多い。低所得国の物価水準の問題と、およびそれに関連する問題として中国と日本の経済規模の比較の問題についても学ぶ。

1　為替レートと物価の関係
― 購買力平価の考え方 ―

　為替レートは物価(水準および変化)と密接な関係を持っている。為替レートに関係する物価は、その国の物価と外国の物価で、円ドル・レートであれば、日本の物価と米国の物価ということになる。物価水準を測る代表的な指標は、**消費者物価指数(CPI)** consumer price indexである。消費者物価指数は、平均的な家計が消費するモノ(例えば、コメ、各種衣服、インターネット接続料など)の価格の平均値であり、日本では約600品目の価格をもとに算出されている。物価水準の変化はインフレ(ないしデフレ)と呼ばれる。

　為替レートと物価の関係に着目した為替レート理論は、**購買力平価(PPP)** purchasing power parityと呼ばれる理論である。購買力平価はしばしば、英語の頭文字をとったPPPという名称で呼ばれる。

　購購買力平価の基本的なアイデアは16世紀にもさかのぼるとされるが、スウェーデンの経済学者グスタフ・カッセルが1920年代に購買力平価理論

を為替レートの理論として普及させた。したがって購買力平価理論は非常に古い理論であるが、その基本的な考え方は今日でも大変役に立っている。購買力平価理論には2つのタイプのものがあり、オリジナルな理論は今日では**絶対的PPP** absolute PPPと呼ばれ、絶対的PPPを修正した理論は**相対的PPP** relative PPPと呼ばれる。後に学ぶように、絶対的PPPと相対的PPPは密接に関係している。

以下ではまず絶対的PPPを学ぼう。絶対的PPPの基礎にある考え方は、**一物一価の法則** the law of one priceである。一物一価の法則とは、「同じモノはどこでも同じ価格で売られる」という考え方である。同一のモノが違う価格で売られていれば、第5章「為替レートの変動」で学んだ裁定取引が行われて、同一のモノは同一価格で売られるようになると考えるのである。

しかし、現実の世界では、一物一価の法則は多くの場合厳密には成立していない。それは、①輸送費がかかる、②価格に関する情報が不完全(つまりさまざまな場所の価格を正確に知るにはコストがかかる)、③しばしば商品の差別化がなされる(同じ洗濯洗剤でもブランドによって少し違いがある)、という事情があるからである。とは言え、モノによっては(例えば、金、H型鋼材・ナフサなどの原材料などは)、一物一価がほぼ完全に成立している。また、その他のモノでも、大まかには一物一価が成立している、つまり同じモノの価格は大幅にはかい離しない、と言える。

国際貿易で一物一価が当てはまるとすると、あるモノ(i財と呼ぶ)の価格について、次の関係が成り立っていることになる。

(国際貿易における一物一価)
$$P_i = E P_i^* \qquad (式6-1)$$

P_iはi財の自国での価格、P_i^*はi財の外国での価格、Eは為替レートである。具体的に考えるために、自国は日本、外国は米国、i財は小麦だとしよう。例えば、小麦1トンの日本での価格が5万円、米国での価格が500ドル、為替レートが＄1＝¥100となっている場合、小麦の国際貿易で一物一価が成立していることになる。(式6-1)にP_i、P_i^*、Eにこれらの数値を入

れて確認しておこう。

$$50{,}000 = 100 \times 500$$

絶対的PPPは、この国際貿易における一物一価のアイデアを広げて、1つのモノではなく、さまざまなモノを寄せ集めたもの(商品バスケットと呼ばれる)の価格について、(式6-1)の関係が成り立つとする理論である。商品バスケットの中には、人々が一定期間(例えば1年間)に購入するさまざまなモノが入っている。ここで、中身が同一の商品バスケットを自国で買ったらP、外国で買ったらP*だとしよう。商品バスケットの価格はその国の物価水準だと言えるので、Pは自国の物価水準、P*は外国の物価水準である。

前述したように、物価水準は通常CPIなどの物価指数で測る。物価指数は商品バスケットの価格を、ある年を基準年(基準年は100.0)として指数化したものである。現在の日本のCPIは2010年基準で、2005年100.4、2010年100.0、2013年100.0といった指数で表示されている。一方、ここで議論しているPとP*は、商品バスケットの価格なので、その国の通貨の金額で表示されるということに注意しよう。例えば、自国が日本、外国が米国ならば、Pは120万円、P*は1万ドルといった具合である。

(式6-1)の個別のモノの価格Pi、Pi*を、物価水準P、P*に置き換えたものが、絶対的PPPの理論である。

絶対的PPP

$$P = EP^* \qquad (式6-2)$$

$$E = \frac{P}{P^*} \qquad (式6-2)'$$

- Pは自国の物価水準、P*は外国の物価水準、Eは為替レート

(式6-2)は、2つの国の物価水準が等しいことを意味している。自国は日

本、外国は米国である場合を考えよう。日本の物価は円で表示され、米国の物価はドルで表示されているので、PとP*の数字(例えば120万と1万)を比較しても、どちらが高いとか低いとか言うことはできない。2国の物価水準を比較するためには、同じ通貨単位にする必要がある。そこで、米国のドル表示の物価水準P*に為替レートEをかけると、米国の円表示の物価水準が得られる。日本の物価水準Pはもともと円表示である。したがって、(式6-2)は、円表示の日本の物価水準Pと、円表示の米国の物価水準($E \times P^*$)が等しいということを示している。ここで、Eはドルの円価格(直接表示)であり、もし＄1＝¥90ならE＝90であることを思い出そう。

(式6-2)を書き換えて、P/E＝P*とすれば、ドル表示の日本の物価水準(P/E)と、ドル表示の米国の物価水準P*が等しいということになる。要するに、(式6-2)は、円にせよドルにせよ同一通貨単位で見たとき、2つの国の物価水準が等しいということを意味している。

(式6-2)を書き換えた(式6-2)'は、自国の物価水準Pを外国の物価水準P*で割れば、為替レートが求められるということを意味している。

この点を、具体例で確認しておこう。同一の商品バスケットを日本で買えば120万円、米国で買えば1万ドルだったとしよう。絶対的PPPが成立する世界では、為替レートは＄1＝¥120となる。この時、日本の物価水準と米国の物価水準は、円で見て(あるいはドルで見て)等しい状態にある。

結局、絶対的PPPは次の関係が成り立つと主張する理論である。2国の物価水準は(同じ通貨で見て)常に等しくなっている(式6-2)。換言すれば、為替レートは2国の物価水準を等しくする水準で決まるということになる(式6-2)'。

この理論は、現実の為替レートを説明する理論としてどの程度役立つものだろうか。前章「為替レートはなぜ変動する」で学んだように、為替レートは金利その他の動向次第で短期的に変動するので、為替レートの短期的動向が2国の物価水準によって決まるとは考えられない。そこで問題は、長期的に見て現実の為替レートが2国の物価水準を等しくするような水準で決まっているかどうかが問題となる。つまり、絶対的PPPは長期的な為替レート決定理論としてとらえることができるが、果たしてこの理論は、長期的な為

替レート理論として有効なものと言えるだろうか。その答えは、あまり有効だとは言えないというものである。例えば、円ドル・レートの長期的動向を見ても、2国の物価水準を等しくする水準に回帰する傾向は必ずしも見られないのである。

2 インフレ率から見た為替レート

　絶対的PPPはオリジナルな購買力平価理論であるが、それを修正した理論が相対的PPPである。絶対的PPPと相対的PPPはともに2国の物価に着目する点では共通しているが、絶対的PPPは2国の物価水準に着目しているのに対し、相対的PPPは2国の物価水準の変化つまり2国のインフレ率に着目している点で異なる[1]。

　為替レートの変化率をe、自国のインフレ率をπ、外国のインフレ率をπ^*と呼ぼう。e、π、π^*は、それぞれ次式で表わされる。

$$e = \frac{E_t - E_{t-1}}{E_{t-1}}$$

$$\pi = \frac{P_t - P_{t-1}}{P_{t-1}}$$

$$\pi^* = \frac{P^*_t - P^*_{t-1}}{P^*_{t-1}}$$

　例えば、外貨が前期に比べ5％増価したらeは0.05であり、5％減価したらeは－0.05である。自国(外国)の物価水準が前期に比べ10％上昇した

---

[1] 絶対的PPPで使われる物価水準は、前述のように、同一の商品バスケットの価格である。相対的PPPでは、通常、各国の政府が公表しているCPIなどの物価指数が使われる。国によって生活習慣が異なるので(たとえば日本人はコメや魚を多く食べるが、米国人はパンや牛肉を多く食べるなど)、共通の商品バスケットを構成するのは難しい。その点、相対的PPPでは各国の物価指数を使えるので便利である。なお、各国の物価指数は、それぞれの国に消費パターンに基づいた商品バスケットの価格を指数化したものである。

ら、つまりインフレ率が10%なら、π（π*）は0.10である。

相対的PPPによれば、e、π、π*は次の関係を持つ。

> **相対的PPP**
>
> $$e = \pi - \pi^* \qquad (式6-3)$$
>
> ● eは為替レートの変化率、πは自国のインフレ率、π*は外国のインフレ率

相対的PPPの意味を理解するために、具体例で考えよう（**図表6-1**参照）。ある年に日本のインフレ率は10%であるのに対し、米国の物価は安定していてインフレ率はゼロであったとする。そして、米国人が1万ドルを用意して、日本で買い物をするとしよう。

米国では物価水準が不変なので、1万ドルで買えるモノは去年と変わらない。1万ドルを使って、日本でどの程度のモノが買えるかは、為替レートが1年間でどのように変化したかによって違ってくる。

もし為替レートが不変であれば、1万ドルは去年と同じ金額の円と交換できる（図表6-1のケースA）。しかし、日本の物価は高くなっているので、日本では去年よりも少ない数量の買い物しかできない[*2]。

もし相対的PPPが成立する場合には、為替レートEは10%の上昇、つまり10%のドル高となる（図表6-1のケースB）。これを相対的PPPの関係式（式6-3）で確認すれば、$e = \pi - \pi^*$なので、$e = 0.10 (= 0.10 - 0.00)$となる。この場合は、1万ドルで買える円の金額は、去年よりも10%多くなるので、物価が10%高くなっている日本で買えるモノの数量は去年と同じとなる。米国人が日本で買い物をすると去年よりも不利になるということは起こらず、米国と日本におけるドルの購買力は以前の関係と変わらない。

為替レートが10%ドル高になった場合、米国と日本における円の購買力について見ても以前と変わらない。その点を確認するために、10%のドル

[*2] 日本の物価は10%上昇しているので、この米国人が買えるモノは去年よりも約9%($= \{(\frac{1}{1.1}) - 1\} \times 100$)少ない。

図表6-1　相対的PPPの世界

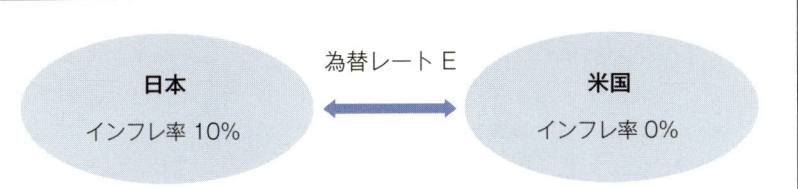

```
    日本              為替レートE              米国
 インフレ率10%        ←——————→         インフレ率0%
```

◆　米国人が1万ドルを使って日本で買い物をするとしよう

（ケースA）　Eが不変
- 1万ドルを円に換えると、去年と同じ金額の円が手に入る
- しかし、日本の物価は10%高くなっているので、1万ドルで買えるモノは去年より少なくなる

（ケースB）　Eが10%上昇（10%のドル高）
- この場合、相対的PPPが成立
  つまり、($e = π - π^*$) の関係が成り立っている
- 1万ドルを円に換えると、去年よりも10%多い円資金が手に入る
- しかし、日本の物価は10%高くなっているので、1万ドルで買えるモノは去年と同じになる

◆　米国人が1万ドルを使って米国で買い物をした場合は？
- （ケースA）、（ケースB）でも、米国の物価水準は不変なので、1万ドルを使って米国で買えるモノは去年と変わらない

◆　結論
- 相対的PPPが成立している世界では、去年と比べ、日本（米国）で買い物をした方が有利になる、あるいは不利になるということは起こらない

高になった時に、日本人が100万円で買い物をすることを考えよう。日本では10%のインフレが起こっているので、100万円で買えるモノは去年よりも少なくなる。100万円をドルに換えて米国で買い物をする場合には、米国のインフレはゼロだが、ドルが10%値上がりしているので、日本人にとっ

ては米国のモノは10％高くなり、去年よりも100万円で買えるモノは以前よりも少なくなる。結局、100万円で買い物をする日本人にとって、去年と比べて日本で買い物をしたほうが有利になったり、あるいは米国で買い物をしたほうが有利になったりすることは起こらない。つまり、日米でのドルの購買力も、日米での円の購買力も、以前の関係と変わらない。

　以上の例が示すように、相対的PPPが成立する世界では、2国のインフレ率の違いを相殺するように為替レートが変化する。その結果、どちらかの国で買い物をしたほうが以前よりも有利になる（あるいは不利になる）ということは起こらない[*3]。

　それでは、相対的PPPは現実の為替レートの動向をうまく説明するだろうか。その答えは半分イエスで、半分ノーである。

　片方の国のインフレ率が他方の国と比べ非常に高い場合には、相対的PPPは非常に役立つ理論である。相対的PPPによれば、高インフレ国の通貨は大幅に減価する。（式6-3）で確認しておこう。自国が高インフレ国で、外国の物価は安定しているとすると、π は非常に大きい値で π^* は小さな値なので、$e(=\pi-\pi^*)$ は非常に大きな値となる。つまり、外貨の大幅増価、自国通貨の大幅減価を意味する。

　1980年代後半から1990年代初めにかけて、アルゼンチンやブラジルでは年数百〜数千％の非常に高いインフレとなっていた。このように高いインフレはハイパー・インフレと呼ばれる。この間、米国のインフレ率は低くとどまっていた（年2〜5％程度）。相対的PPPによれば、「アルゼンチンやブラジルの通貨は米国ドルに対して大幅に減価する」ということが理論的に予測される。現実の為替レートの動向をみると、相対的PPPの予測通りのことが起こっていたのである。

　しかし、インフレ率が比較的安定している先進国の通貨同士の場合は、相対的PPPの予測はあまり当たらない。つまり、インフレ率の差だけ為替レートが変化するという傾向は、必ずしも見られないのである。

[*3] 相対的PPPが成立する場合には、同一通貨で見た2国のインフレ率が等しくなるとも言える。本文の具体例の場合、ドルで見た米国のインフレ率はゼロ、ドルで見た日本のインフレ率もゼロとなる。円で見た場合、日本のインフレ率は10％、米国のインフレ率の10％となる。

3　購買力平価理論の限界と有用性

(購買力平価理論と実質為替レートの関係)

　前述したように、絶対的PPPは物価水準に着目し、2国の物価水準を等しくする水準で為替レートが決まると考える理論であり、相対的PPPは物価水準の変化(つまりインフレ率)に着目し、為替レートは2国のインフレ率の違いを相殺するように変化すると考える理論である。

　実は相対的PPPでは、2国の物価水準には格差があるが、その格差は変化しないと(暗黙のうちに)仮定されているのである。絶対的PPPでは、自国と外国の物価水準は等しく、その関係がいつまでも変わらないが、一方、相対的PPPでは、例えば、自国の物価水準が外国の物価水準よりも1.5倍高ければ、この物価格差(1.5倍)の関係がいつまでも変わらないのである。絶対的PPPと相対的PPPにおける2国の物価水準の関係を示すと、以下のようになる。

　　　絶対的PPP　$P = E P^*$　　　　　　前出（式6-2）

　　　相対的PPP　$P = a E P^*$　　　　　（式6-4）

　(式6-4)の a は、時間がたっても変化しない定数である。例えば、$a = 1.5$ であれば、自国の物価水準は外国の物価水準の1.5倍であり、$a = 0.5$ であれば、自国の物価水準は外国の物価水準の半分である。相対的PPPの(式6-3)と(式6-4)は、実は同じものである。(厳密に言うと、(式6-3)は(式6-4)の近似式という関係にあるが、この点の数学的な説明は本章末の補論「相対的PPPの関係式の導出」を参照してほしい)。相対的PPPが成立する世界では、2国のインフレ率の違いを為替レートが相殺するように変化し、2国の物価水準の関係(例えば1.5倍という関係)が常に維持されるのである。

$$e = \pi - \pi^* \text{（式6-3）} \quad \rightleftarrows \quad P = a E P^* \text{（式6-4）}$$

相対的PPPを(式6-4)の形で表わすと、絶対的PPPは相対的PPPの1ケースにあたることがわかる(**図表6-2**参照)。相対的PPPの $a=1$ の時が、絶対的PPPなのである。したがって、絶対的PPPが成立しているときは、必ず相対的PPPも成立している。しかし、絶対的PPPが成立していなくても、つまり2国の物価水準が等しくなくても、2国の物価水準の違いが変化しなければ、相対的PPPが成立する。

以上のように、絶対的PPPと相対的PPPを2国の物価水準の関係の形で表現すると、購買力平価理論の重要な特徴が明らかになる。それは、絶対的PPP、相対的PPPともに、購買力平価理論では暗黙裡に、実質為替レートが

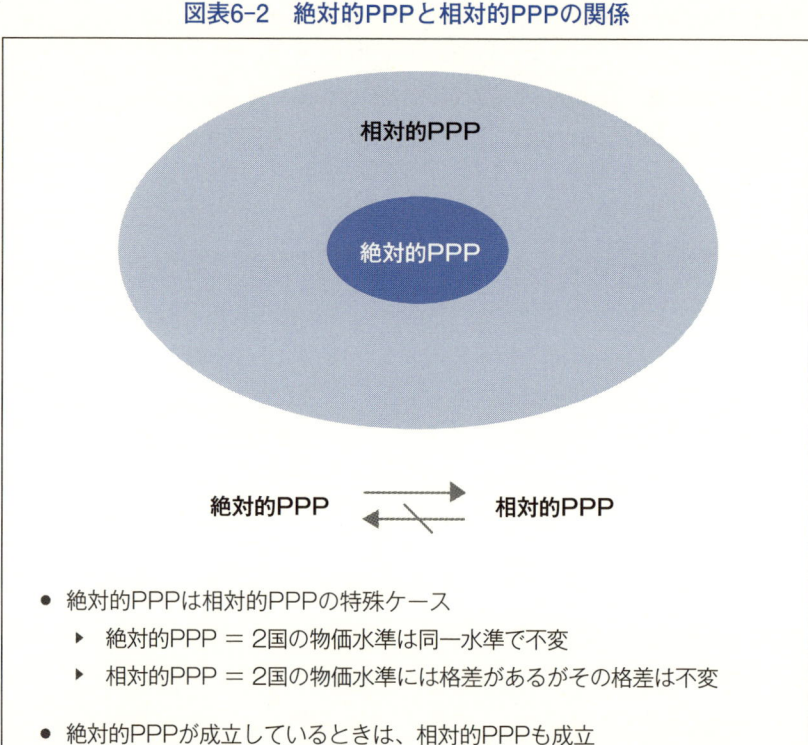

図表6-2　絶対的PPPと相対的PPPの関係

相対的PPP

絶対的PPP

絶対的PPP　⇄　相対的PPP

- 絶対的PPPは相対的PPPの特殊ケース
    - ▸ 絶対的PPP＝2国の物価水準は同一水準で不変
    - ▸ 相対的PPP＝2国の物価水準には格差があるがその格差は不変
- 絶対的PPPが成立しているときは、相対的PPPも成立
- 相対的PPPが成立しているときに、絶対的PPPが成立するとは限らない

3 購買力平価理論の限界と有用性

不変だと仮定されているという点である。第4章「外国為替市場の基礎知識」で学んだように、実質為替レートは外国の物価水準と自国の物価水準の比率である。第4章「外国為替市場の基礎知識」の(式4-1)を再掲しよう。

(実質為替レートの定義式)

$$Er = \frac{EP^*}{P} \qquad (式4-1)$$

一方、上記の絶対的PPPの(式6-2)と相対的PPPの(式6-4)は、次のように書きかえることができる。

絶対的PPP　$P = EP^*$
$$\frac{EP^*}{P} = 1$$
つまり　$Er = 1$

相対的PPP　$P = aEP^*$
$$\frac{EP^*}{P} = \frac{1}{a}$$
つまり　$Er = \frac{1}{a}$

絶対的PPPの場合、実質為替レートは1で定数である。相対的PPPの場合、aは定数なので、実質為替レートの$(1/a)$も定数である。したがって、絶対的PPPと相対的PPPではともに、実質為替レートが不変だということになる。

しかし、現実の世界では、実質為替レートは不変ではない。そのため、2国の物価動向だけに注目して為替レートを説明しようとする購買力平価理論(絶対的PPPおよび相対的PPP)は、現実の為替レート動向を十分説明できないのである。これまでの研究で、生産性の上昇率の違い、貿易自由化、外国製品に対する国民の好みの変化などの要因によって、実質為替レートが長期的に変化することがわかっている。

長期的な物価動向に基本的に影響を与えるのは、その国で出回る貨幣の総量(マネーサプライ)なので、購買力平価理論は貨幣的な要因に着目する為替レート理論であるとも言える。しかし、実質為替レートを変化させる実物的な要因(非貨幣的な要因)が考慮されていない。ここに、購買力平価理論の限界があると言うことができる。

この点は、実質為替レートを示す(式4-1)を次のように書きかえると、さらによくわかるであろう。

$$Er = \frac{EP^*}{P} \qquad (式4-1)$$

$$E = Er \times \frac{P}{P^*}$$

名目為替レート ＝ 実質為替レート × 物価要因

名目為替レートの長期的な動向を説明するためには、物価要因(ないし貨幣的要因)に加えて、実質為替レートを変化させる実物的な要因も考慮する必要があるということになる[*4]。

(インフレは通貨安要因)

購買力平価理論には限界があることを学んだが、それは購買力平価理論が役に立たないということを意味しない。相対的PPPによると、高インフレ国は通貨安になる。上で学んだように、絶対的PPPが成立しているときは、相対的PPPが成立しているので、高インフレ国は通貨安になるということは、絶対的PPPの場合にも言える。つまり、購買力平価理論(絶対的PPP、相対的PPPともに)の重要なメッセージは、インフレはその国の通貨安要因になるということである。

[*4] 固定レート制だったブレトンウッズ体制の崩壊(1971年)以降の円ドル・レートの長期的動向をみると、時期によってかなりの変動はあるものの、＄1＝¥360から最近の＄1＝¥100前後へと大幅な円高となっている。この長期的な円高を日米のインフレ率の違いだけで説明することはできず、実質為替レートを大きく変化させる要因があったと考える必要がある。これまでの研究では、日本における貿易財部門(主に製造業)と非貿易財部門(サービス業など)の生産性上昇率の格差が、実質為替レートを変化させたと考えられている。

1980年代後半〜1990年代初めのアルゼンチンやブラジルなどの中南米諸国では、物価の変化があまりに大きかったので、他の要因が変化していたとしても、インフレ要因だけで、それらの国の対ドルの為替レートの動向をうまく説明することができた。これらのケースは、購買力平価理論が最も威力を発揮するケースだと言えよう。なお、当時の中南米諸国では、大幅な財政赤字をファイナンスするために貨幣増発が行われて、マネーサプライが急拡大していた。その結果、それらの国ではハイパー・インフレと通貨の大幅安が起こっていたのである。

　インフレ率がともに低い先進国同士の通貨の為替レート（例えば円ドル・レート）の場合、2国のインフレ率の違いだけに注目しても、為替レート動向を十分説明できない。しかし、インフレの高まりは、その国の通貨を減価させる要因となることは変わらない。

　マーケットの為替トレーダーは、ある国のインフレが（それまでの予想に比べて）高まると予想すれば、その国の通貨を売る。逆に、ある国のインフレは（それまでの予想に比べて）低く収まると予想すれば、その国の通貨を買う。このようなマーケットでの投資行動は、購買力平価理論に基づいたものだと言える。つまり、将来インフレが高まれば、その国の通貨は将来減価すると予測され、その通貨が売られるのである。

　第5章「為替レートはなぜ変動するのか」で学んだように、将来の為替レート予想（期待為替レート）が変化すれば、今日の為替レートが変化する。結局、将来のインフレの高まりは、その国の通貨安要因となる。このように購買力平価理論の基本的な考え方は、現実の為替取引にも生かされている。

4 低所得国の物価は安い

（1人当たり所得と物価の関係）

　途上国を旅行した経験のある人は、途上国の物価は日本と比べ安いと感じたであろう。つまり、現地のいろいろなモノの価格を日本円に換算すると、多くの場合、日本で買う同様のモノと比べ価格が割安となっている場合が多

い。また、いくつもの途上国を訪問した経験のある人は、貧乏な国ほど、つまり平均的な所得水準が低い国ほど、物価が安いと感じたであろう。このようなわれわれの実感は、国際的なデータ比較でも確認できる。

図表6-3は、1人当たりGDPが2万ドル以下の途上国について、各国の所得水準と物価水準の関係を見たものである。横軸は1人当たりGDPで、各国の平均的な所得水準を表わしている。なお、通常、1人当たりGDPは、その国の国民の経済的豊かさ、あるいはその国の経済発展の度合いを示す指標として使われる。

縦軸は、先進国である米国と各国の間の実質為替レートである。実質為替レートは2国の物価水準の比率であることを思い出そう($Er = EP^*/P$)。ここでは、自国が米国で、外国が途上国各国とした実質為替レートをとっている。実質為替レートが1であれば、その国の物価水準は米国の物価水準と等しく、0.5であれば、その国の物価水準は米国の物価水準の半分だということを意味する。つまり、実質為替レートの値が低いほど、その国の物価水準は米国と比べ低いということになる。

なお、米国と他の先進国の実質為替レートは1の近傍の値となっている。つまり物価水準にあまり大きな差はない。したがって、米国と途上国との物価の比較は、先進国(日本など)と途上国の物価の比較だとも考えてよい。

図表6-3を見ると、すべての途上国の物価水準は米国の物価水準よりも低いということがわかる。各国の所得水準と物価水準の関係はかなりバラツキがあるが、傾向として、所得水準が低い国ほど物価が安いという関係が見られる。グラフ中の右上がりの直線は、回帰分析と呼ばれる統計手法によって推計した傾向線である。所得水準と物価水準の関係はタイトなものだとは言えないが、推計された傾向線の傾きは統計的に有意である(つまり統計学的に意味がある)。なお、ここでは2万ドル以下の所得の国々をとっているが、それよりも豊かな国を含めて所得水準と物価水準の関係を見ても、基本的な結果は変わらない[*5]。

具体例で見てみよう。中国(1人当たりGDP $10,911)の実質為替レートは0.57である。これは中国の物価水準は米国の物価水準の6割程度だということを意味している。世界の最貧国の一つであるバングラディッシュ

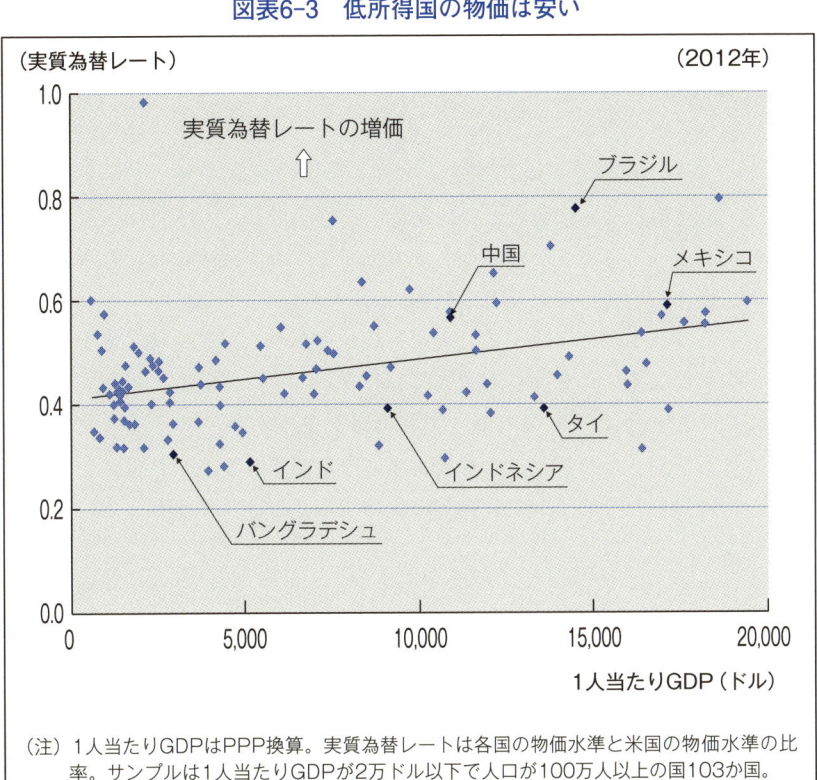

図表6-3　低所得国の物価は安い

（実質為替レート）　　　　　　　　　　　　　　　　　　　　（2012年）

縦軸：実質為替レート（0.0〜1.0）
横軸：1人当たりGDP（ドル）（0〜20,000）

実質為替レートの増価 ↑

プロット点のラベル：ブラジル、中国、メキシコ、タイ、インドネシア、インド、バングラデシュ

（注）1人当たりGDPはPPP換算。実質為替レートは各国の物価水準と米国の物価水準の比率。サンプルは1人当たりGDPが2万ドル以下で人口が100万人以上の国103か国。

出所：IMF "World Economic Outlook Database (October 2014)"

（1人当たりGDP　$2,979）の実質為替レートは0.31である。つまり、バングラディッシュの物価水準は米国の物価水準の約1/3ということになる。

---

[5] 低所得国の物価は低いという傾向がなぜ見られるかについての理論的な説明としては、バラッサ・サムエルソン理論が有名である。バラッサ・サムエルソン理論は、低所得国における貿易財産業と非貿易財産業の生産性の違いに着目して、低所得国の低物価の説明を試みている。ほかに、低所得国と先進国における労働者の資本装備率（＝資本・労働比率）の違いに着目して低所得国の低物価を説明する理論もある。

(高成長を続ける中国とインドの為替レートのゆくえ)

　所得水準と物価水準の間に、緩やかな右上がりの傾向が見られるということは、途上国が経済発展を遂げて先進国にキャッチアップする過程では、その国の物価水準は次第に先進国の物価水準に近づくということを意味する。中国やインドは近年著しい経済成長(つまり所得の増加)を遂げている。今後も10年、20年と長期にわたって、先進国の経済成長よりも速いスピードの経済成長を遂げることができれば、中国やインドの物価水準は、先進国の物価水準に徐々に近づいていくと予測される。

　換言すれば、中国とインドでは実質為替レートが高成長に伴って上昇するということになる。つまり、実質為替レート・ベースで元高、インド・ルピア高になるだろうと予測される。実質為替レート・ベースで通貨高になる時、名目為替レート・ベースでも通貨高になるだろうか。それは、中国やインドが将来にわたってインフレ抑制に成功するかどうかにかかっている。

　もし今後、高成長を実現するとともに低インフレを維持することができれば、名目為替レート・ベースで元高、ルピア高となると予測される。しかし、(米国と比べ)高いインフレとなれば、実質為替レートでは元高、ルピア高が起こり、名目為替レートはあまり変化しないということも起こりうる。

　なぜそうなるか、中国を例に考えてみよう。実質為替レートは$Er = EP^*/P$である。ここでは米国が自国、中国が外国であることに注意しよう。名目為替レートEは、中国元のドル価格である(1元＝Eドル)。元の実質増価はErの上昇を意味する。このとき、米国の物価Pと中国の物価P^*の変化がともに小さければ、Eが上昇しなければならない。つまり、元の名目為替レートの上昇、名目での元高である。現在の米国の中央銀行(連邦準備制度)は物価安定の維持に強くコミットしているので、米国が将来にわたってインフレを抑制し続けることはほぼ間違いないと考えられる[*6]。したがって、もし中国

[*6] 米国の中央銀行である連邦準備制度Federal Reserve Systemは、①連邦準備制度理事会、②ニューヨーク連銀などの連邦準備銀行(12行)、③公開市場操作委員会(FOMC)からなっている。日本では連邦準備制度理事会Federal Reserve Board(略称FRB)を米国の中央銀行とする場合が多いが、連邦準備制度理事会の公式ウエッブサイトでは、連邦準備制度が米国の中央銀行であり、通常the Federal Reserveないしthe Fedと呼ばれていると説明している。なお、米国でFRBと言っても通じないことに注意してほしい。

も物価安定を実現できれば、中国の高成長は名目での元高を伴うということになる。

(経済規模の国際比較の方法)

　第2章「各国経済と国際金融の結びつき」で学んだように、GDPはその国の経済規模を表す指標として、しばしば国際比較に用いられる。また、1人当たりGDPはその国の国民の平均的な所得水準を示すので、世界各国の経済的豊かさを比較するのに用いられる。

　各国のGDPはその国の通貨単位で測定されている。例えば、日本ではすべて円で取引が行われているので、日本のGDPは円表示である。インドネシアでは、インドネシア・ルピアで取引が行われているので、インドネシアのGDPはインドネシア・ルピア表示である。世界各国のGDPの大きさを比較するためには、同一の通貨単位に換算したGDPを比較する必要がある。米国のドルを共通の通貨単位に使うことが、国際的な慣行となっている。

　米国のGDPはもともとドル金額なのでそのまま使える。その他の国のGDPをドル金額に換算する必要があるわけだが、それには2つの方法がある。

　第1は、為替市場で現実の取引に使われている対ドルの為替レートで換算する方法である。例えば、2013年の円ドルの為替レート(年平均)は$1＝￥97.6だったので、日本の2013年の円表示のGDPを97.6で割れば、2013年の日本のドル表示のGDPが求められる。これは**市場為替レート換算のGDP**　GDP at market exchange rateと呼ばれる。ここで使われる「市場為替レート」は市場で自由に決まる為替レートという意味ではなく、変動レート制、固定レート制などの為替レート制度にかかわりなく、実際の諸取引に使われる為替レートという意味であることに注意しよう。

　第2は、世界銀行などが推計している各国のPPPで換算する方法である。このPPP推計値は、$1＝△△円、$1＝△△ユーロ、$1＝△△ウォンといった表示となっている。例えば、日本のPPPは、日本の物価水準と米国の物価水準を(同一通貨で見て)等しくさせる為替レートである。換言すれば、PPP推計値は購買力平価理論(絶対的PPP)がもし成立していたら、円ドル・レートはいくらになるかを計算したものである。2013年の日本のPPP

は＄1＝¥101.8なので、日本の2013年の円表示のGDPを101.8で割れば、2013年の日本の**PPP換算のGDP** PPP-based GDP、GDP at purchasing power parityが求められる。これまでPPPは購買力平価の理論を指していたが、PPPはPPP理論が成立する場合の為替レートという意味でも用いられるので注意しよう。

2つの方法の違いは何であろうか。市場為替レート換算のGDPは為替市場で実際の取引に使われる通貨交換レートを使うので、いわば自然な換算方法だと言える。しかし、現実の世界では絶対的PPPは成立していないので、米国と各国の物価水準は異なり、特に、途上国の物価水準は米国と比べ低く、国によっては相当の格差がある。したがって、途上国の場合、現実の為替レートで換算したドル表示のGDPは、それら諸国の実際の生産水準(ないし所得水準)をかなり過小評価してしまう。それは、途上国の物価は安いので、市場為替レート換算のGDPが示すほど、それら諸国の実際の生産水準(数量ベースで見た生産水準)は低くないからである。米国との物価水準を等しくする為替レートであるPPPを使ってドル表示に換算すれば、このような問題はなくなる。

この点を具体例で見てみよう(図表6-4参照)。2013年の中国のGDPは58.7兆元であった。同年の為替レート(年平均)は＄1＝6.2元だったので、市場為替レート換算のGDPは9.5兆ドルである。一方、2013年の元のPPPは＄1＝3.6元だったので、PPP換算のGDPは16.1兆ドルである。PPP換

図表6-4　中国の経済規模
―市場為替レート換算のGDP vs. PPP換算のGDP―

(2013年の中国のGDP)

		(為替レート　＄1＝6.2元) (PPP　　　　＄1＝3.6元)
元表示のGDP	58.7 兆元	
市場為替レート換算のGDP	9.5 兆ドル	58.7 ÷ 6.2 ＝ 9.5
PPP換算のGDP	16.1 兆ドル	58.7 ÷ 3.6 ＝ 16.1

(注) 数値を四捨五入しているため、表中の割り算の結果は完全には合わない。

出所：IMF "World Economic Outlook Database (October 2014)"

算のGDPは、市場為替レート換算のGDPの約1.7倍となっている。

　ここでGDPは1国の生産総額であることを思い出そう（第2章①参照）。中国で生産されたモノのドル表示の生産額は「生産額（ドル額）＝ドル価格×生産数量」と表現できる。本章で学んだように、現実の為替レートで換算した中国のモノのドル価格は米国の同じモノのドル価格よりも低くなる。中国のモノのドル価格が低い分、市場為替レート換算のGDPでは、中国のドル表示の生産総額が低く評価されてしまう。PPP換算では、中国のモノのドル価格を米国と同じ水準に調整する結果、PPP換算のGDPは、市場為替レート換算のGDPよりも大きくなっているのである。

　以上の検討を踏まえると、各国のGDPの大きさを比較するためには、PPP換算のGDPで見たほうがよいということになる。世界銀行などが各国のPPPを毎年推計して発表しているが、PPPはあくまで推計値であり、またその推計は困難な作業で一定の限界がある。したがって、PPP換算のGDPの数値は幅を持って解釈する必要がある。それでも、市場為替レート換算のGDPでは、新興国・途上国の現実の生産水準（ないし所得水準）を大幅に過小評価してしまうという難点があるので、各国の経済規模や一人当たりGDPの国際比較には、PPP換算のGDPを使うことが望ましい。

（日本と中国の経済規模比較）

　日本経済は戦後の高度成長期（1950年代〜70年代前半）に、近年の中国のように非常に高い成長を持続し、1960年代末に当時の西ドイツを抜いて「世界第2位の経済大国」となり、その後長らくその地位にあった。中国は1980年代初めから年平均10％程度の高成長を持続しており、一方、日本は1990年代初め以降長期的な低成長となっている。2010年には、ついに中国のGDPが日本のGDPを上回り、日本は「世界第2位の経済大国」の地位を中国に譲ったことが、新聞やテレビで大きく報じられた（図表6-5(a)参照）。なお、世界第1位の経済大国は今日も米国である。

　2010年に中国のGDPが日本のGDPを追い抜いたという新聞・テレビの報道は、市場為替レート換算のGDPでの比較の話である。しかし、上で議論したように、市場為替レートを使うと中国の物価（ドル表示）は低くなるの

で、中国のGDP（ドル表示）は過小評価されてしまう。世界各国のGDPの大きさを比較するには、PPP換算のGDPで見る方がより適切な評価ができ

図表6-5　日本と中国の経済規模比較

(a) 市場為替レート換算のGDP

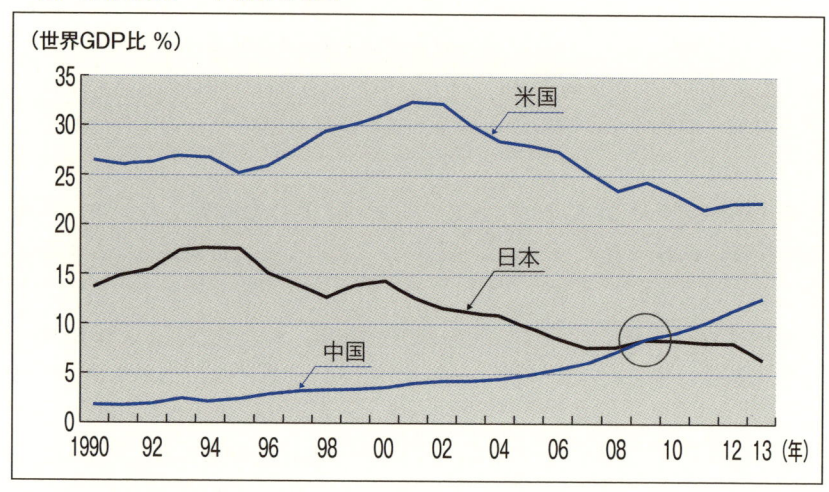

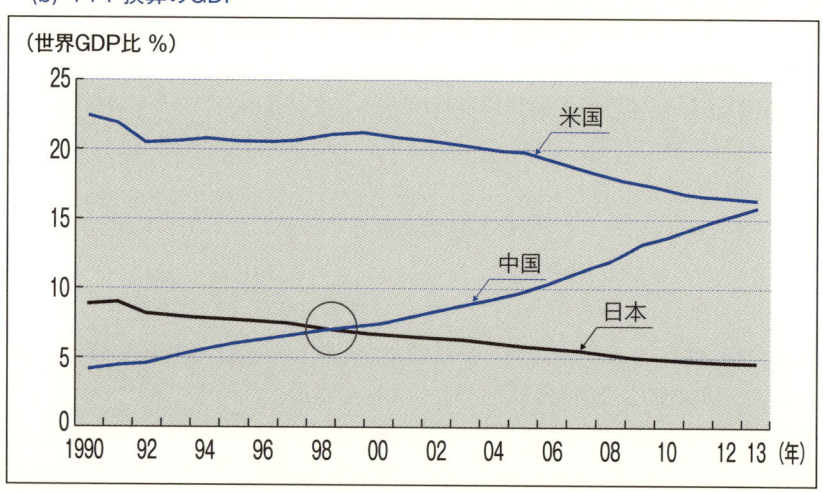

(b) PPP換算のGDP

出所：IMF "World Economic Outlook Database (October 2014)"

る。そこでPPP換算のGDPを見ると、2000年代初めに日本のGDPは中国のGDPに追い抜かれており、2010年には日本のGDPは中国のGDPの半分以下となっていた(図表6-5(b)参照)。中国の高成長は今後も続くと見込まれるので、この差はさらに拡大していくだろう。そして、PPPベースでは、近い将来に中国のGDPは米国のGDPを追い抜いて、中国が世界第1位の経済大国になるだろう。

以上で議論したように、理論的には、GDPの国際比較をする場合PPP換算のGDPを用いる方が適切だと考えられる。しかし、上記の2010年の日本と中国の経済規模逆転の報道に見られるように、マスコミ、政治家などの実務家はしばしば市場為替レート換算のGDPを使って経済規模の国際比較をしているので注意しよう[6]。

PPP換算のGDPを人口数で割ったものが、「PPP換算の1人当たりGDP」である。1人当たりGDP（PPP換算、以下同じ）は、各国国民の経済的豊かさ

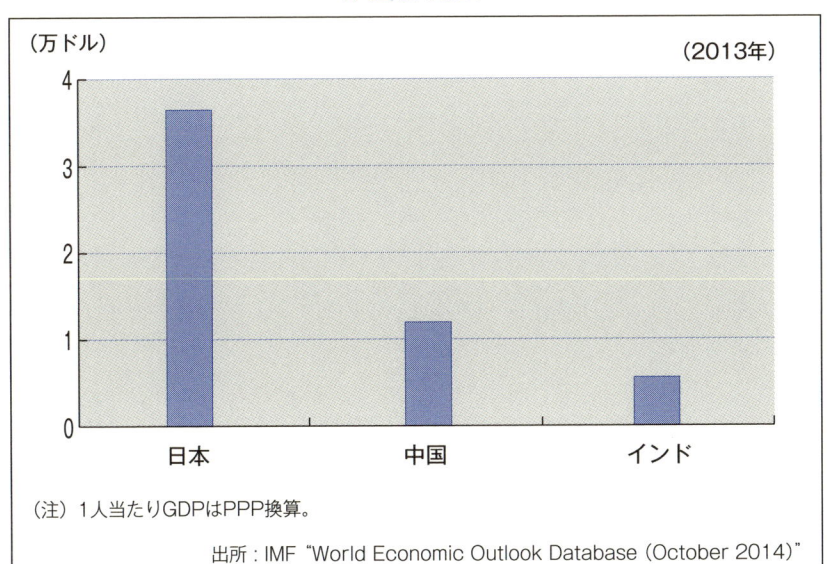

図表6-6　経済的豊かさの比較
―1人当たりGDP―

(注) 1人当たりGDPはPPP換算。
出所：IMF "World Economic Outlook Database (October 2014)"

を比較するのに用いられる。日本の1人当たりGDPは、依然、中国の1人当たりGDPを大幅に上回っている(**図表6-6**参照)。また、中国と同様に経済的躍進を続けているインドの1人当たりGDPも、まだ非常に低い。平均的な国民の豊かさという点では、中国やインドが日本を抜く日は、まだ先の話である。なお、中国の1人当たりGDPは日本よりもかなり低いのに、中国のGDPが日本のGDPを大幅に上回っているのは、中国は日本の10倍以上の人口を擁する国だからである。

[6] 市場為替レートつまり現実の名目為替レートは実際に観察できる(observable)な数値であるが、PPPは世界銀行、IMFなどの研究者が推計した推計値である。PPPの推計には共通の商品バスケットの構成や財・サービスの質の違いといった難しい問題があるので、PPPの数値はある程度幅を持って考える必要がある。したがって、たとえば、PPPベースでは中国のGDPは日本のGDPを2002年に追い抜いているが、PPPが推計値であることを考慮すると、2002年前後に日中の経済規模が逆転したと考えるのが適当である。

【補論】相対的PPPの関係式の導出

　通常、相対的PPPは「為替レートの変化率は、2国のインフレ率の差に等しい」という(式6-3)で表わされるが、この式は「2国の物価水準の格差は変化しない」という(式6-4)から近似的に導かれている。この点を説明しよう。

$$e = \pi - \pi^* \quad \text{(式6-3)}$$
$$P = \alpha E P^* \quad \text{(式6-4)}$$

　相対的PPPが成立している世界では、t期とt+1期について(式6-4)の関係が成り立っている。

$$P_t = \alpha E_t P^*_t \quad (1)$$
$$P_{t+1} = \alpha E_{t+1} P^*_{t+1} \quad (2)$$

　為替レートの変化率はe、自国のインフレ率はπ、外国のインフレ率はπ^*なので、(2)は次のように書きかえられる。

$$P_t(1+\pi) = \alpha E_t(1+e)P^*_t(1+\pi^*) \quad (2)'$$

(2)'を(1)で割ると、(3)が得られる

$$1+\pi = (1+e)(1+\pi^*) \quad (3)$$

　(3)は以下のように展開される。ここでeとπ^*が比較的小さい場合には、eπ^*は非常に小さな値となるので、これを無視すると(式6-3)が得られる。

第6章　為替レートと物価

$$1+\pi = 1+e+\pi^* + e\pi^*$$

$$e = \pi - \pi^* \qquad (式6-3)$$

　(式6-4)から(式6-3)を導出するもう一つの方法がある。それは(3)の両辺のlogをとって近似する方法である。この場合は、$\log(1+g)$のgが小さい値の場合、$\log(1+g) = g$で近似されるという関係を使う。

$$\log(1+\pi) = \log(1+e) + \log(1+\pi^*)$$

$$e = \pi - \pi^* \qquad (式6-3)$$

第7章　為替市場介入と外貨準備

　日本は他の先進国と異なり、これまで頻繁にかつ大規模に為替市場介入を実施しており、また日本が保有する外貨準備は他の主要国の外貨準備を大幅に上回っている。本章では、為替市場介入の仕組みと効果、そして為替市場介入の結果として変化する外貨準備について学ぶ。為替市場介入は金融政策の運営と密接にかかわっているので、為替市場介入について学ぶには、まず金融政策がどのように運営されているのかをしっかり理解しておく必要がある。

1　金融政策の運営

（金融政策運営の仕組み）

　金融政策 monetary policy は、物価の安定を基本的な目標として運営される。金融政策を運営する中央銀行は、しばしば「物価の番人」と呼ばれる。

　一般に、経済は波を打って変動する傾向があり、好況期には、経済全体の生産活動が活発となり、雇用が増加して失業が低下する一方、不況期には生産活動が低迷し、失業が高まる。こうした景気変動と物価との関係を見ると、好況期には物価上昇率つまりインフレ率が高まる傾向があり、逆に不況期にはインフレ率が低下する傾向がある。

　金融政策は、中央銀行がターゲットとして使う**政策金利** policy interest rate を上げ下げすることによって、生産や雇用などの経済動向に影響を与えて、物価を安定させる政策である。金融政策の変更が経済動向に影響するまでには1～2年程度のタイムラグ（遅れ）があるので、中央銀行は経済動向の先行きを予測して、金融政策を運営することになる。

　金融政策の基本目標である物価の安定は、具体的にはどのような指標で測り、また目標とするインフレ率は何％であろうか。中央銀行は、さまざまな

種類の物価指数の動向に注意を払うが、その中でも特に重要なものは消費者物価指数(CPI)である。それは、消費者物価指数は家計が日常的に購入するさまざまなモノの価格の平均的な動向を計測するものであり、国民の生活に最も密着しているからである。先進諸国の中央銀行が目標とするインフレ率は、国によって異なるがおおむね1～3％程度である。日本では、2013年の政府と日本銀行との共同声明によって、消費者物価指数上昇率2％が物価安定の目標とされている[*1]。

　利上げつまり政策金利を引き上げる政策が、**金融引き締め** monetary tighteningであり、**利下げ**つまり政策金利を引き下げる政策が、**金融緩和** monetary easingである。金融引き締め政策あるいは金融緩和政策がとられると、マネーサプライが変化する。**マネーサプライ**(ないし**マネーストック**) money supply、money stockとは、その国で流通している貨幣の総量のことであり、「マネーサプライ＝現金＋銀行預金」として定義される[*2]。マネーサプライと物価の間には密接な関係があり、長期的にはマネーサプライの動向が物価動向を決める最も重要な要因である。

　金融引き締めはマネーサプライの減少につながり、逆に、金融緩和政策はマネーサプライの増加につながる。金融引き締め政策は、世の中に出回る貨幣の量を減らすことによって、活発な生産活動にブレーキをかけ、物価の上昇を抑制する政策なのである。逆に、不況期には、生産活動が低迷して物価上昇の心配がなくなるので、中央銀行は金融緩和を行って、世の中に出回る貨幣の量を増やし、生産活動を活発化しようとする。したがって、金融緩和政策は景気刺激政策としての性格を持つ。

　なお、もう少し現実的に言えば、金融引き締めはマネーサプライを減少さ

[*1] 各国の中央銀行は、必ずしもインフレ率(消費者物価上昇率)をゼロにすることを目標にしていない。さまざまな統計技術的な難しさから統計誤差が生じ、消費者物価指数統計で計測されたインフレ率は、「真の」インフレ率よりも少し高めになる傾向があると考えられているからである。

[*2] マネーサプライの指標には、M1、M2、M3があるが、その違いはどの種類の銀行預金まで含むかにある。M1は現金のほか要求払い預金だけが含まれ、M2、M3は定期預金その他の銀行預金も含まれる。要求払い預金は預金者が払い戻し要求すればいつでも引き出せる預金のことで、日本では当座預金と普通預金が要求払い預金である。

せるというよりマネーサプライの増加率を下げ、金融緩和はマネーサプライの増加率を高める場合が多い。しかし、ここでは話を単純にしてわかりやすくするため、他の経済学の教科書と同様にマネーサプライの減少あるいは増加としている。

　日本銀行が政策金利としている金利は、オーバーナイト物のコール・レート（無担保翌日物コール金利）である。銀行同士で短期の資金の貸し借りを行う銀行間市場は、日本ではコール市場と呼ばれ、コール市場の金利がコール・レートである。オーバーナイト物のコール・レートは、借りた翌日に返済される非常に短期の貸し借りの金利であり、オーバーナイト物はコール市場での取引で最も代表的なものである。他の先進国の中央銀行も、日本銀行と同様、銀行間市場の短期金利を政策金利としている。

　コール・レートは銀行間における資金の需要と供給によって決まっており、政府や中央銀行の規制によってその水準が決まっているわけではない。コール市場で資金を借りたい銀行が増えれば（つまり資金の需要が増えれば）、コール・レートが上昇し、逆に資金を貸したい銀行が増えれば（つまり資金の供給が増えれば）、コール・レートは下がる。中央銀行による政策金利の操作は、中央銀行がある目標金利水準（たとえば1.50％）を設定し、その金利水準が銀行間市場で成立するように、資金の需給に影響を与えることによって行われる。したがって、日本銀行は、政策金利の目標水準を「誘導」目標と呼んでいる。

　コール市場での資金の貸し借りは、準備預金の振り替えで行われる。**準備預金** bank reserves は民間銀行が中央銀行に預託している無利子の預金で、日本の準備預金は**日本銀行当座預金（日銀当座預金）**と呼ばれる。例えば、A銀行がコール市場でB銀行から100億円借りた場合、中央銀行が準備預金の振り替え作業を行い、B銀行の準備預金が100億円減少し、A銀行の準備預金が100億円増加する。

　民間銀行は預金額の大きさに応じて、一定額以上の準備預金を保有することを義務づけられており、そのミニマムの準備預金の金額は所要準備と呼ばれる。所要準備は各銀行が預け入れている預金の規模によって決まっているので、大きな銀行ほど所要準備の金額は大きくなっている。銀行が所要準備

以上に準備預金を持っても構わないが金利はつかない。一方、銀行の準備預金が所要準備以下になると中央銀行に罰金として過怠金を支払わなければならない。

　民間銀行がコール市場で資金の貸し借りを行うのは、資金の過不足を調整するためである。コール市場では資金不足の銀行と資金余剰の銀行の間で活発に資金の貸し借りが行われている。ここで資金の過不足とは、保有する準備預金が所要準備よりも多いか少ないかという意味であり、資金不足の銀行は資金繰りに困った「危ない」銀行であるというような意味はまったくないことに注意しよう。資金不足の銀行は所要準備を満たすために、資金余剰の銀行から一時的に資金を借りて準備預金を増やすのである。一方、資金余剰の銀行は、所要準備を上回る準備預金を中央銀行に預けていても金利が稼げないので、他の銀行に貸して金利を稼ごうとする。コール市場での資金の貸し借りは非常に短期で、その多くは満期が1日のオーバーナイト物である。

　このようにコール市場での資金の貸し借りが行われると、準備預金の振り替えが行われる。しかし、それだけではなく、そもそも銀行同士の資金決済（資金の支払い）はすべて、準備預金の振り替えで行われる。例えば、A銀行がB銀行から国債を買って資金の支払いを行うときは、A銀行の準備預金が減額され、B銀行の準備預金が増額される。また、A銀行の顧客企業とB銀行の顧客企業の間で資金決済が行われた場合も、A銀行とB銀行の間で資金決済が必要となり、2つの銀行の間で準備預金の振り替えが行われる。このように銀行間で毎日活発に準備預金の振り替えが行われる結果、銀行は資金不足になったり資金余剰になったりする。

　中央銀行は、このようなコール市場での資金の需給に影響を与えて、金融政策を行っているのである。

（買いオペ・売りオペの効果）

　政策金利の目標水準を達成するために、中央銀行は**公開市場操作** open market operationを行う。公開市場操作とは、中央銀行が金融政策の一環として、国債市場で国債を売買することである。国債市場では自由で活発な取引が行われており、中央銀行は1取引者として国債の売買に参加する。中

央銀行が国債市場で国債を買う操作は**買いオペ** open market purchase、国債を売る操作は**売りオペ** open market saleと呼ばれる。中央銀行が利下げをして金融緩和を行うとき、買いオペが実施される。逆に、売りオペは金融引締めの時に行われる。

　中央銀行が金融緩和政策をとり、政策金利の誘導水準を（例えば1.50％から1.25％に）引き下げたとしよう。この利下げを実現するために、買いオペが行われる。買いオペが行われると、コール・レートが低下することになるが、そのプロセスを見てみよう。具体的な例として、中央銀行が市場で100億円の国債を買い、その売り手は銀行だったとしよう。

　なお、銀行は国債市場で常時活発な取引を行っているので、買いオペが行われたときに銀行が国債の売り手になるということは十分ありうることである。銀行以外の投資家（例えば保険会社）が国債の売り手であった場合も、以下で説明する中央銀行と銀行のバランスシートの変化は同じになるが、説明が少し複雑になるので、ここでは話を簡単にするために銀行が国債の売り手であったとする。

　中央銀行は国債の代金として、売り手銀行の準備預金に100億円振り込む。この銀行は当初、所要準備分だけの準備預金を持っていたとすると、国債を中央銀行に売却した結果、準備預金残高は所要準備以上となる。そこで、この銀行は余剰資金をコール市場で運用（つまり他の銀行への貸し出し）しようとするだろう。したがって、コール市場で資金の供給が需要より増えてコール・レートが低下する。コール・レートが新しい誘導水準（1.25％）に達するまで、中央銀行は買いオペを続ける。

　金融引き締めの場合は、中央銀行は政策金利を引き上げて、直ちに売りオペを実施する。売りオペを行うと、コール・レートが上昇する。

　ここで、買いオペが行われた場合の中央銀行と銀行のバランスシートの変化を確認しておこう（**図表7-1**参照）。中央銀行は国債100億円を購入したので、バランスシートの左側で、国債という資産が100億円増加している。また、中央銀行は国債購入の支払いとして、売り手銀行の準備預金を100億円増やしてあげたので、バランスシートの右側で準備預金が100億円増えている。中央銀行は支払いのための資金を用意する必要はなく、民間銀行

図表7-1　公開市場操作による準備預金の変化

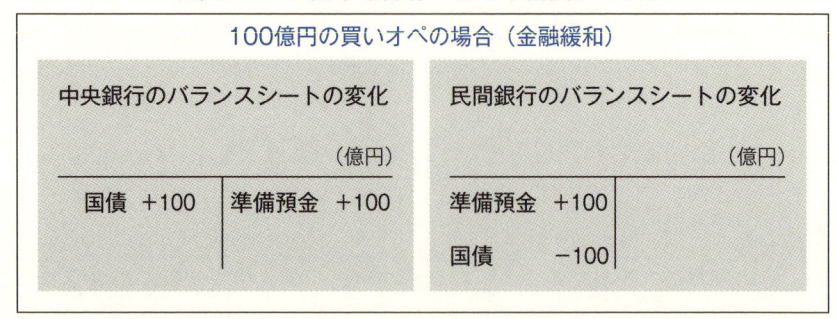

100億円の買いオペの場合（金融緩和）			
中央銀行のバランスシートの変化		民間銀行のバランスシートの変化	
（億円）		（億円）	
国債　+100	準備預金　+100	準備預金　+100	
		国債　　　-100	

の準備預金口座に支払い金額を「記入」するだけで支払いが済んでしまうということに注意しよう。

一方、民間銀行は国債を売ったので、バランスシートの左側で国債が100億円減少している。同時に、国債売却額は準備預金の形で受け取ったので、バランスシートの左側の準備預金が100億円増えている。ここで、準備預金は中央銀行にとっては債務、民間銀行にとっては資産であることに注意しよう。

なお、準備預金はマネタリーベースの重要な一部である。**マネタリーベース** monetary base とは、現金と準備預金の合計である（マネタリーベース＝現金＋準備預金）。マネタリーベースは、ハイパワードマネー、ベースマネーとも呼ばれる。

図表7-1が示しているように、金融緩和政策がとられると準備預金が増加、したがってマネタリーベースが増加する。逆に金融引締め政策がとられるとマネタリーベースが減少する。後述のように、マネタリーベースの増減はマネーサプライの増減につながるという関係があり、マネタリーベースはマネー（貨幣）の「もと」になるものなのでマネタリーベースという名前が付いている。

金融政策の効果は、政策金利の変化とマネタリーベースの変化にとどまらない。金融緩和は銀行の貸し出しの積極化を促して、マネーサプライの増加につながるのである。マネタリーベースの増加がマネーサプライの増加につながるプロセスを説明しよう。金融緩和が行われると、銀行部門全体として

所要準備額以上の準備預金を抱えることになる。前述のように、余剰資金を持った銀行はコール市場で資金を運用して金利を稼ぐが、しかし、銀行部門全体としては余剰の準備預金はなくならない。そのうち、銀行は企業への貸し出しを増やして利益を増加させようとする。コール市場で他の銀行に資金を貸すのに比べ、企業への貸し付けは審査などに時間がかかりまたリスクも高いが、高い金利を稼ぐことができるからである。

　銀行が企業に貸し付けを行うときは、借り手企業の預金を貸し付けの金額だけ増加する形で行われるので、貸し出し増加は銀行預金増加につながり、マネーサプライが増加する。ここでマネーサプライは「現金＋銀行預金」であることを思い出そう。金融緩和政策は、世の中に出回る貨幣の量を増やして、景気を刺激する政策だと言える。金融緩和政策は通常不況期にとられ、インフレが高まる心配がない場合である。

　逆に、金融引き締めは、銀行の貸し出しを抑制してマネーサプライの減少につながる。売りオペによって銀行が保有する準備預金が減少するので、銀行は所要準備を満たすことが難しくなり、貸し出しを抑制するようになるのである。ここで貸し出しの減少は預金の減少につながること、預金が減少すれば所要準備が減少すること、所要準備が減少すれば銀行は少ない準備預金の保有で所要準備を満たすことができるようになることに注意しよう。貸し出し抑制の結果、銀行預金が減少してマネーサプライが減少する。金融引き締め政策は貨幣の量を減少させて、景気を抑制し物価の上昇を防ぐ政策である。金融引締め政策は通常好況期において、インフレが高まっているか、あるいは将来インフレが高まる恐れがあるときにとられる。

　このように中央銀行による金融政策運営の結果、民間銀行の貸し出し積極化ないし貸し出し抑制を通じてマネーサプライが変化するプロセスは、**銀行による貨幣創造**（ないし**信用創造**）money creation by banks, multiple deposit creationと呼ばれる。銀行はマネーサプライの増減に深く関わっているのである。

（金融政策から物価へのルート）
　ここまで学んだ金融政策、マネタリーベース、マネーサプライ、物価の関

係について整理しておこう (図表7-2参照)。

中央銀行が運営する金融政策の基本的な目的は、物価の安定である。金融緩和では利下げが行われ、買いオペが行われる。利下げとは、政策金利（オーバーナイト物のコール・レート）の目標水準を下げることであり、買いオペによって準備預金を増加して、目標とする金利水準を達成する。準備預金はマネタリーベースの重要な一部なので、金融緩和政策がとられると、マネタリーベースが増加することになる。金融引き締めでは利上げが行われ、売りオペが行われる。金融引き締め政策がとられるとマネタリーベースが減少する。

マネタリーベースの増加（減少）はマネーサプライの増加（減少）につながり、マネーサプライの増加（減少）は生産活動を刺激（抑制）して、物価動向に影響を与える。長期的にはマネーサプライの動向が物価動向を決める最も重要な要因なので、金融政策を適切に運営することによって、長期的な物価の安定を実現することが可能である

しかし、現実の世界では、中央銀行がコントロールできないさまざまな要因が作用するので、図表7-2に示した関係は機械的なものではなく、中央銀行は金融政策によって自由自在に物価動向を誘導できるわけではない。特に、短期的には、金融政策によって物価安定を達成することが難しい場合もある。したがって、各国の中央銀行は、物価動向のみならず生産・雇用情

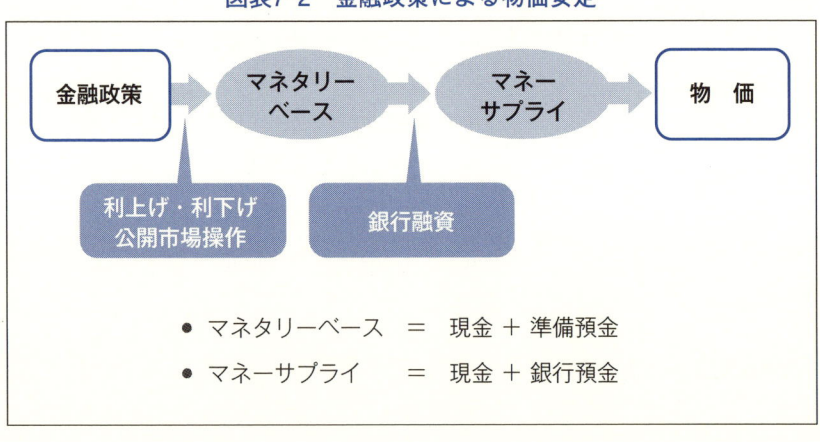

図表7-2　金融政策による物価安定

金融政策 → マネタリーベース → マネーサプライ → 物価

- 利上げ・利下げ　公開市場操作
- 銀行融資

- マネタリーベース　＝　現金　＋　準備預金
- マネーサプライ　　＝　現金　＋　銀行預金

勢、金融市場の状況などを常時注意深くモニターしながら、金融政策を運営している。

2 為替市場介入
―― 金融政策との関係と介入の効果 ――

(為替市場介入とは)

　為替市場介入とは、政府が為替レートの安定化を図る目的で、為替市場において外貨(主にドル)を売買することである。第4章「外国為替市場の基礎知識」で学んだように、固定レート制ないし管理変動レート制をとっている国で、政府が自国通貨の為替レートを固定したり安定化させたりするのに、為替市場介入が主要な手段として使われている。変動レート制をとっている先進国でも、為替レートの安定化を図る目的で、ときどき為替市場介入が行われている。

　日本政府が円ドル・レートに影響を与える目的で為替市場介入する場合を説明しよう。現在の日本は変動レート制をとっているので、円ドルの為替レートは基本的に民間部門のドルの需要と供給によって決まっている。つまり、為替市場で民間取引者(主に銀行)のドルの需要が高まればドル高・円安になり、ドルの供給が高まればドル安・円高となる。しかし、日本政府が市場で成立する為替レートが円高すぎる、あるいは円安すぎると考えて、為替レートに影響を及ぼす目的で、為替市場でドルを売り買いする為替市場介入を行う場合がある。

　円高を阻止したい時には、為替市場でドルを買うドル買い介入を行う。市場で円高・ドル安が進んでいるということは、ドル売り(＝円買い)がドル買い(＝円売り)よりも多いということなので、政府が市場の1参加者としてドル買い・円売りを行ってドルを買い支えれば、円高・ドル安を止められる、あるいは円高の進行にある程度ブレーキがかかると期待される。このような考え方の下で、円高に対処するためにドル買い介入が行われる。逆に、円安を阻止したいと考える場合には、ドル売り介入が行われる。

　なお、ドル買い介入はドルを買って円を売ることなので、円売り介入と表

現することもできる。一方、ドル売り介入はドルを売って円を買うことなので、円買い介入でもある。つまり、ドル買い介入＝円売り介入、ドル売り介入＝円買い介入であることに注意しよう。

　為替市場介入が行われると、その国の外貨準備が増減する。日本政府がドル買い介入を行うと、日本政府保有のドル資産が増え、それは日本の外貨準備に一部となる。つまり、日本政府がドル買い介入をすると、日本の外貨準備が増加する。逆にドル売り介入を行えば、外貨準備を取り崩してドルを売るので、外貨準備が減少する。これまで日本は他の先進国と比べると頻繁にかつ大規模に為替市場介入を行ってきたが、日本の介入はほとんどがドル買い介入だったので、日本の外貨準備は他の先進国と比べると非常に大きくなっている[*3]。

　前述したように、為替市場介入は為替レートに影響を及ぼす目的で行われるが、資本取引が自由化されている先進国の通貨の場合、為替市場介入が実際にどの程度の効果を持つかについては議論がある。その点については、後で詳しく検討する。

（不胎化介入 vs. 非不胎化介入）

　為替市場介入には、金融政策に影響を及ぼすやり方と、及ぼさないやり方がある。金融政策に影響を及ぼす為替市場介入は、**非不胎化介入**non-sterilized interventionと呼ばれる。非不胎化介入が行われると、マネタリーベース（したがってマネーサプライ）が変化する。金融政策は（公開市場操作を通じて）マネタリーベースを変化させることによって運営されるので、非不胎化介入は金融政策のスタンスに影響する介入方式である。

　金融政策に影響を及ぼさない為替市場介入は、**不胎化介入**sterilized interventionと呼ばれる。不胎化介入では、マネタリーベースは変化せず、したがってマネーサプライも変化しない。為替市場介入が不胎化で行われるか、非不胎化で行われるかによって、為替レートへの影響が異なってくる。

　英語の"sterilize"は、「不妊手術をする、断種する、殺菌する」という意

[*3] ドル以外の外貨を使った介入、およびドル売り介入も行われたことがある。しかし、それらは例外的で、これまでの日本の介入の大部分はドル買い介入であった。

味である。ここでは、マネーという子供が生まれるのか、生まれないようにするかの違いによって、為替市場介入を非不胎化介入と不胎化介入に分けている。

為替市場介入が行われるとき、為替市場で外貨を売買するのは中央銀行である。以下では、中央銀行が市場で外貨の売買を行い、かつ中央銀行自らが介入に必要な外貨準備を保有する場合について、非不胎化介入と不胎化介入の違いを説明しよう。ここでは具体的なイメージがわくように、日本の中央銀行がドル買い・ドル売り介入を行う場合を検討する(**図表7-3**参照)。

なお、国によって外貨準備の保有は中央銀行であったり政府であったりするが、教科書などで非不胎化介入と不胎化介入の違いを説明するときは、中央銀行が外貨準備を保有するケースを使うのが通例であるので、ここではそれに従っている。日本の現実の為替市場介入の仕組みについては、本章③で詳しく議論する。

中央銀行がドル買い介入を行うと、ドルを売った民間銀行に対して支払いを行うが、その支払いはその銀行の準備預金を増やす形で行われる。本章①で説明した買いオペで中央銀行が民間銀行から国債を購入する場合と同様、中央銀行が民間銀行からドルを買った場合も、準備預金を増加するといういわば帳簿上の操作だけで支払いが完了するのである。ドル買い介入で準備預金が増加するので、マネタリーベースが増加する。マネタリーベースの増加は、金融緩和政策がとられたのと同じ効果を持つ。ドル売り介入が行われると、逆にマネタリーベースが減少するので、金融引締めとなる。このように為替市場介入が行われる結果、自動的に金融政策が変化する介入の仕方は、非不胎化介入と呼ばれる。

不胎化介入は、中央銀行が外貨の売買とともに国債の売買と同時に行うことによって、金融政策の変更が起こらないようにする介入である。ドル買い介入の場合、中央銀行は同時に(国内通貨で見て)同額の国債の売りオペを実施するのである。中央銀行のドル買いによって民間銀行(部門全体)の準備預金が増加するが、同時に国債の売りオペによって、民間銀行の準備預金は同額だけ減少し、結局準備預金の変化はゼロとなる。逆にドル売り介入の場合には、国債の買いオペが行われるので、やはり準備預金は変化しない。この

図表7-3　非不胎化介入と不胎化介入

- 為替市場介入は、中央銀行と民間銀行のバランスシート（貸借対照表）を変化させる。
- この図表では、為替レートを＄1＝￥100とし、中央銀行が100億ドル（＝1兆円）のドル買い・円売り介入を行った場合のバランスシートの変化を示している。
- ドル売り・円買い介入の場合は、各項目のプラス・マイナスが逆になる。
- 民間銀行のバランスシートは、各民間銀行を統合した民間銀行全体のバランスシートである。

(1) 非不胎化介入

中央銀行	
ドル資産　＋1兆円	準備預金　＋1兆円

民間銀行	
準備預金　＋1兆円	
ドル資産　－1兆円	

☆ 外貨買いの非不胎化介入が行われると、マネタリーベース（＝現金＋準備預金）が増加する。
☆ マネタリーベースの増加は、銀行の貸出積極化を通じて、マネーサプライ（＝現金＋銀行預金）の増加につながる。

(2) 不胎化介入

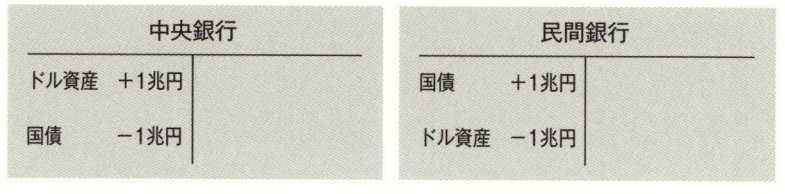

中央銀行	
ドル資産　＋1兆円	
国債　　　－1兆円	

民間銀行	
国債　　　＋1兆円	
ドル資産　－1兆円	

☆ 外貨買い介入の不胎化は、中央銀行がドル資産を民間銀行から買うと同時に、中央銀行保有の国債を同額分だけ民間銀行に売る操作によって行われる。
☆ 不胎化介入の場合は、マネタリーベース（したがってマネーサプライ）は変化しない。
☆ 不胎化介入の結果、民間銀行のバランスシートの資産サイドでは、外貨資産（ドル資産）と国内資産（国債）がスウィッチする。

ように、不胎化介入の場合は、準備預金が変化しないので、マネタリーベースは不変に保たれ、したがってマネーサプライも変化しない。

　ここで、不胎化介入が行われた場合の民間銀行のバランスシートの変化に注目しよう。ドル買いの不胎化介入が行われると、民間銀行のバランスシートの資産サイドでは、外貨資産が減少し、国内資産である国債が同額増加する。ドル売りの不胎化介入の場合は、逆が起こる。つまり、不胎化介入とは、民間銀行の外貨資産と国内資産をスイッチさせる操作であると言える。

　一方、非不胎化介入の場合は、民間銀行保有の外貨資産と準備預金が同額だけ反対方向に変化する。非不胎化の外貨買い介入が行われると、外貨資産の減少額と準備預金の増加額が等しい。非不胎化の外貨売り介入が行われると、外貨資産の増加額と準備預金の減少額が等しい。

(為替市場介入の効果)

　為替レートは為替市場における外貨の需要と供給によって決まるので、政府が為替市場介入によって外貨の需要ないし供給に変化を与えれば、為替レートに一定の影響を与えうる。しかし、今や先進国の為替市場では、銀行を中心に民間部門による取引が毎日大規模に行われている。そうした民間部門の外貨の需要と供給を決める金利その他の諸要因に変化がなければ、為替介入が為替レートに影響を与えたとしても、その影響は一時的なものにとどまるだろう。換言すれば、民間部門による自由な取引で成立している為替レートの水準からかい離した為替レートになれば、民間部門は「望ましい」と考える為替レート水準を直ちに回復するだろうと考えられる。

　このような観点から、為替市場介入の為替レートへの影響の有無を考えることが重要である。その場合、為替市場介入が非不胎化介入なのか不胎化介入なのかに分けて検討する必要がある。

　まず、非不胎化介入は為替レートに影響を与えるということについては、経済学者の間でコンセンサスがある。非不胎化の外貨買い介入は、上述のように金融緩和効果を持つので、金利低下、将来のインフレ率上昇予想から、自国通貨安・外貨高につながる。自国の金利低下と将来のインフレ期待が自国通貨安要因となることは、第5章「為替レートはなぜ変動するか」と第6

章「為替レートと物価」ですでに学んだ。非不胎化の外貨売り介入は、逆に自国通貨高・外貨安につながる。

このように非不胎化介入が為替レートに影響するのは、非不胎化介入が金融政策を変更させるからなので、結局、非不胎化介入の効果は金融政策の効果であるとも言える。通常の金融政策との違いは、通常の金融政策では中央銀行が市場で国債を売り買いするのに対し、非不胎化介入では中央銀行が市場で外貨資産を売り買いするという点にある。しかし、ともにマネタリーベースが変化するという点では違いはない。マネタリーベースの変化は金融政策の変化を意味する。

先ほど「民間部門の外貨の需要と供給を決める金利その他の諸要因に変化がなければ、為替介入が為替レートに影響を与えたとしても、その影響は一時的なものにとどまるだろう」と述べたが、非不胎化介入は自動的に金融政策の変更を伴うので、民間部門の外貨の需要と供給を決める金利その他の諸要因を変化させる。したがって、非不胎化介入は為替レートに一時的ではない効果を持つのである。

各国の金融政策は、物価安定を主目的として、インフレ率や失業などの国内経済動向の変化に対応して運営されている。国内経済動向の観点からは金融政策を変更する必要がない時に、為替市場介入に伴って金融政策が変更してしまう事態は望ましくない。したがって、為替市場介入は基本的に不胎化されると考えられる。現在の日本では、本章3で学ぶように、為替市場介入は基本的に不胎化介入となる制度的な仕組みとなっている。

問題は、金融政策変更を伴わない不胎化介入が、為替レートに影響を与えるかどうかである。理論的には、不胎化介入であっても為替レートの決定に一定の影響を及ぼす可能性があることが指摘されている（補論「不胎化介入の効果の理論分析」参照）。

理論的に考えうる効果が、現実の世界でどの程度大きなものかは、現実のデータを使った実証分析によって検証する必要がある。1970年代～80年代には、日本以外の先進国もしばしば為替市場介入を行っていた。この時期の為替市場介入の効果については、大変多くの実証分析がなされている。こうした実証分析の蓄積を踏まえて、米国経済学者のポール・クルーグマンと

図表7-4　日本の為替市場介入の実績

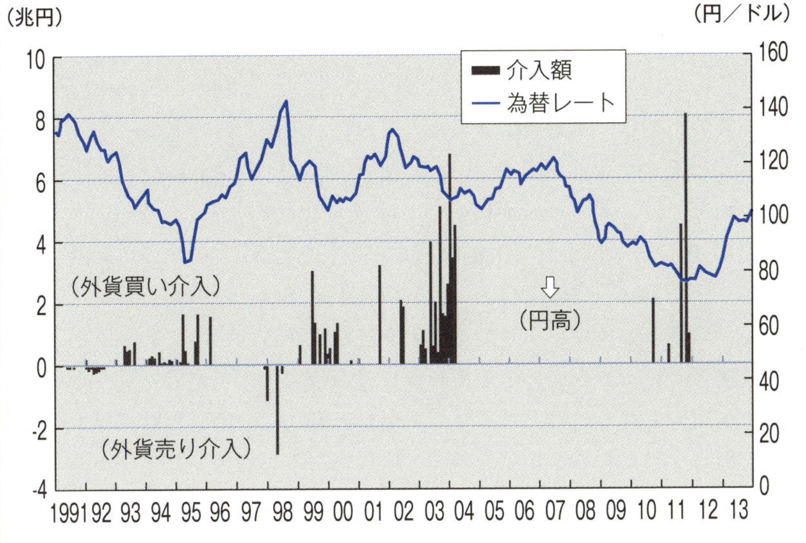

（グラフ：介入額（兆円）と為替レート（円／ドル）、1991年～2013年。外貨買い介入、外貨売り介入、円高の注記あり）

出所：財務省「外国為替平衡操作の実施状況」、為替レートは日本銀行

モーリス・オブズフェルトは、「為替市場介入が金融政策の変更を伴うことなく、為替レートに主要な影響を及ぼすということを示す実証的な証拠はない」と結論づけている[4]。要するに、不胎化介入は為替レートにほとんど影響を与えないということである。

日本では比較的最近まで、介入に関するデータは非公表で介入の実態はベールに包まれていたが、日本政府は2001年以降、介入が行われた日・介入通貨・金額を4半期ごとに公表するようになり、また過去の介入について

---

[4] Krugman, Paul R., and Maurice Obstfeld (2008), "International Economics: Theory and Policy", Eighth edition, Addison Wesley, 2008. 日本の90年代の介入に関する分析は、伊藤隆敏（2002）「日本の通貨当局による為替介入の分析」『Discussion Paper Series A』一橋大学経済研究所 No.429, 2002.3、および井澤秀記・橋本優子（2004）「わが国の為替介入に関する実証研究—1991年5月から2000年4月まで—」『国民経済雑誌』190巻4号, 2004.10. 介入の効果に関する理論的・実証的な分析の詳しい検討は、谷内満「グローバル不均衡とアジア経済」（晃洋書房、2008年）第5章を参照されたい。

も1991年以降のデータを公表した(**図表7-4**参照)。これによって、為替市場介入が為替レートに与える影響を厳密に実証分析することが可能となり、日本で1990年代に行われた介入の効果について2つの分析が行われている[*5]。2つの分析の主要な結論は以下のとおりである。①1990年代全体のデータを使った分析では、為替市場介入は介入が行われた日の為替レートに影響を与えるが、その効果は非常に小さい。②1990年代を前半と後半に分けて分析した結果では、90年代前半においては介入の効果は見られない。

1993年から95年にかけて大幅な円高が進行したが(1993年3月＄1＝115円が95年5月には＄1＝80円に)、上記②の分析結果は、この間行われた政府の懸命なドル買い介入が、まったく効果を持たなかったものであったということを意味している。介入によって為替レートの変動に一定のブレーキをかけることが期待される時は、為替レートが一方方向に大幅に振れて日本経済に大きな影響を与えることが懸念される場合である。為替レートが小幅に変動する時に介入の効果が一定程度あったとしても、1993～95年の時のように大幅な円高が進行した場合に介入がまったく効果を持たなければ、介入する意味はないと言える。

以上は1990年代に行われた為替介入の効果に関する実証分析であるが、2000年代に入ってからも日本政府はドル買いの為替介入を行っており、介入規模も1990年代よりもさらに大規模なものとなっている(2003～04年に総額約35兆円、2010～11年に総額16兆円)。こうした最近の為替介入の効果については、これまでのところ厳密な実証分析が行われていない。しかし、介入の実績とその時期の為替レートの推移を比較して観察するという簡単な分析でも、為替介入の効果の有無を検討することができる。

図表7-5は、もっとも最近の為替介入(2010～11年)について、介入が行われた日と介入金額を示しており、またその時期に円ドル・レート(日次データ)がどのように推移したか見ている。この介入が行われた時期から2012年後半に至るまでの円高は「歴史的円高」と呼ばれ、日本経済への悪影響が懸

[*5] (1)伊藤隆敏「日本の通貨当局による為替介入の分析」『Discussion Paper Series A』一橋大学経済研究所, No.429, 2002年3月　(2)井澤秀記・橋本優子「わが国の為替介入に関する実証研究」『国民経済雑誌』190巻4号, 2004年10月

図表7-5　為替介入の為替レートへの影響
—2010〜11年のドル買い介入と円高—

（円／ドル）

- 10年9月15日　2.1兆円
- 11年10月31日〜11月4日　7.5兆円
- 11年3月18日　0.7兆円
- 11年8月4日　4.5兆円
- （円高）

出所：財務省「外国為替平衡操作の実施状況」、為替レートは日本銀行

念されていた。そこで日本政府は円高を阻止しようとしてドル買い介入を実施したのである。為替介入と為替レートの関係をみると、介入は1日ないし数日の短期的な効果は幾分あったかもしれないが、当時の円高の流れを変えた形跡はまったく見られない。仙石由人官房長官（当時）はこの時期の最初の介入が行われた時（2010年9月）に、記者会見で「82円が防衛ライン」であることを示唆したが、数次の介入にもかかわらず結局＄1＝¥76.1（2012年2月）まで円高は進んだ。この時期の円高が終わり持続的な円安傾向に転換したのは2012年10月であったが、この円安への転換は介入とは無関係であった。（第4章コラム「2010〜12年の『歴史的円高』の虚実」参照。）

　以上要するに、金融政策の変更を伴う非不胎化の為替市場介入は、為替レートに影響を及ぼす。しかし、日本などの先進国では、為替市場介入は基本的に不胎化で行われている。これまでの実証分析などによれば、先進国の為替市場介入が為替レートに与える影響は非常に限定的なものであった。

　なお、日本などの先進国の場合、為替市場介入の為替レートに対する影響

は非常に限定的であるが、中国の場合は、政府の積極的なドル買い介入によって元高を防いでおり、中国の為替市場介入は為替レートの決定に大きな影響を持っている。この違いは、どこから来るのだろうか。それは、中国では資本取引が厳しく規制されているのに対し、先進国では資本取引は完全に自由化されており、為替市場での取引は金利裁定取引を含め活発にかつ大規模に行われているからである。為替市場介入の効果と資本取引規制の関係は、第8章「国際金融と経済政策運営」で「開放経済のトリレンマ」と呼ばれる関係について学ぶとよく理解できるようになる。

コラム

1985年のプラザ合意とその後の円高

1985年9月、G5(現在のG7の前身)のメンバーであった主要先進国5か国(米国、日本、西ドイツ、フランス、英国)の財務大臣・中央銀行総裁は、米国ニューヨークのプラザ・ホテルに集まり、G5各国経済と世界経済の諸問題について協議し、その結果を共同声明(プラザ合意)として発表した。この共同声明には、当時の米国の経常収支赤字の大幅化とドル高は世界経済の不安定要因になっており、これを是正するが重要であるという内容が含まれていた。そして共同声明発表直後に、G5の5か国は一斉にドル売り介入を実施した。それまでのドル高は、プラザ合意とそれに基づく共同為替市場介入を契機に、大幅なドル安に転じたのである。この時のエピソードは、為替市場介入が為替レートに劇的ともいえる大きな影響を与えた事例としてよく知られている。

1980年代前半の米国経済はどのような状況にあったのだろうか。1981年に就任したレーガン大統領は、国内政策面では「小さな政府」を目指して、民間主導の経済を実現する大胆な規制緩和、大幅な所得税減税を行う一方で、対外政策面では冷戦の相手国であった旧ソ連に対抗するため軍事費を大幅に拡大した。その結果、米国の財政赤字は1980年代前半に大幅化し、また財政赤字拡大は経常収支赤字拡大にもつながった。当時の米国は財政赤字と経常収支赤字という「双子の赤字」を抱えることになったが、経済成長は非常に高まり、強いアメリカ経済が実現していた(双子の赤字については第2章の図表2-2参照)。

一方、当時の米国の金融政策は1980年代初めに見舞われた高インフレ(1980

年のインフレ率は13.5%)を抑え込むために引き締め気味に運営されていた。拡張的な財政政策(財政赤字拡大)と緊縮的な金融政策の組合せはドル高をもたらすことになり、実際、ドルは1980年代前半に他の主要通貨に対して大幅に増価した。そして、ドル高は経常収支赤字をさらに拡大することとなった。

米国経済の好調が続く中で、1980年代半ばになると、米国の経常収支赤字の大幅化とドル高は世界経済の不安定要因となることが懸念されるようになった。米国の経常収支赤字は活発な外国からの資本流入でファイナンスされていたわけだが、もし何らかの事情で外国資本が急に逆流することになれば、米国経済ひいては世界経済に悪影響を与えると考えられたのである。

そこで、プラザ合意に基づいてドル安誘導の共同為替市場介入が行われたのである。この時の為替市場介入が為替レートに大きな影響を持ったのは、世界の主要通貨を持つ先進5か国が共同して大規模な介入を行ったことに加え、介入は各国の経済政策変更を伴うと市場が期待したからだと考えられる。特に米国の政府支出削減による財政赤字縮小と金融緩和への転換は、米国の経常収支赤字縮小とドル高修正をもたらす効果を持つ。

日本政府もG5のメンバーとしてドル安を起こすためのドル売り介入を行った。しかしいったん始まったドル安・円高は、日本政府の思惑を超えてさらに突き進んだ。こうした状況に対して、日本政府は今度はドル買い介入を懸命に行ったが、急速な円高の進行を止めることはまったくできなかったのである。

当時、大蔵省財務官として為替市場介入政策を指揮する立場にあった行天豊雄(国際通貨研究所理事長)は、2007年の経済雑誌インタビューで、次のように当時を回想している[*6]。中曽根総理から企業の3月決算(1986年3月)を乗り切るために170円台を死守してほしいと直接指示された。しかし、プラザ合意後の急激な円高は市場の力を嫌というほど思い知らされ、「市場をコントロールしようとしてもできっこない」と述べている。なお、プラザ合意前の1985年8月に$1=237円だった為替レートは、1987年12月には$1=122円となっており、この間の対ドルでの円高は大変大幅なもの(約94%の円高)であった。

プラザ合意以降の円高はあまりに急速であっただけに日本の輸出が急減して、日本経済は不況に陥った。この時の不況は「円高不況」と騒がれたが、実際は成長率の低下は穏やかなもので不況の期間も短かった。その後も1980年

[*6] 『週刊東洋経済』2007年7月21日号。行天豊雄「プラザ合意後の円高に苦闘——市場のコントロールは無理」。

代後半 1 ドル120〜130円台で推移しプラザ合意前と比べると相当の円高が続いたが、日本経済は1986年末以降91年初めに至るまで、年平均5％超の高い経済成長を遂げることとなった。この好景気は地価と株価の高騰を伴ったので、のちに「バブル景気」と呼ばれるようになった。

3 日本の外貨準備の政策分析

（日本の為替市場介入と外貨準備の仕組み）

　外貨準備とは、通貨当局が為替レートに影響を与えることを目的に為替市場介入するために保有する外貨資産等である。通貨当局とは為替レートにかかわる政策を担当する部局で、日本の通貨当局は財務省と日本銀行である。日本の外貨準備は、基本的に、財務省が管理・運営する「外国為替資金特別会計」（以下、外為特会）に計上されている（日本銀行にも一部だが計上）。外貨準備には金やIMF出資金なども含まれるが、大部分は外貨資産（証券・預金）であり、その外貨資産の太宗は米国国債を中心としたドル資産である。

　通貨当局が、円高阻止ないし円安誘導を目的にドル買い・円売り介入を行えば、外貨準備が増加し、逆にドル売り・円買い介入を行えば外貨準備が減少する。為替市場介入に関する決定は財務省が行い、日本銀行はその代理人として実務を担当している。本章2では、中央銀行が外貨準備を保有するとして説明したが、日本の制度では、財務省が大部分の外貨準備を保有し、為替市場介入するか否か（そして介入の金額）の政策決定も財務省が行っている。

　ドル買い介入に必要な円資金は、政府が国庫短期証券を発行して調達され、ドル売り介入が行われれば、国庫短期証券は償還される。国庫短期証券は1年以内の満期で発行されるいわば短期の国債であるが、これまでドル買い介入の方が圧倒的に多いため、国庫短期証券は繰り返し借り換えられて、事実上長期債務化し累増している。2013年3月末における外為特会の国庫短期証券残高は117兆円にのぼる。

　なお、国庫短期証券は政府の短期的な資金繰りなどのために発行される政府債務だが、為替介入に必要な資金を調達するためにも発行される。国庫短

期証券は、かつては日本銀行が市場金利を下回る低金利でその大部分を購入していたが、1999年以降、原則として市場での公募入札で売却されて、民間の金融機関などが保有している。

為替介入に伴って発行された国庫短期証券の残高は、外為特会の負債側に計上され、国庫短期証券発行で調達された円資金を使って購入された外貨資産(外貨準備)の残高は、外為特会の資産側に計上される。つまり、外貨準備とは、政府が民間から借金をして外貨投資をした結果蓄積された政府保有の資産なのである(図表7-6参照)。

外貨準備として保有する外貨資産には当然為替リスクがあるが、政府はフォワード取引や外貨先物(フューチャーズ)取引などでリスク・ヘッジしていない。したがって、為替レートの変動に伴い、評価損益や売却損益が発生する。なお、評価損益は外貨資産を保有し続ける場合の資産評価額変化に伴う損益(未実現のキャピタル・ロスないしキャピタル・ゲイン)であり、売却損益は外貨資産を実際に売却した場合の損益(実現されたキャピタル・ロスないしキャピタル・ゲイン)である。

図表7-6 外貨準備増加のメカニズム

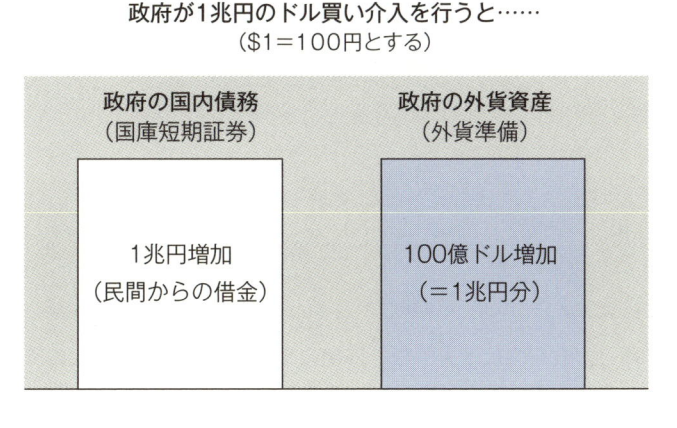

政府が1兆円のドル買い介入を行うと……
($1=100円とする)

政府の国内債務 (国庫短期証券)	政府の外貨資産 (外貨準備)
1兆円増加 (民間からの借金)	100億ドル増加 (=1兆円分)

- 政府がドル買い介入をすればするほど、外貨準備は積み上がり、同時に国の借金も増大する。

外貨準備保有は政府による円キャリートレードであるとも言える。円のキャリートレードcarry tradeとは、内外の金利差に着目して、低金利の日本で融資を受けその資金を外貨に転換して、高金利の国でヘッジなしで運用する取引であり、外国のヘッジファンドなどが行う高リスクの投資手法である。民間投資家の円キャリートレードは、金利差狙いの投資であるが、外貨準備保有は金利差で儲けることが目的でない。しかし、円で借金をしてヘッジなしで外貨資産を購入するという点で共通している。

現在の日本の制度的枠組みのもとでは、為替市場介入は常に不胎化介入となるということを理解しよう（図表7-7参照）。

図表7-7　日本の介入の仕組みは不胎化介入

日本政府（財務省）が1兆円のドル買い介入を決定した場合

外国為替資金等特別会計		民間銀行	
ドル資産　＋1兆円	国庫短期証券　＋1兆円	国庫短期証券　＋1兆円	
		ドル資産　－1兆円	

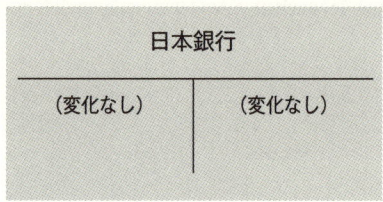

日本銀行	
（変化なし）	（変化なし）

- 政府が国庫短期証券を発行して、ドル買いのための円資金調達。
- その円資金を使って、日本銀行が為替市場でドル買い介入を実施。
- 日本銀行は政府の代理人として外貨の売買をしているだけなので、日本銀行のバランスシートは変化しない。
- 結局、為替市場介入が行われても準備預金は変化せず、金融政策には影響ない。

3 日本の外貨準備の政策分析

　1兆円の外貨買い介入が行われる場合、財務省が1兆円の国庫短期証券を発行して円資金を調達し、その資金を使って外貨資産を購入する。外為特会のバランスシートでは、資産側でドル資産が(円評価で)1兆円増え、負債側で国庫短期証券が1兆円増える。一方、民間銀行は1兆円の国庫短期証券を購入するために準備預金が1兆円減るが、同時に、外貨資産を政府に売るので準備預金が1兆円増える。結局、準備預金は変化しない。民間銀行のバランスシートの変化を見ると、資産側で国庫短期証券が1兆円増え、ドル資産が1兆円減っている。要するに、外貨買い介入によって準備預金は変化せず、したがってマネタリーベースは不変となるので、この介入は不胎化介入となる。

　外貨売り介入が行われる場合も、不胎化介入となる。外貨売り介入では、政府は外貨を売って得た円資金で、国庫短期証券を償還する。1兆円の外貨売り介入が行われた場合の、民間銀行の準備預金の変化を検討しよう。民間銀行が政府から外貨資産を買うので、準備預金が1兆円減るが、国庫短期証券が償還されるので準備預金が1兆円増加する。結局、外貨売り介入が行われても、外貨買い介入の場合と同様に、準備預金は変化せず、したがってマネタリーベースは不変となる。

　このように、日本の制度的な仕組みのもとでは、為替市場介入は常に不胎化介入となるので、日本政府は為替市場介入によって金融政策のスタンスに影響を与え、それを通じて為替レートに影響を与えるということはできない。これまでの実証分析では、不胎化介入の為替レートへの影響は限定的だという結果になっていることを思い出そう。

(外貨準備累増に伴うリスク)

　外貨準備が大きくなれば、より大きな為替リスクにさらされる。円キャリートレードを大規模に行えば、大損をこうむるリスクが高まるのと同じである。現在日本が保有する外貨準備は他の先進国と比べると、絶対水準(金額)が大きいだけではなく、その国の経済規模(GDP)や為替市場の規模(1日の為替取引額)と比べた比率で見ても、ケタ違いに大きい(図表7-8参照)。このことは、これまでに日本が、他の先進国と比べ頻繁にかつ大規模に外貨買

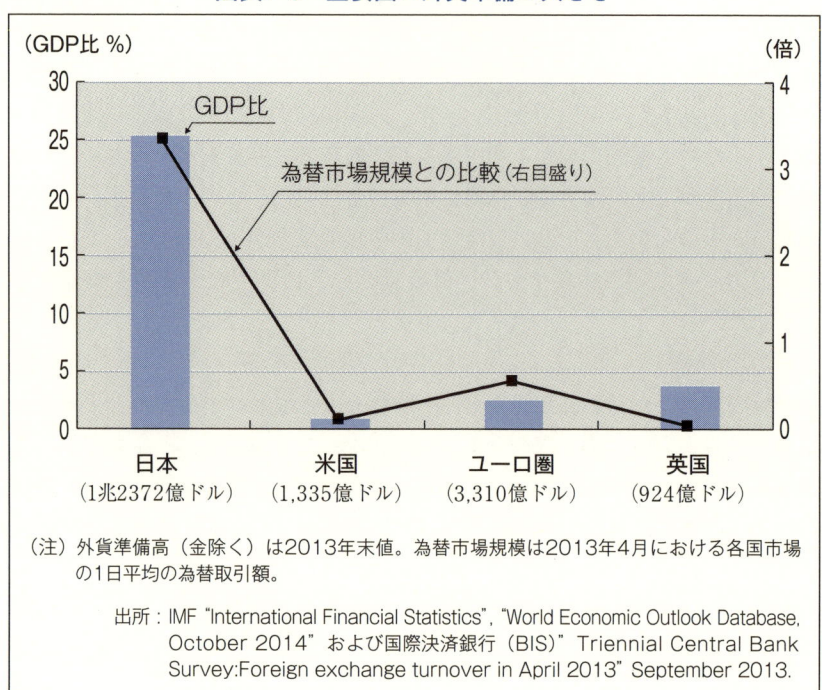

図表7-8 主要国の外貨準備の大きさ

（注）外貨準備高（金除く）は2013年末値。為替市場規模は2013年4月における各国市場の1日平均の為替取引額。

出所：IMF "International Financial Statistics"、"World Economic Outlook Database, October 2014" および国際決済銀行（BIS）"Triennial Central Bank Survey:Foreign exchange turnover in April 2013" September 2013.

い介入を行ってきたことを反映している。

なお、他の先進国と比べると、日本では自国通貨の為替レートの動向に大きな関心が寄せられる傾向がある[*7]。特に、（それまでと比べ）大幅な円高になると、経済界、マスコミ、政治家などが大変なことだと懸念する。「円高恐怖症」とも言える円高に対する懸念を背景に、日本では頻繁に外貨買い介入が行われてきたのである。

外貨準備保有は、政府にとってバランスシートの両建て取引なので、①国庫短期証券の金利負担と米国国債等の金利収入の差などから運用損益が生ま

[*7] 国際通貨研究所の行天豊雄理事長によると、「先進国の中で日本ほど自国通貨の為替レートに一喜一憂する国はない。率直に言って異常である。」（日本経済新聞2014年10月29日朝刊『経済教室』欄）

れ、また②為替レート変動に伴って外貨資産の評価損益が生まれる。

　これまでのところ、日米の金利差は日本の方が低金利であったために、2011年3月までの累計で約52兆円の運用純益が生まれている。このうち約32兆円は一般会計に繰り入れられて、一般財源の一部として既に費消されている。つまり、例えば公務員給与などに使われており今は残っていない。残りの約21兆円は外為特会の積立金として計上され、財政投融資（財投）に預託されて若干の金利を稼いでいる[*8]。なお、財政投融資は財務省が運用する制度で、主に財投債と呼ばれる国債を発行して得た資金をもとに、政府系金融機関（日本政策金融公庫その他）などに融資する事業である。

　米国国債等の金利収入は、円に転換されず外貨準備にそのまま上乗せされている。そして、金利収入に見合う国庫短期証券が新たに発行されて円資金が調達され、その円資金が一般会計繰入、積立金に使われる構図となっている。

　一方、外貨準備保有は評価損益面では2013年（3月末、以下同じ）時点で損失となっており評価損は27.4兆円であった。なお、財務省ホームページ上でデータが公表されている2007年以降では、毎年評価損となっており、特に2012年は円高が進んだために41.3兆円にのぼる評価損となっていた[*9]。

　また、公表された介入実績のデータをもとに筆者が推計した結果によれば、2013年の評価損27.4兆円のうち約5兆円は、2003年初め～04年春に行われた総額約35兆円の大規模なドル買い介入によるものである。為替介入がいかに大きなリスクを伴うものかがわかる。

　以上要するに、これまでのところ、運用純益の累計は評価損を上回っており、外貨準備保有という政府投資は、全体として利益を生んでいると言える。しかし、運用純益の過半は一般財源としてすでに使われてしまっている。一般財源として費消されてなかった分は外為特会の積立金となっているが、2013年3月末では評価損はこの積立金を約5.4兆円上回っている。この

[*8] ここで示した累計の運用純益とその使用実績のデータは、財務省国際局「事業仕訳を踏まえた外国為替資金特別会計の対応」（平成23年12月8日）による。このデータは定期的には公表されていない。

[*9] 財務省「外国為替資金特別会計財務書類」平成19～24年度。

ことは、保有する外貨資産をすべて売却し、かつ積立金をすべて取り崩しても、国庫短期証券という政府の借金を返済できないということを意味している。つまり、外為特会は事実上の債務超過に陥っているのである。

　為替レートの動向次第で評価損益の額は変化する。政府は外貨準備を売却するつもりはないので、評価損は単なるペーパー・ロス（計算上の損失）にすぎないと考えられるかもしれない。また、2012年末頃から現在（2015年２月）まで円安傾向となっているが、大幅な円安が続けば評価損はなくなり逆に評価益になるだろう。しかし、為替レート次第で政府が（しばしば大幅な）損をしたり得をしたりする状況は望ましくない。今後政府は財政再建で国の借金を減らしていかなければならず、事実上の長期債務となっている国庫短期証券の残高も減らしていく必要が出てくるかもしれない。その場合には、外貨準備を売却する必要があり、その時の為替レート次第で売却損が発生する。したがって、大きな評価損・売却損をこうむり得る状況をいつまでも放置しているは望ましくないと考えられる。円安になった時は、政府が背負い込んでいる為替リスクを軽減するために外貨準備を売却する好機だと言えよう（コラム「外貨準備売却でリスク軽減を」参照）。

コラム

政策提言：外貨準備売却でリスク低減を

　筆者はこれまで論文や新聞・経済雑誌への寄稿などで、為替市場介入の効果と外貨準備累増の問題点について分析し政策提言を行ってきた。筆者の議論は国会の審議で取り上げられたこともある[10]。本コラムでは、積みあがった外貨準備をどうすべきかについて検討しよう。

---

[10] 「外貨準備を考える―大量売却でリスク軽減を―」日本経済新聞2007年10月５日朝刊『経済教室』「日本の外貨準備の政策分析」国際協力銀行『開発金融研究所報』36号 2008年３月、「外貨準備の８割は売却すべき」ロイター2008年５月８日（日本語、英語、中国語）など。筆者の外貨準備売却の政策提言が議論された衆議院財務金融委員会（2010年　３月25日）において、与謝野馨財務大臣（当時）は、「外貨準備は規模が過大であるのか、過大であれば売却すべきだ、そうすればリスクも少なくなるというご議論は当然私は成り立つと思っていますが、我々としては、外貨準備は為替介入に備えて保有しているものであるという立場でございます」と述べている。

外貨準備の適正水準、つまり1国が保有すべき望ましい外貨準備の金額という基準があれば、日本の外貨準備がどの程度過剰なのかがわかるだろう。数十年前までは、外貨準備の適正水準を見るのに、1ヶ月の輸入額や短期対外債務残高の何倍にあたるかという基準が使われていた。しかし、国境を越える資本取引が活発となっている現在の世界経済においては、これらの基準は時代遅れのものとなっており、特に、資本取引を完全自由化している先進国においては、まったく意味を持たない。現在、これらの古い基準にとって代わる新しい適切な基準というものはない。

　しかし、外貨準備が巨額になればそれだけ政府が負う為替リスクが大きくなることを考慮すれば、外貨準備はできるだけ低水準に維持する努力が求められる。その国の経済規模や為替市場規模を考慮した外貨準備の水準から見て、日本以外の主要先進国は日本よりも格段と少ない外貨準備しか保有していないが、特段の支障もなく経済運営がなされている。これらの点を考慮すれば、日本は他の先進国の外貨準備水準を基準にして、現在の異例に高い外貨準備を大幅に引き下げていくことが望ましい政策だと考えられる。日本のこれまでの円高防止のために行われたドル買い介入の効果は、非常に限定的なものであった。したがって、外貨準備を減らすために為替市場でドル売りを行っても、円高になる可能性は小さいと考えられる。

　ここで、外貨準備が必要なのは、円安進行に対抗するためのドル売り介入であるという点に留意する必要がある。前述のように、これまでの日本の為替市場介入は、もっぱら円高を恐れたドル買い介入であったが、ドル買い介入は国内で国庫短期証券を発行して円資金を調達すればできるので、ドル買い介入のためには外貨準備はゼロでもかまわないのである。

　それでは、具体的にどの程度まで外貨準備を減らすべきであろうか。他の主要先進国の状況を踏まえ、日本は現在の外貨準備の約8割を市場で売却し、現在の5分の1程度の水準にすることが望ましいと考えられる。その場合でも、GDP比は約5％、日本の為替市場規模の0.7倍となり、他の先進国と比べかなり高い水準の外貨準備を保有することになる。もちろん、数千億ドルを短期間で売却すれば、一時的に円高が進んで市場をかく乱することはありうるので、外貨準備の売却は時期を見ながら、数年かけて実施することが望ましい[11]。

　以上は、外貨準備の大半を売却してリスクを軽減すべきとする筆者の提案だが、一方で、巨額に累積している外貨準備をもっと有効に活用すべきとする考え方も強い。

2008年9月のリーマン・ショックで始まった世界金融危機の前までは、外貨準備の一部を使って日本版SWF（政府系ファンド、sovereign wealth fund）を作り、外国株式などの高収益資産で運用すべきという議論が盛んになされていた[12]。現状では、日本の外貨準備の大半は米国国債などの低利の安全資産で運用されているが、日本版SWFの考え方は、国の資産である外貨準備をすべて低利運用していてはもったいないので、もっとリスクをとって高収益が得られる運用をすべきだというものである。しかし、すでに日本政府は外貨準備の累積で多大なリスクを負っており、さらに大きなリスクを負うべきとする考え方には問題がある。実際、リーマン・ショック後の世界的な株価暴落で投資リスクが再認識されたようで、日本版SWFの議論はそれ以降影をひそめている。

2011年に東日本大震災が起こると、今度は外貨準備を取り崩して復興資金の一部に充てるべきだという議論が出てきた[13]。外貨準備の一部を売却して、それで得た資金を震災復興のために使うのであれば、政府は新たに国債を発行せずに済むという考え方だ。しかし、外貨準備の裏側には、政府の債務（国庫短期証券）があることを思い出そう。外貨準備を売却してそれを使ってしまえば、政府の債務が残るだけである。新規の国債発行は行われないが、事実上、政府の債務が増加するのである。したがってこれは「ごまかし」による震災復興財源の調達だと言える。日本政府は賢明にも、復興資金ねん出のために外貨準備を使うということは行わなかった。

政府が多額の外貨準備を抱えていると、今後もいろいろな理由でもっと有効

---

[11] 為替市場に余計な憶測やかく乱を与えないよう、外貨準備売却の開始に当たっては、売却は単に外貨準備保有リスクを軽減するためであるという政策意図をアナウンスするほうがよいであろう。また、米国国債の大量売却は、米国国債価格の下落を招くと懸念されるかもしれない。しかし、米国の国債市場では年間約180兆ドルもの取引が行われており、数年かけて売却する限り、米国国債市場への影響はない。実際、2003～04年春の35兆円を超える大規模なドル買い介入が、米国国債市場に影響を及ぼした形跡はまったくない。

[12] 2007年12月には、山本有二前金融担当相（自民党）を中心に政府系投資ファンドを創設することを求める議員連盟（参加者42名）が設立された。また、伊藤隆敏東京大学教授（当時）は、外貨準備の利息分を活用して日本版政府投資基金を設立し、世界の主要株式市場などで積極運用すべきと提案している（「外貨準備を考える―受取利息分は積極運用を―」日本経済新聞社2007年10月4日朝刊『経済教室』）。

[13] 根津利三郎「復興財源に外貨準備を活用せよ」週刊エコノミスト2011年6月14日号、Carmen Reinhart and Vincent Reinhart "To recover Japan must dip into its rainy day fund," Financial Times, March 25, 2011 など。

活用すべきだという議論が出てだろう。しかし、多額の外貨準備の裏側には多額の政府債務が累積していること、そして外為特会は事実上の債務超過に陥っていることを理解すれば、今ある外貨準備は「有効に」活用するのではなく、むしろ早く売却した方が良いということになるだろう。

【補論】 不胎化介入の効果の理論分析

　為替市場介入が為替レートを変化させる効果を持つかは、介入が不胎化されるか否かどうかによって違ってくる。本章②で議論したように、金融政策の変更を伴う非不胎化介入が、為替レートを変化させることは、理論的にも実証的にも明らかとなっている。しかし、通常先進国の為替市場介入は不胎化介入として行われる。不胎化介入が為替レートを変化させる効果があるとすれば、それは金融政策の変更以外のルートで起こることになる。

　理論的には、不胎化介入は次の2つの経路を通じて、為替レートの決定に影響を及ぼしうると考えられている。第1は、民間部門のポートフォリオ・バランスを通じた経路であり、第2は、将来の金融政策に関するシグナル効果を通じた経路である。なお、この2つの効果はあくまで理論的に考え得るルートであって、これらのルートが実際にどの程度重要なものなのか、つまり不胎化介入が現実の為替レート動向にどの程度影響を与えるかは、現実のデータを使った実証分析で確認する必要がある。

(ポートフォリオ・バランス効果)

　ポートフォリオ・バランス効果は、国内資産と外貨資産が完全代替的でない場合に、不胎化介入が為替レートに影響を与える効果である。もし両者が完全代替的な場合には、不胎化介入のポートフォリオ・バランス効果は生じない。なお、ここでの資産とは、金利を生む金融資産で、自国と外国の銀行預金や国債などである。

　このようにポートフォリオ・バランス効果は、国内資産と外貨資産の完全代替性の有無に依存するので、ポートフォリオ・バランス効果を学ぶには、まず資産の完全代替性という概念について理解する必要がある。完全代替性の有無は、投資家がカバーなしで投資する場合の分析で検討される問題である。

　国内資産と外貨資産が完全代替的であるとは、期待収益率が同じなら、投資家は国内資産と外貨資産のどちらを保有するかにこだわらない状況を指

す。一方、為替リスクがあるために、投資家が外貨資産(あるいは国内資産)の期待収益率が高くなければ、外貨資産(国内資産)を保有しようと思わない場合は、国内資産と外貨資産は完全代替的でないという。国内資産と外貨資産の期待収益率の差は、リスク・プレミアムを呼ばれる。完全代替性がある場合には、カバーなし金利裁定が働いて国内資産と外貨資産の期待収益率が等しくなるので、リスク・プレミアムはゼロということになる。リスク・プレミアムをρで表すと、ρは次のように定義される。

$$\rho = i - \left\{ i^* + \frac{E^e - E}{E} \right\}$$

もし、投資家が国内資産の期待収益率よりも高い外貨資産の期待収益率を要求する場合は、ρはマイナスの値となる。逆に国内資産の期待収益率が外貨資産の期待収益率よりも高い場合には、ρはプラスの値となる。この式を書き直すと、国内資産の期待収益率iは、外貨資産の期待収益率(i^* + ($E^e - E$)/E)にρを加えたものに等しいという関係が得られる。

$$i = \left\{ i^* + \frac{E^e - E}{E} \right\} + \rho \qquad 式(a)$$

なお、完全代替性があるときには$\rho = 0$なので、第5章「為替レートはなぜ変動するか」で学んだカバーなし金利裁定の関係が成立する。

$$i = i^* + \frac{E^e - E}{E} \qquad 第5章(式5-1)$$

国内資産と外貨資産は完全代替的でない場合(つまりρがゼロでない場合)、不胎化介入は民間部門(主に銀行)のポートフリオ選択を通じて為替レートに影響を与えうると考えられるが、そのメカニズムを式(a)を使って説明しよう。ここでは外貨買い介入について検討する。外貨売り介入の場合は、以下と逆のことが起こる。

通貨当局が外貨買い介入を行うと、民間部門の外貨資産保有が減少し、国内資産保有が増加する。それまで民間部門はリスクを考慮してポートフォリ

オにおける国内資産と外貨資産の配分を最適化していたとすると、為替市場介入によってそのバランスが崩れることになる。

民間部門としては、以前より多くの国内資産を保有し、以前より少ない外貨資産を保有するなら、国内資産の期待収益率が外貨資産の期待収益率に比べ相対的により高くなることを要求するだろう。換言すれば、民間部門は外貨資産の期待収益率が相対的に低くなっても構わないと思うだろう。その結果、リスク・プレミアム ρ が上昇する。式(a)から、ρ の上昇はEの上昇(外貨高高・自国通貨安)につながる。ここで式(a)に含まれる変数のうち、i、i^*、E^e は、自国と外国の金融政策に変更がないので不変であることに注意しよう。結局、通貨当局は不胎化の外貨買い介入によって、為替レートをねらい通りに外貨高高・自国通貨安の方向に変化させることができたということになる。

このプロセスは次のようにも説明できる。民間部門は最適だったポートフォリオの配分を回復しようとして、国内資産を売り外貨資産を買う。その結果、為替市場では外貨買い需要が増えて外貨高となる。

一方、完全代替性がある場合は、民間部門は国内資産と外貨資産の構成比の変化にはこだわらないので、ポートフォリオ変更の行動をとらない。その結果、為替介入は為替レートには何の影響も与えない。

(シグナル効果)

不胎化の為替介入が為替レートに影響しうる第2の経路は、将来の金融政策に関するシグナル効果である。これは、為替市場において為替市場介入が将来の金融政策の変更を示唆するシグナル(信号、合図)として受け止められるならば、為替レートが変化するというものである。

例えば、金融当局が外貨買い介入を行うことによって、今後金融政策を変更して金利を下げるというシグナルを市場に送るケースが考えられる。この場合、為替市場介入が不胎化されて現在の金融政策に変更はなく、したがって現在の金利は不変でも、将来の金利低下予想、将来のインフレ率上昇の予想から、市場の期待為替レートが自国通貨安になる。カバーなしの金利裁定の関係から、期待為替レートの自国通貨安は、内外の金利が一定なら、現在

の為替レートの自国通貨安を引き起こすことになる。カバーなしの金利裁定が成立せず、リスク・プレミアムが存在する場合でも、リスク・プレミアムが一定なら同じことが起こる。

つまり、不胎化の外貨買い介入は、将来の金融政策に関するシグナル効果を通じて、現在の為替レートを自国通貨安・外貨高に変化させる効果を持つということになる。なお、シグナル効果はポートフォリオ・バランス効果と異なり、国内資産と外貨資産の完全代替性の有無にかかわらず生じうる。

為替市場介入があっても、その後その介入が示唆する方向に金融政策が実際に変更されないということが続けば、市場はそれを学んで為替市場介入を金融政策のシグナルとして受けとらなくなるので、不胎化介入は為替レートに影響を与えないということになる。したがって、不胎化介入がシグナル効果を持つためには、為替市場介入が将来の金融政策変更のいわば「前触れ」として信頼に足るもの(credible)である必要がある。このように考えると、不胎化介入のシグナル効果は、非不胎化介入の効果と同様、結局は金融政策の効果であるといえる。

このように市場が為替市場介入を将来の金融政策の変更を示唆するシグナルだと受け取れば、為替レートに変化が起こるということは理論的には示されるが、しかし、そもそも金融当局は、なぜ為替市場介入を通じて金融政策の変更のシグナルを市場に送るのか、という点については疑問が残る。1990年代までは、各国は通常、為替市場介入を行ったかどうかを介入時には公表していなかった。なぜそのようなわかりにくい方法で金融当局はシグナルを送る必要があったのだろうか。金融政策の変更を市場に伝えたいのなら、記者発表その他を通じて行うほうがより直接的で有効ではないかと考えるのが自然だろう。

(理論的検討のまとめ)

ここで、為替市場介入が為替レートに与える効果に関する理論的検討について、要約しよう。

為替市場介入の結果マネタリーベース(したがってマネーサプライ)が増減する非不胎化介入は、為替レートに影響を与え、外貨買い介入は自国通貨安

にする効果を持ち、外貨売り介入は自国通貨高にする効果を持つ。この効果は、為替介入の効果と言うより、マネタリーベースの変化による効果つまり金融政策の効果であると言える。

金融政策の変更を伴わない不胎化介入が、為替レートに影響を及ぼしうるかについては、理論的には2つの経路が考えられる。

第1の経路は、ポートフォリオ・バランス効果である。不胎化の為替市場介入によって民間部門のポートフォリオにおける国内資産と外貨資産の構成比が変化するが、国内資産と外貨資産が完全代替的でない場合には、リスク・プレミアムが変化して為替レートが変化する。国内資産と外貨資産が完全代替的である場合には、ポートフォリオ・バランス効果は生じない。

第2の経路は、金融政策に関するシグナル効果である。為替市場介入が不胎化されて現在の金融政策に変化はなくとも、為替介入が将来の金融政策の変更を示唆するシグナルとして市場が受けとるならば、為替レートが変化する。将来の金融政策変更の予想は、市場の期待為替レートを変化させ、期待為替レートの変化は直ちに現在の為替レートを変化させる。

(日本の制度的仕組みと介入効果)

以上で見た理論的に考えられる介入効果の経路は、現在の日本における為替介入および金融政策運営の制度的仕組みのもとでは、どの程度重要と考えられるだろうか。

本章3で学んだように、日本では、外貨買い介入に必要な円資金は、国庫短期証券を発行して調達され、一方、外貨売り介入が行われれば、国庫短期証券は償還される。1999年以降は原則として、国庫短期証券は公募で売却されて民間部門が保有するので、この制度的枠組みのもとでは、日本の為替市場介入は不胎化介入となる。したがって、1999年以降の日本においては、為替市場介入がマネタリーベースを変動させるという経路を通じて、為替レートが変化することは基本的にないと言える。

不胎化介入の場合のポートフォリオ・バランス効果は、民間部門の投資家の選好に依存する問題である。したがって、為替市場介入や金融政策の制度的仕組みとは、直接関係なしに生じうる。

シグナル効果については、現在の日本の制度的仕組みのもとでは可能性は低いと考えられる。わが国では、為替市場介入の意思決定は財務省が行い、日本銀行は代理人として事務を遂行している。そして、1998年から施行されている改正日銀法のもとで、日本銀行の政策決定の独立性はそれまで以上に強まっている。最近の事例では、2006年に量的緩和が解除された時、当時財務省は消極的な意向を示していたが、日本銀行は財務省の意向にかかわらず量的緩和解除を実施している。また、金融政策の政策決定機関である日銀政策決定会合には財務省代表が参加しているが、政策決定の際の投票権は持たない。

したがって、財務省が行う為替市場介入実施の政策判断が、日本銀行が行う金融政策運営の政策判断の前触れとなる可能性は低いと考えられる。しかし、市場が日本銀行の政策判断は時に政府の圧力に影響されることもあると考えるならば、シグナル効果を通じた為替レートへの影響は生じうるということになる。

第8章　国際金融と経済政策運営

第7章「為替市場介入と外貨準備」で学んだように、日本では円高になると政府がしばしば為替市場介入を行ってきたが、為替市場介入によって為替レートを思うようにコントロールすることはできない。一方中国では、政府が望ましいと考える中国元の為替レートの水準を頻繁な為替市場介入によってほぼ実現している。為替レートの固定性(ないし安定性)は、その国の資本流入に関する政策および金融政策のあり方と非常に密接な関係を持っている。その関係は開放経済のトリレンマと呼ばれるものである。開放経済のトリレンマの関係を学ぶことによって、日本や他の先進国はなぜ変動レート制をとっているのかが理解できるようになる。またこの関係を学ぶと、中国の為替制度のゆくえやアジア共通通貨構想についても重要な示唆が得られる。

1 為替レート制度の選択と経済政策の関係

　現在、国によって異なった為替レート制度がとられており、先進国は変動レート制、新興国・途上国の多くは管理変動レート制ないし固定レート制を採用していることは、第4章「外国為替市場の基礎知識」で学んだ。実はある国がどのような為替レート制度を選択するかは、その国の経済政策、特に金融政策と資本流出入に関する政策と深くかかわっているのである。例えば、ある国が固定レート制を採用するとしたら、その国は自国の判断で独自の金融政策を運営することができなくなったり、あるいは外国との自由な資本取引を認めることはできなくなる。

(3つの政策目標のどれを選ぶか)
　この点を理解するためには、開放経済のトリレンマと呼ばれる関係を学ぶ必要がある。開放経済のトリレンマ(国際金融のトリレンマ)open-economy

図表8-1 開放経済のトリレンマ

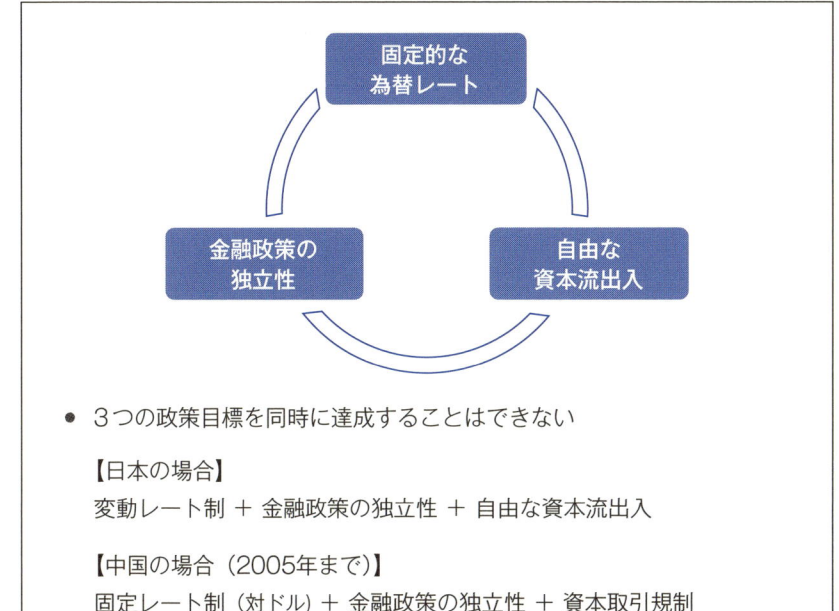

```
          固定的な
          為替レート
         /         \
  金融政策の  ──  自由な
   独立性          資本流出入
```

- 3つの政策目標を同時に達成することはできない

  【日本の場合】
  変動レート制 ＋ 金融政策の独立性 ＋ 自由な資本流出入

  【中国の場合 (2005年まで)】
  固定レート制 (対ドル) ＋ 金融政策の独立性 ＋ 資本取引規制

  【デンマークの場合】
  固定レート制 (対ユーロ) ＋ ユーロ圏の金融政策に追随 ＋ 自由な資本流出入

trilemma、impossible trinityとは、ある国は、①為替レートの固定化(ないし安定化)、②自由な資本流出入、③金融政策の独立性、という3つの政策目標を同時に達成することはできず、このうちの2つを選んだらもう1つはあきらめなければならないという関係にあることを意味している(図表8-1参照)。ジレンマ(二律背反)は2つのことが同時に満たされない状況であるが、トリレンマはそれが3つになった状況を意味する言葉である。

一般に、1国にとって上記の3つの状態を実現することは望ましい政策だといえる。

第1に、為替レートを固定する、あるいはできるだけ変動を抑制して安定

的な為替レートを維持することは、外国との貿易や投資(資本取引)に当たって不確実性をなくすという観点から望ましいと言える。為替レート変動による不確実性がなくなれば、貿易取引や資本取引が容易になって対外経済活動が活発化し、国内経済の安定的な拡大に寄与するだろう。また、外国との取引をする企業の収益も、為替レート変動に左右されなくなり安定化するだろう。固定的な為替レートにはこのようなメリットがあるので、先進国の場合も、第2次世界大戦以前までの金本位制、および第2次大戦終戦後から1970年代初めまでのブレトンウッズ体制のもとで、固定レート制がとられていた。(第4章コラム「金本位制とブレトンウッズ体制」参照。)

第2に、資本取引を自由化して自由な資本流出入を実現することは、国内の投資が外国資本の流入によって実現したり、国内貯蓄の投資機会が国内のみならず外国にも広がるので望ましいと言える。例えば、もし千葉県で行われる設備投資や住宅投資は、基本的に千葉県内の貯蓄でファイナンスしなければならないとしたら、千葉県経済の発展はひどく制約されてしまうだろう。各国は自国内での資本取引(銀行融資・預金、株式投資その他)は自由にしているわけだが、外国との資本取引も自由にすれば、その国の経済の発展にプラスの影響があるだろう考えられる[*1]。

第3の金融政策の独立性independent (or autonomous) monetary policyとは、その国が他国の金融政策にかかわらず、インフレや失業などの国内経済情勢に応じて、金融緩和や金融引き締めがとれる状況を指している。経済情勢が異なる他国の金融政策スタンスに引きずられることなく、自国の経済情勢に応じて金融政策を運営できることは望ましいと言える。

なお、金融政策の独立性は、ある国の国内において、中央銀行の金融政策がその国の政府(行政府・立法府)の意向や圧力から独立して運営されるという意味で使われることも多い。その意味での金融政策の独立性は、「中央銀行の独立性」とも呼ばれる。ここで議論している金融政策の独立性は、自国

[*1] モノの取引の自由化つまり貿易自由化が、その国の経済成長を促進する効果を持つことは、多くの実証分析で確認されている。一方、カネの取引の自由化つまり資本取引の自由化は、本文で議論したように理論的にはその国の経済成長にプラスの効果を持つと期待されるが、実証的にはその効果はこれまでのところそれほど明確には検証されていない。

の金融政策が他国の金融政策から独立して運営されるという意味であり、中央銀行と政府の関係の話ではないことに注意しよう。

しかし、これらの3つの政策目標を同時に達成することはできないというのが、開放経済のトリレンマの理論である。なぜ3つの政策目標がトリレンマの関係にあるかを、固定レート制をとっているデンマークを例にとって説明しよう。デンマークは小国で世界経済全体にとってそれほど重要な国ではではないが、先進国でありながら現在固定レート制をとっているデンマークのケースは、トリレンマの関係を理解するのに大変役に立つ。

(デンマークのトリレンマ関係)

デンマークはEU(欧州連合)加盟国ではあるが、共通通貨ユーロには参加していないので独自の通貨を持っている。そして、デンマークは自国通貨クローネを、ユーロに固定レートでリンクする政策をとっている[2]。一方、デンマークの資本取引は他の先進国同様自由化されている。つまり、自由な資本流出入が認められている。このようにデンマークは固定レート制と自由な資本流出入を選択している結果、金融政策の独立性を持っていないのである。デンマークの金融政策は事実上、ユーロ圏の金融政策を決める欧州中央銀行(ECB)European Central Bankによって決められている[3]。

なぜそうなるか、具体例で考えてみよう(図表8-2参照)。デンマークとユーロ圏の金利は当初同水準にあったが、ECBがユーロ圏経済におけるインフレの高まりを懸念して利上げ(金融引き締め)を実施したとしよう。一

---

[2] デンマークは対ユーロの為替レートを、€1＝7.46クローネの上下2.25％以内に収まるようする政策をとっている。デンマークがユーロ圏に加盟していないのは、ユーロ圏加盟の条件(インフレや財政収支などの収斂基準)を満たせないからではなく、2000年に行われた国民投票で、自国の独自性を維持したいという国民感情などから、政府のユーロ圏加盟提案が否決されたからである。

[3] ユーロ導入に伴い、ユーロ圏の中央銀行としてECBが設立された。現在(2015年2月)、ユーロ圏に加盟しているのは19カ国である。ユーロ圏の金融政策の決定は、ECB理事会the governing council of the ECBによって行われている。ECB理事会のメンバーは、ECBの役員(ECB総裁以下6名)および加盟各国の中央銀行総裁(19名)である。ECBと加盟国の中央銀行を合わせたものは、欧州中央銀行制度the European System of Central Banks(ESCB)と呼ばれる。

方、デンマークの中央銀行は、国内経済情勢からすると利上げの必要はないと判断し、金融政策を変更しなかったとしよう。この場合、デンマークの金利はユーロ圏の金利よりも低くなるため、デンマークからの資金流出が起き、為替市場ではデンマーク・クローネが売られ、ユーロが買われる。デンマークでは自由な資本流出入が認められているので、このような取引が活発

図表8-2　デンマークに見るトリレンマ

デンマークの選択
(1) ユーロに対して固定レート制をとっている
(2) 資本取引規制を行っておらず、自由な資本流出入を認めている
(3) その結果、デンマークには金融政策の独立性はない

欧州中央銀行（ECB）が利上げした場合

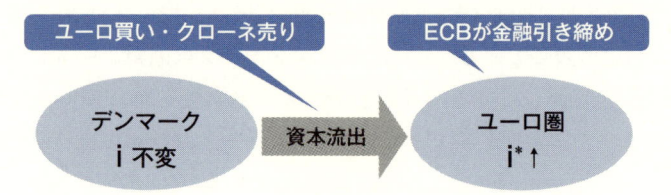

ユーロ買い・クローネ売り　　　ECBが金融引き締め

デンマーク　i 不変　→ 資本流出 → ユーロ圏　$i^* \uparrow$

【ユーロ圏の利上げがデンマークの利上げにつながるプロセス】

- ECBの利上げ
  - ⇒ デンマークから資本流出
  - ⇒ ユーロ高に

- デンマークは固定レートを維持するために、ユーロ売り・クローネ買いの為替市場介入
  - ⇒ 銀行の準備預金が減少、したがってマネタリーベースが減少
  - ⇒ マネタリーベースの減少は、金融引締め政策と同じこと
  - ⇒ デンマークの金利が上昇して、ユーロ圏の金利と同水準になる

- 現実には、デンマーク中央銀行はECBが a ％の利上げをすれば、直ちに a ％の利上げを実施する

に行われるのである。

　このように為替市場ではデンマーク・クローネが売られるので、デンマーク・クローネは対ユーロで減価することになるが、デンマークは固定レート制をとっているのでこのまま放置するわけにはいかない。そこで、デンマークの中央銀行はクローネ安を防いで対ユーロでの固定レートを維持するために、外貨準備の一部を取り崩してユーロを売り、デンマーク・クローネを購入するという為替市場介入を実施する。その結果、デンマークの銀行部門の準備預金（したがってマネタリーベース）が減少して、銀行間市場の短期金利が上昇する。これは金融引き締めのために利上げをしたのと同じことになる。デンマークの金利がユーロ圏の金利よりも低い限り、デンマークからユーロ圏に資本が流出するので、デンマークの為替市場介入が続けられる。その結果、デンマークの金利はユーロ圏の金利引き上げ分だけ上昇する[*4]。

　このようにデンマークは自国の経済状況に対応した独自の金融政策をとることはできず、ECBがとる金融政策に歩調を合わさざるを得ないのである。したがって、現実には、上に説明したような為替市場介入によって事実上金融政策が変更されるのではなく、デンマークの金融政策はECBの金融政策をいわばコピーする形で運営されている。つまり、ECBが a ％の利上げ（利下げ）をすれば、デンマークは直ちに a ％の利上げ（利下げ）をするのである。そうすることによって、為替レートは変化せず、したがってデンマーク中央銀行が為替市場介入を行う必要もない。

　なお、1999年のユーロ導入以前は、デンマークはドイツ・マルクに対する固定レート制をとっていた。この時期は、デンマークはドイツの中央銀行

[*4] 本文での説明では、為替市場介入は金融政策の変更を伴う非不胎化介入で行われている（非不胎化介入と不胎化介入の違いについては、第8章「為替市場介入と外貨準備」参照）。マネタリーベースが変化しないように、デンマーク中央銀行が国債の買いオペを行って不胎化した場合には、どうなるだろうか。不胎化介入ではデンマークの金融政策は変化しないので、デンマークとユーロ圏の金利差はなくならない。デンマークからの資本流出はいつまでも続き、固定レートを維持するために際限なくユーロ売り介入をしなければならなくなる。そのうち外貨準備は底をついて、固定為替レート維持のための為替市場介入は不可能となる。したがって、固定レート制を維持するためには、デンマークのユーロ売り介入は非不胎化介入で行われ、金融政策の変更を伴わざるを得ない。現実には、本文で説明するように、デンマークではECBの金利変更に常に追随する政策がとられている。

ブンデスバンクの金融政策に従っていたのである。

　デンマークはユーロ圏経済と隣接して経済関係は緊密なので、景気動向はおおむね同じだと言える。またECBはブンデスバンクの伝統を引き継いで物価安定を最重視する政策をとっている。したがって、デンマークにとっては、金融政策の独立性を放棄して、ECBの金融政策に追随することはマイナス面が小さい。一方、対ユーロの固定為替レートと自由な資本取引を維持することは、ユーロ圏経済との活発な経済活動を可能にするので、デンマークにとってはメリットが大きい。したがって、デンマークは固定レート制、自由な資本流出入、金融政策の独立性の放棄という選択をとっていると考えられる。

　ところで、英国はデンマークと同様に、EU加盟国だがユーロ圏には入っておらず、また資本流出入も自由である。しかし、英国はユーロに対する固定レート制をとっておらず、英国ポンドの為替レートが市場の需給に応じて自由に変動する変動レート制をとっている。開放経済のトリレンマの関係から、英国はデンマークと異なり金融政策の独立性を維持していることがわかる。実際、英国の中央銀行であるイングランド銀行は、自国の経済状況に応じて独自の金融政策をとっている。

　英国がこのようなトリレンマの政策組合せを選択をしているのは、英国経済の景気動向はドイツ、フランスなどのヨーロッパ大陸諸国の景気動向と同じようになるとは限らず(例えばドイツなどで景気回復が進んでインフレ懸念が台頭しても英国ではまだ不況から脱していない場合などがありうる)、したがって英国は自国の経済状況に合わせた独自の金融政策を運営できるようにしておきたいと考えているだろう。また自由な資本流出入は英国の経済的繁栄の基盤の一つとなっているので、資本取引規制を導入するという選択肢は望ましくない。とすると開放経済のトリレンマの関係から、デンマークのように対ユーロで為替レートを固定する政策はとれないということになる。

(先進国の選択)

　日本を含む先進国は、変動レート制をとっている。デンマークは先進国で固定レート制をとっている例外である。前述したように、歴史的には先進国

も固定レート制をとっていた時期が長かったが、1973年以降は、各国で変動レート制が続いている[*5]。開放経済のトリレンマの観点から、先進国の選択について検討しよう。

近年、貿易取引・資本取引の拡大に伴って、世界各国、特に先進国の間で、景気循環局面が同時化する傾向がみられる。しかし、先進諸国の景気は常に同時化するわけではなく、また同時期に不況や好況になったとしても、不況の深刻さの度合いや好況期の成長加速のテンポは異なる。それに伴って、インフレの動向も国によって違いがある。したがって、各先進国は他国の金融政策に引きずられることなく、自国の経済情勢に合わせた金融政策をとることが重要だと考えている。つまり、金融政策の独立性を維持することが、先進国にとって重要である。

また先進国では、資本取引が自由化されている。それは、モノの取引(つまり貿易)のみならず、カネの取引(つまり資本取引)も自由にできるようにしたほうが、資源の効率的な配分が可能となり、経済的豊かさを実現できると考えられているからである。

戦後のブレトンウッズ体制の時代に、先進国の資本取引は徐々に自由化されてきた。そして、1973年以降変動レート制に移行すると、完全に自由な資本取引が認められるようになった[*6]。第1章「金融の国際化」で、1980年代以降、先進諸国で金融の国際化が非常に速いペースで進展しているということを学んだが、こうした金融の国際化は、先進国における変動レート制

[*5] 第2次世界大戦後、先進各国はブレトンウッズ体制のもとで固定レート制を採用していた。ブレトンウッズ体制の1つの中核的なアレンジメントは、米国が一定比率での金とドルとの交換を保証することであった。しかし、金の海外流出に直面した米国が、1971年に金とドルの交換を停止することを一方的に宣言して、ブレトンウッズ体制は崩壊した。その後、各国はブレトンウッズ体制の修正版(スミソニアン体制と呼ばれた)に合意して、固定レート制を継続する努力がなされた。しかし、スミソニアン体制は短命に終わり、1973年になると各国は次々となし崩し的に変動レート制に移行した。

[*6] 開放経済のトリレンマの関係から、ブレトンウッズ体制のような固定レート制のもとで各国が金融政策の独立性を確保するには、資本取引を規制する必要があった。各国が変動レート制に移行すると、資本取引を完全に自由化しても金融政策の独立性を保つことができるようになった。したがって、ブレトンウッズ体制の崩壊は、先進国におけるその後の資本取引自由化と、それに伴う金融の国際化の進展と密接にかかわっているのである。

移行後の資本取引自由化によって可能となったのである。

　金融政策の独立性と自由な資本流出入を選択すると、為替レートが自由に変動することを容認せざるを得ない。為替レートが市場の需給関係で自由に変動する世界は、為替リスクの問題があるので、貿易や資本取引にとって不便ではある。しかし、先進国の場合は、外貨のフォワード取引、オプション取引、先物（フーチャーズ）取引など為替リスクをヘッジする手段が発達している。

　変動レート制をとる先進国の金融機関や企業は、自己責任で為替リスクに対処することが求められている。金融機関や企業は、日常さまざまなリスクに直面しながら企業活動を展開しているわけだが、先進国では、為替リスクはそうした数多くのリスクのうちの1つのリスクにすぎない（重要ではあるが）と考えられていると言えよう。

　為替レートが時に大きく変動する変動レート制は、経済活動にとって弊害が大きいので、先進国もなんらかの固定的な為替レート制に復帰すべきだとする議論もある。しかし、①先進国にとって金融政策の独立性が重要であること、②自由な資本取引が認められて現在では国際分散投資が当たり前のように行われていること、③為替リスクをヘッジする多様な手段が発達していることを考慮すると、先進国が現在の変動レート制から固定レート制に復帰することは現実的には考えにくい。

　換言すれば、もし先進国が何らかの固定レート制に復帰するとしたら、金融政策の独立性を放棄するか、あるいは資本取引規制を復活させる必要がある。為替レート変動のマイナス面は、金融政策の独立性放棄のマイナス面、あるいは資本取引規制のマイナス面に比べ小さいと言えよう。とすれば、先進国の変動レート制は今後も将来にわたって続くということになる。

2 中国の為替レート制度のゆくえ

(現在の中国の政策組合せ)

中国の今後の為替レート制度のあり方を考えるためには、開放経済のトリレンマの関係が重要である。開放経済のトリレンマは3つの政策目標は完全な形では同時達成できないということであり、それぞれの目標を部分的に満たすという組み合わせはありうる。例えば、為替レートは不完全な変動レート制（管理変動レート制）とし、資本流出入は一部自由化・一部制限して、金融政策の独立性は確保するといった組み合わせがありうる。

中国の現状は、①政府のコントロールの下でかなり安定的な為替レート、②まださまざまな制限が残っている資本流出入、③金融政策の独立性、の組み合わせとなっている。

まず、為替レート制度について見ると、中国では1980年代初め以降、それまでの社会主義経済を変革して、「改革開放」と呼ばれた市場経済化の政策が大胆に導入されており、その一環として、為替市場の整備や為替レート制度の諸変革が行われてきている。しかし、今日まで一貫して変わらないのは、中国元の為替レートの水準は政府によってコントロールされているという点である。

1990年代半ばから2005年までの約10年間は、元を対ドルで固定する政策（ドル・ペッグ）がとられていた（図表8-3参照）。2005年以降は、ドルに対してのみリンクするのではなく、複数の主要通貨（ドル、ユーロ、円など）にリンクする管理変動レート制が導入されている[7]。2005年以降、元は対ドルでは徐々に切り上げられてきている。

中国の資本取引に関する制度も、さまざまな変革を経てきている。社会主義経済時代は資本取引は政府に管理されて非常に厳しく制限されていたが、1980年代以降、資本取引も徐々に規制緩和されてきている。特に、対内直接投資は製造業を中心にかなり自由化され、その結果、外国企業の中国への直接投資が大幅に拡大してきている。2000年代以降、さらにさまざまな資

---

[7] これは通貨バスケット制度と呼ばれるものだが、各通貨のウエイトは明らかにされていない。

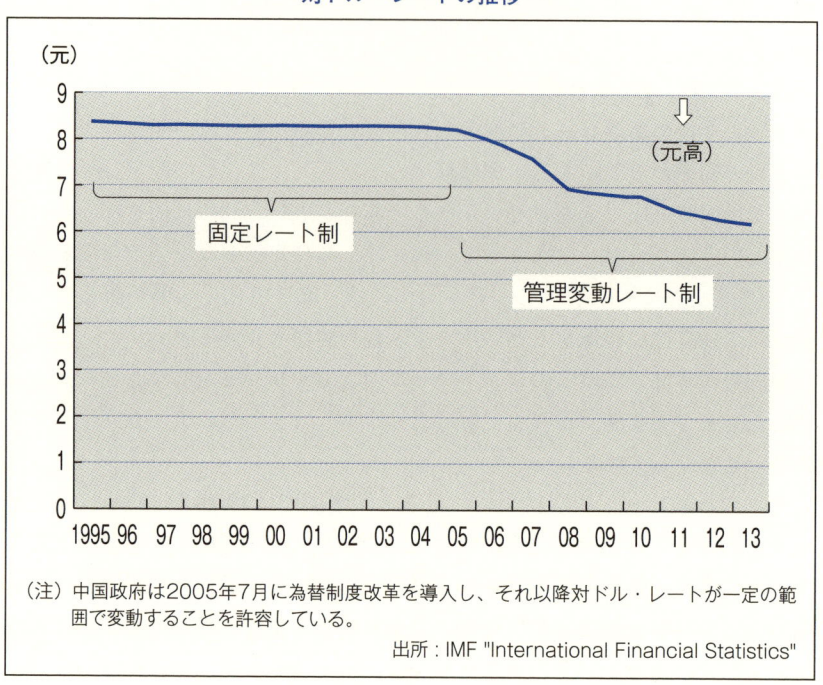

図表8-3　中国の為替レート制度
―対ドル・レートの推移―

（注）中国政府は2005年7月に為替制度改革を導入し、それ以降対ドル・レートが一定の範囲で変動することを許容している。

出所：IMF "International Financial Statistics"

本取引の規制緩和が、資本流入と資本流出の両面で導入されている[*8]。

しかし、資本取引を自由化している先進国と比べると、中国の資本取引は現在でも依然厳しく規制されている。例えば、中国企業・個人による外国株式への投資は、一部の例外を除き禁止されている。また、中国の金融機関は自由に対外借入を行うことはできず、政府の許可が必要とされている。

[*8] 2000年代に導入された規制緩和として重要なものに、QFII（qualified foreign institutional investors、適格外国機関投資家）制度とQDII（qualified domestic institutional investors、適格国内機関投資家）制度があげられる。外国人が中国の証券市場に投資することは原則禁止されていたが、中国政府がQFIIとして特別に認定した外国の大手金融機関については、一定の限度額の範囲で中国での証券投資が認められるようになっている。日本では野村証券、大和証券投信などがQFIIの認定を受けている。QDIIはQFIIの国内版で、中国政府がQDIIとして認定した大手の国内金融機関は、外国での証券投資が一定の範囲で認められている。

中国の金融政策は独立性を維持しており、中央銀行が国内経済情勢に対応して金融政策を運営している。中国で金融政策の独立性が保たれているのは、開放経済のトリレンマの関係から理解できる。前述のデンマークの場合は、固定レート制をとっていると同時に、自由な資本流出入を認めているために、金融政策の独立性が失われている。中国元の為替レートは現在では完全な固定レートではないが、依然、為替市場介入などによって為替レートの水準は政府のコントロール下にある。一方、資本流出入は、デンマークと異なり規制されている。政府がコントロールする固定的ないし安定的な為替レート、不自由な資本流出入の下では、金融政策の独立性が得られる。

　なお、中国では金融政策の独立性が維持されているが、為替レート安定化との関連で中国の金融政策の運営には難しい面もある。現在の中国では、政府が望ましいと考える為替レートを維持するために、大規模な外貨買い(主にドル買い)の為替市場介入が行われている。そして外貨買い介入がマネーサプライの増加につながらないようにするため、不胎化の努力がなされている[*9]。しかし、為替市場介入が常時非常に大規模に行われているので、不胎化が十分に行われない危険がある。その場合には、中国の金融政策は過度に緩和的となりインフレが加速する。中国の金融政策は米国などの金融政策から独立して運営できるとはいえ、安定的な為替レートの維持のために大量のドル買い介入を行えば、インフレ抑制が難しくなるというリスクを抱えている。

(中国は将来的に変動レート制に移行)

　今後の展望について考えると、中国がこれからも中長期的に高い成長を確保するためには、国際資本市場をフルに活用することが重要となるので、今後資本取引の自由化を図っていくことが必要となる。開放経済のトリレンマの関係から、資本取引の自由化をさらに進めれば、中国は①政府に管理された安定的な為替レートと②独立的な金融政策、の両方を手にすることはできなくなる。それでは、中国にとって為替レートの安定性と金融政策の独立性のどちらをあきらめた方がよいだろうか。

[*9] 不胎化は通常国債の売買で行われるが、中国の場合国債市場は未発達なので、中央銀行が中央銀行債を発行してそれを売却することによって外貨買い介入の不胎化が行われている。

物価の安定した大国経済と密接な経済関係を持つ小国経済(例えば、バハマなどのカリブ海諸国と米国、セネガルなどの西アフリカ諸国とユーロ圏経済、デンマークとユーロ圏経済)の場合は、自由な資本取引を認め、かつ自国通貨を大国の通貨にペッグする固定レート制を採用することによって、金融政策の独立性が失われてもマイナス面が小さい。なぜなら、経済関係が密接なため、小国の景気変動は大国の景気変動と似通ったものとなり、大国で金融引き締め(金融緩和)が必要な時は小国でも金融引き締め(金融緩和)が必要となるからである。また、物価の安定した大国では中央銀行の信頼性が高いので、小国はそうした中央銀行に自国の金融政策の決定を委ねてもデメリットは小さい。一方、金融政策の独立性が失われても、固定的な為替レートのもとで大国との貿易取引と資本取引の拡大が図れるというメリットが大きい[10]。

しかし、中国のような大国経済の場合、自国の景気変動局面に応じて独自の金融政策をとることが、経済安定のために重要である。例えば、米国は国内の不況に対応して金融緩和政策をとっていたとしても、中国では経済過熱でインフレ懸念がある場合には、金融引き締め政策をとる必要がある。

自由な資本取引と金融政策の独立性を選択すれば、政府のコントロールの下での為替レートの安定性はあきらめなければならない。したがって、中国は為替レートの変動幅を徐々に大きくして、中長期的には変動レート制に移行する必要があるということになる。

中国が完全な変動レート制に移行するためには、どのような課題があるだろうか。次章「通貨危機はなぜ起こるか」で学ぶように、1997〜98年のアジア金融危機の重要なレッスンは、国内金融システム(特に銀行システム)が脆弱なままで資本取引を自由化すると、通貨危機を惹起するリスクが高まるというものであった。

社会主義経済時代は、**中国人民銀行**People's Bank of Chinaが中央銀行業

---

[10] 固定レート制をとっている国の中には、大国との深い経済関係以外の理由が重要なケースもある。サウジアラビア、アラブ首長国連邦(UAE)、ベネズエラなどの産油国も対ドルの固定レート制をとっている。世界の石油取引はドル建てで行われているので、石油輸出に依存する産油国にとってはドル・ペッグが望ましいと考えられている。また香港の場合は、金融業が基幹産業であり、国際金融の中心通貨はドルなので、対ドルでの固定レートが望ましいと考えられている。

務と商業銀行業務を行うモノ・バンク(単一銀行)制度がとられていた。モノ・バンク制度は旧ソ連でも採用されていた社会主義経済特有の金融制度である。1980年代初めから始まった市場経済化の改革の一環として、1990年代に入ると、中国人民銀行から商業銀行業務が切り離されて4つの国有商業銀行が設立され、その他にも多くの銀行が新設された。そして、この改革によって中国人民銀行は中国の中央銀行として位置づけられることとなった。現在では、中国の複数の大手銀行は株式市場に上場され、時価総額では世界のトップレベルの銀行に仲間入りしている。しかし、融資の審査能力やコーポレートガバナンスの面では、中国の銀行部門はまだ未成熟である。

したがって、資本取引規制の緩和、為替レートの変動幅拡大にあたっては、国内金融システムを強化する金融改革が不可欠である。国内金融システムの強化にはまだ時間がかかるので、当面は資本取引規制の緩和を徐々に進めながら為替レートを弾力化し、最終的には、現在の先進国のような完全に自由な資本取引と完全な変動レート制に実現することが、中国にとって最終的なゴールだと考えられる。それがいつごろ実現されるかは、現在進められている金融改革のテンポに依存するが、少なくとも10年程度はかかるであろう。

自由な資本取引と変動レート制が実現すれば、いずれ中国元は、中国の大きな経済力を背景に、ドル、ユーロに並ぶ有力な国際通貨として流通するようになる可能性を持っている。しかし、その前提として、政治の民主化が進み、現在の共産党独裁の政治システムが内包する政治リスクが、中国経済の安定的な発展を阻害する可能性が小さくなる必要がある。

3 アジア共通通貨構想

(ユーロとアジア共通通貨)

アジア経済圏の発展を促進するために、アジア(特に東アジア)で共通通貨を導入すべきとの考え方がある。ヨーロッパでは、域内諸国の経済統合を進めるためEU(欧州連合)が形成され、1999年には共通通貨ユーロが導入され

た。アジアではEUのようなフォーマルな経済統合の仕組みはないが、域内貿易・投資の拡大を通じて、アジア諸国の経済関係は従来と比べ一層緊密となっている。**アジア共通通貨** Common Asian Currencyの構想は、アジアでもヨーロッパと同様に単一通貨を導入することによって、域内諸国の経済統合をさらに推し進めようとするものである。域内諸国の間の経済取引がさらに一層活発になれば、アジアの成長の底上げに貢献すると考えられている[*11]。

アジア共通通貨構想は主に日本で提唱されており、他のアジア諸国ではそのような考え方はあまり聞かれない。日本でこの構想が提唱される背景には、低成長が続く日本経済が今後より高い成長を実現するには、成長が著しい他のアジア諸国と緊密な経済関係を構築していくことが重要だという考えがあると思われる。

ユーロ導入のための準備は、1970年代末から段階的に進められ約20年間の期間を要している[*12]。アジア共通通貨を導入する場合にも、数十年の準備期間が必要であろう。したがって、アジア共通通貨が直ちに導入できると考えるのはまったく非現実的である。そこで、数十年の準備をかけるとして、果たしてアジア共通通貨構想はどの程度の実現可能性を持つものであろうか検討しよう。

アジア共通通貨導入には、さまざまな課題があるが、特に2つのハードルをクリアする必要がある。第1のハードルは、統一的な金融政策である。この問題は、本章で学んだ開放経済のトリレンマと密接に関わっている。第2のハードルは、統一的な財政運営である。この問題は、2010年代前半に起こったユーロ圏の財政危機から得られる教訓に関係している。

[*11] アジア共通通貨の導入が望ましいとする考え方としては、例えば以下の論稿がある。行天豊雄「アジア共通通貨(圏)を構想する」(日本経済新聞2003年3月13日朝刊『経済教室』)、河合正弘「東アジア通貨統合と通貨体制」(日本経済新聞2005年7月15日朝刊『経済教室』)、朝日新聞社説・提言「アジアに共通通貨を」(2006年9月1日朝刊、『新戦略を求めて』第3章⑥)、世界平和研究所レポート「2030年代を見据えた国際経済・金融体制の展望」(2009年3月)。

[*12] 1979年にドイツ、フランスなどの8カ国が、EMS(European Monetary System)と呼ばれた固定的な為替レートの仕組みを形成した。EMSは単一の共通通貨導入に向けた最初の制度的取り組みであった。その後、1990年代前半のEMS危機などの紆余曲折を経て、1999年のユーロ導入に至った。

以下の検討から得られる結論は、アジア共通通貨構想は非現実的だというものである。非常に遠い将来において実現可能性が出てくるかもしれないが、日本および他のアジア諸国にとって優先度の高い政策課題とは言えない。

（金融政策の統一は賢明な選択か）

複数の加盟国間で共通通貨を採用するということは、加盟国の通貨間の為替レートを完全に固定し、将来も固定レートを変えないと強くコミットすることに等しいと考えられる。つまり、共通通貨の導入は、加盟国間における「究極の固定レート制」の採用であるといえる。将来にわたって絶対に固定レートを変えないのであれば、各国がそれぞれ独自通貨を持つ必要はなくなり、加盟国は新しい通貨を作ってそれを各国内で使えば良いということになる。また、新しい単一の通貨を導入すれば、固定レート制からの離脱が困難となって、「究極の固定レート制」が制度的に補強されると考えられる[*13]。要するに、アジア共通通貨構想は、アジア諸国の間で非常に強固な固定レート制を導入するという意味を持つのである。

アジア共通通貨が導入される場合、アジア諸国間の資本流出入に関する制度はどのようなものであろうか。共通通貨導入の目的は、域内でのさまざまな経済取引を活発にすることにあるので、加盟国間の貿易取引はもちろん資本取引も自由でなければならないだろう。通貨が共通になっても、その通貨を使って他の加盟国で自由に投資ができないのであれば、通貨を共通にする意味がないということになる。したがって、アジアで共通通貨を導入する場合、自由な資本流出入を確保する必要がある。日本はすでに資本取引を自由化しているが、他のアジア諸国も日本と同様の資本自由化措置をとらなければならないということになる。

[*13] 仮に日本と中国が共通通貨を導入するとしよう。まず2国間の為替レートを固定する（例えば 1元＝10円）。両国がこのレートを将来にわたって変えないと強くコミットするのであれば、共通通貨を導入する。共通通貨の名称を「新貨」とし、1新貨＝5円、1新貨＝0.5元とすれば、日本では1新貨＝5円の交換比率で旧通貨「円」を回収し、中国では1新貨＝0.5元で旧通貨「元」を回収すれば、両国で共通通貨「新貨」が流通する。通常の固定レート制であれば、固定レート制から離脱するのは簡単で、為替市場介入をやめればよい。共通通貨という「究極の固定レート制」から離脱するには、新たに自国通貨を印刷して通貨交換を行ったり、銀行預金などの通貨表示をすべて変更したりするなど多大なコストがかかる。

固定的な為替レート、自由な資本取引を選択すれば、開放経済のトリレンマの関係から、各加盟国は金融政策の独立性を維持することはできない。つまり、域内の金融政策は統一的に運営されなければならないのである。共通通貨を導入したユーロ圏では、ユーロ導入とともに設立されたECBが統一的な金融政策を実施しており、EU加盟国だがユーロ圏に参加していない英国の金融政策は、依然英国の中央銀行が実施しているのは、そうした事情による。

域内の国々の経済発展段階が大きく異なる東アジアでは、統一的な金融政策がとられる状況にはない。域内では、景気循環局面のズレのみならず経済発展段階の違いから成長テンポが大きく異なることから、各国間で共通の金融政策に合意することはほとんど不可能である。例えば、日本では国内の経済状況からすれば金融緩和が必要とされる時に、中国などでは景気過熱でインフレが加速しているので、日本でも金融引き締めを行うということになれば、それは日本の国益に反する。東アジア諸国の間で経済的な収斂が進めば、統一的な金融政策を導入する環境が整うかもしれないが、しかしそれはかなり遠い将来の話である。

(ユーロ圏の財政危機から学ぶ)

共通通貨導入のもう1つのハードルは、加盟国がバラバラに財政を運営するのではなく、かなりの程度統一的な財政運営を行うことができるかどうかである。この問題は、最近のユーロ圏の財政危機から得られる重要なレッスンである。財政運営には徴税権の問題が含まれるので、財政運営は国家主権の問題に密接に絡んでいる。したがって、財政運営を統一することは、国家主権の重要な部分を放棄することを意味するので、金融政策を統一すること以上に厳しい条件だと言えよう。

ユーロ圏では2010年から2012年にかけて、一部加盟国が財政危機に見舞われるというユーロ圏の財政危機(政府債務危機)Eurozone debt crisisが発生した。財政危機に陥ったギリシャ、アイルランド、ポルトガル、スペインは、救済措置として他のEU加盟国およびIMFから多額の融資を受けることとなった(スペインはEU支援のみ)。2013年ごろから、ユーロ危機は収束の方

向に向かっている。

　これらの国では財政赤字が大幅化した結果、市場ではデフォールト懸念からこれらの国の国債が大量に売られて国債金利が急騰した。ここで、市場で国債が売られると国債価格が下落することになるが、国債価格の下落は国債金利（国債の市場金利）の上昇を意味するという関係があることに注意しよう。こうした状況を放置すれば、それらの国の政府は国債の借り換えも困難となり、国債のデフォールトが現実に起こる可能性が出てきた。とりわけ、ギリシャ危機（ギリシャの財政危機）Greece's debt crisisが最も深刻であった。ギリシャはもともと財政規律が緩く放漫財政とも言われる問題を抱えていたが、世界金融危機後の世界的な不況の影響を受けて、深刻な財政危機に陥ったのである。

　国債のデフォールトという事態を避けるために、ギリシャ政府の資金繰りを支援するEU・IMFの救済措置がとられたのである。救済の条件として、ギリシャ政府は緊縮財政（政府支出削減と増税）と、経済を長期的に強化するための構造改革を実施することを約束した。しかし、ギリシャでは、融資の条件として課された緊縮財政措置に国民が強く反発して大規模デモが行われるなど、一時社会的な混乱も生じた。またデフォールト懸念の高まりから、ギリシャ国債金利は一時40％近い水準に上昇した。

　そうした厳しい状況があったものの、結局EU・IMFの救済を受けながら財政再建が進められ、また多くの民間投資家が「自発的に」債務削減に合意したことから、ギリシャ政府が一方的に債務不履行を宣言する「無秩序なデフォールト」は回避された。2014年半ばには国債金利も約6％まで低下し、また市場での国債発行も少額だが再開できるようになった[14]。しかし、財政危機の影響で深刻な不況に見舞われたギリシャでは、現在でも経済回復の力は弱く、ギリシャ経済への深刻な打撃の影響は依然色濃く残っている。2015年1月には、長引く経済苦境に対するギリシャ国民の不満を背景に、

---

[14] 2012年2月のEU首脳会議で、EU諸国の首脳は追加的支援などを決めたほか、民間投資家が額面ベースで約54％のギリシャ国債の債務削減に応じることを求めた。その後、ギリシャ政府は民間投資家の約84％（保有金額ベース）が債務削減に応じたと発表した。S&Pなどの格付機関は、これを「部分的デフォールト」ないし「選択的デフォールト」と位置付けている。

反緊縮財政、債務負担のさらなる削減などを主張する左派の新政権が誕生した。ギリシャ危機の終結への道はまだ遠いようだ。

歴史的に見ると財政危機はこれまで多くの国で起こっており、国債のデフォールトに陥ったという事態も珍しくはない。今回の財政危機がユニークなのは、共通通貨を採用している国が財政危機に陥ったという点にある。

もしギリシャが独自の自国通貨を持っていれば、財政危機のギリシャから資本が大量に流出するので、ギリシャの通貨は大幅に減価するだろう。ギリシャ国債の大部分は外国人投資家が保有しているので、国債の信認が低下すると国債が売られて資本流出が起こるのである。大幅な通貨安はギリシャの輸出を増加させて経済成長を高め、税収が回復するだろう。また、ギリシャ政府は外国から資金を借りるコストが高くなるので、財政再建に真剣に取り組むであろう[15]。それでも結局十分な財政再建ができないということになれば、ギリシャ政府は国債のデフォールトを起こして借金を踏み倒すことになる。しかし、その後は少なくとも当分は外国から資金を借りることはできなくなるので経済状況は悪化し、その中でギリシャ政府は自力で厳しい財政再建・経済再建に取り組むことになろう。

しかし現実には、ギリシャはユーロ圏に入っており独自通貨を持っていない。ギリシャをはじめ一部のユーロ加盟国の財政危機のため、ユーロは他の主要通貨に対して減価したが、ユーロ圏には財政に問題のない国々、特に経済大国のドイツなども入っているので、ギリシャが独自の通貨を持っている場合と比較すれば、通貨安の程度は小さかった。したがって、上述のような大幅な通貨安を通じた経済調整は進まない。もしEU・IMFが支援を行わず、ギリシャ国債が無秩序なデフォールトに陥れば、ユーロ圏の債券市場は混乱し、ギリシャと並んで財政状況の悪いアイルランド、ポルトガルのみならず、財政に不安のあるスペインやイタリアにも財政危機が波及する恐れがあった。そのような事態になれば、ユーロの信認は著しく低下し、共通通貨の存続問題にもかかわってきただろう。したがって、EU加盟国は共通通貨ユーロを守るために、ギリシャなどを支援せざるを得なかったと言える。

---

[15] IMFの支援を受けるかもしれないが、その場合はIMF融資の条件(コンディショナリティー)として緊縮財政措置などが要請される。

今回のユーロ圏の財政危機は、共通通貨加盟国の一部が放漫財政などで財政危機に陥ると、通貨の信認が低下し、健全財政を維持している国にも影響が及ぶということを示している。ユーロ圏加盟国は、健全財政を維持するために、原則として財政赤字はGDP比3％以内、政府債務残高はGDP比60％以内にすることを義務づけられてはいるが、現実には守られていない。共通通貨を成功させるための1つの重要な条件は、統一的な財政政策を実現することにある。財政政策の統一は、国家主権が絡む問題だけに非常に難しい課題である。

　アジア諸国の間で、仮に今後統一的な財政政策を導入できるような環境が整う日が来るとしても、それは極めて遠い将来の話である。この点からも、アジア共通通貨構想は非現実的であると言える。

第9章　通貨危機はなぜ起こる

　1997年夏、タイの通貨バーツが暴落し、それを契機にアジア金融危機が勃発した。アジア金融危機は通貨危機と呼ばれる国際金融危機であった。通貨危機はこれまでさまざまな国で起こっている。本章では、通貨危機とは一体どのような危機なのか、なぜ通貨危機が起こるのか、通貨危機が起こるとその国の経済にはどのような影響があるのか、通貨危機を未然に防ぐにはどうすればよいのかについて学ぶ。

1　通貨危機の発生

（通貨危機とは）

　通貨危機 currency crisis、exchange rate crisis とは、ある国で資本流出が大規模に起こり、その国の通貨が短期間のうちに大幅に減価するという経済現象である。戦前・戦後を通じて、通貨危機はいろいろな国で起こっている[*1]。近年の重要な通貨危機としては、1990年代前半にヨーロッパで起こった**EMS危機**（欧州通貨危機）EMS crisis、1990年代後半の**アジア金融危機** Asian financial crisis などがある。

　ヨーロッパでは1999年に共通通貨ユーロが導入されたが、ユーロ導入の準備段階として、主要なEU加盟国は各国通貨間の為替レートを一定の固定的な水準で維持しあう固定レート制を採用していた。ユーロ導入を目指して金融統合を進める仕組みはEMS（European Monetary System）と呼ばれ、

[*1]　Barry Eichengreen and Michael D. Bordo "Crises Now and Then" NBER Working Paper 8716, 2002は、通貨危機（および銀行危機）の歴史を分析しているが、彼らの危機の定義によると、1980年以降1997年までの間に、先進国および新興国において、57回の通貨危機と21回の銀行危機・通貨危機の併発が起きている。この合計回数では、例えばERM危機やアジア金融危機の時に通貨危機に陥った複数の国がそれぞれカウントされている。

EMSの中核的な取り決めが参加国間の固定レート制であった。なお、EMSは新通貨ユーロ導入に伴って発展的に解消されて今は存在しない。当時EMSに参加していた英国、イタリア、スペインなどが、1992年に突然大規模な資本流出に見舞われ、その結果、それらの国の固定レートが維持できなくなり大幅な通貨安となった。これがEMS危機と呼ばれるものである。

アジア金融危機では、1997年から98年にかけて、タイ、インドネシア、マレーシア、韓国などの東アジアの主要国が、次々に嵐のような資本流出に見舞われ、通貨の暴落が起こった。これらの国では、通貨危機に伴い深刻な不況となり、大量の企業倒産や失業者増加に苦しむこととなった。アジアで起こった深刻な通貨危機は、その後、アジアから遠く離れたロシア、ブラジルなどにも飛び火する事態となった。

前述したように、通貨危機は大規模な資本流出が起こる結果、短期間のうちに通貨の大幅減価が起こることだが、通貨危機が発生するとどの程度の通貨安が起こるのであろうか。EMS危機の場合は、危機国の通貨は、当時ヨーロッパ内の中核的な通貨であったドイツ・マルクに対して、危機発生直後から半年以内で15〜25％程度減価した。アジア金融危機では、危機国の通貨はドルに対して、半年以内で40〜75％程度も減価した。アジア金融危機では、まさに通貨の暴落が起こったのである。

通貨危機の要因は危機によって異なる。またその国の経済に対する影響も異なり、アジア金融危機の場合は危機国は深刻な不況に陥ったが、EMS危機ではそのようなことは起こらず、むしろ危機後に各国の経済成長率は高まった。

(通貨危機以外の国際金融危機)

通貨危機はしばしば国際金融危機 international financial crisis とも呼ばれる。国際金融危機という用語は、通貨危機以外のタイプの危機にも使われる。通貨危機とは異なる近年の国際金融危機として重要なものは、1980年代に起こった中南米の債務危機と、2008〜09年に起こった米国発の世界金融危機である。

1980年代の中南米の債務危機 debt crisis は、メキシコ、アルゼンチン、ブ

ラジルなどの中南米諸国の政府が、外国から借りた政府債務についてデフォールトを起こしたという危機である。1980年代にはポーランドなどの東欧諸国やアフリカ諸国でも債務危機が起こったので、当時は「第3世界の債務危機」とも呼ばれたが、この時期債務危機が最も深刻だったのは中南米諸国であった。なお、第3世界とは途上国の総称である。ただし、途上国の中でも東アジア諸国では債務危機は起こらず、高成長が続いていた。

　中南米諸国の政府は、1970年代半ば以降、外国（主に米国とヨーロッパ先進国）の金融機関から多額の融資を受けて、積極的にインフラ建設などの経済開発を進めていた。しかし、中南米諸国の政府は、税収を大幅に上回る政府支出を行う放漫財政のおかげで、1980年代初めには大幅な財政赤字と政府債務の累積という問題を抱えることとなった。また、財政赤字の一部を貨幣増発でファイナンスしたため物価が上昇し、1980年代初めには年数十％～100％程度の高インフレとなっていた。

　こうした中南米諸国の国内経済の問題に加え、対外経済環境の変化も中南米諸国の対外債務に厳しい影響を与えた。1980年代初めの先進国経済は、1970年代末の第2次石油危機の影響で不況に陥っていた。特に、米国の不況は、米国への輸出に依存する中南米諸国に深刻な影響を与えた。さらに、米国は国内のインフレの高まりに対応するため1980年代初めから金利を大幅に引き上げたが、中南米諸国の対外債務の多くはドル建てで金利は米国金利に連動していたために、対外債務の金利負担が上昇することとなった。

　こうした事情から、1980年代初めには先進国金融機関の融資態度が急速に慎重なものとなった。それまでのように融資を受けられなくなった中南米諸国政府は1982年になると、次々に政府債務のデフォールトを宣言して債務返済を拒否し、中南米の債務危機が始まった。その後約10年間、中南米諸国には、先進国からの投融資がほとんど行われなくなり、**失われた10年** lost decade と呼ばれた経済停滞が続くこととなった。なお「失われた10年」はもともと1980年代の中南米諸国の経済停滞を指す用語として使われたが、日本のバブル崩壊後の1990年代も、日本経済の「失われた10年」と呼ばれるようになった。

　なお、ペルーでは債務危機と同時に通貨危機も起こった。ペルーはそれま

での固定レート制を維持しようとしたが、大規模な資本流出に抗しきれず、短期間に大幅な通貨安が生じるという通貨危機が発生したのである。しかし、1980年代の中南米の国際金融危機は基本的に、政府債務のデフォールト問題という債務危機であった。

　2008年9月、米国の投資銀行リーマン・ブラザーズの倒産を契機に、**世界金融危機** global financial crisis が勃発した。世界金融危機は、米国およびヨーロッパの主要国において国内金融危機が同時に発生したものであった。国内金融危機とは、ある国において銀行などの金融機関の多くが経営破たん（あるいはそれに近い状態）に陥る状態を指している。

　世界金融危機の震源地は米国で、サブプライム・ローンと呼ばれる低所得者向けの住宅ローンの焦げ付きがもともとの原因であった。米国では、2000年代前半から半ばにかけて発生した住宅バブル（住宅価格の高騰）を背景に、サブプライム・ローンを組み込んだ証券化商品が大量に組成された。低所得者が借り手のサブプライム・ローンはもともとリスクが高いものであったが、サブプライム・ローン関連の証券化商品は高度な金融技術を使うことによって低リスクなものになっていると考えられて、米国の金融機関のみならず外国（おもにヨーロッパ主要国）の金融機関が積極的に投資していた。

　しかし、米国の住宅バブルの崩壊でサブプライム・ローンの返済不能が拡大すると、サブプライム・ローン関連の証券化商品の価値が急落し、欧米の主要金融機関の多くが経営破たん状態に陥ってしまったのである。この米国発の世界金融危機は、国内の金融危機が米国を始めとして複数の主要国で同時に起こったもので、通貨危機の性格は持っていなかった。実際、米国が危機の震源地であったが、世界金融危機の最中にドル安は起こらなかった。

② 資本逃避と投機による資本流出

　通貨危機は固定レート制をとっている国において発生する。大幅な資本流出が起こると、為替市場でその国の通貨が売られるので、政府は固定レートを維持するために、外貨売り・自国通貨買いの為替市場介入を行う。この為

替市場介入は、為替市場における大量の自国通貨売りに抗して自国通貨価値の下落を防ぐために行われるものなので、しばしば**通貨防衛**currency defenseと呼ばれる。

しかし、資本流出が大規模であれば、政府が保有する外貨準備はそのうち底をついて為替市場介入ができなくなり、変動レート制に移行する。為替市場では自国通貨売りが強いので、その時点を境に、自国通貨が大幅に減価する。これが通貨危機である。つまり、通貨危機は、固定レート制をとっている国で大規模な資本流出が起こったときに発生する。

一方、変動レート制をとっている国の場合、為替レートは為替市場での外貨の需要と供給の変化に応じて、常時弾力的に変化する。したがって、ある時点を境に、それまで安定していた通貨が一方的に大幅な下落を続けるということは通常起こらない。

通貨危機が起こる時の資本流出は、大別すると、資本逃避と投機の2つのタイプに分けられる。

通貨危機時の資本流出 ＝ 資本逃避 ＋ 投機

資本逃避capital flightは、投資家が固定レート制の崩壊でその国の通貨が大幅安になった場合に被る損失を、事前に回避するために行う資本流出である。危機国をA国と呼ぼう。例えば、危機勃発を懸念する外国銀行がA国の銀行などに融資していた資金を回収して、A国通貨を外貨(ドルなど)に換えることが資本逃避である[*2]。

あるいは、外国の投資家がA国の株式市場で投資をしていた場合、通貨安による損失を回避するために、株式を売って資金(A国通貨の資金)を回収して外貨に換えることも資本逃避である。資本逃避はA国の投資家によっても行われうる。将来外貨を必要とする企業や個人は、通貨安になる前に外貨を購入しようとするであろう。それによっても資本が流出する。

投機的動機による資本流出は、通貨安による損失回避ではなく、むしろ通

[*2] A国の借り手銀行が外国銀行からドル建てで融資を受けていた場合には、A国の銀行がA国通貨を売ってドルを買い外国銀行に返済するので、やはり為替市場でA国通貨売りが増える。

貨安を予想して利益を得るために行われる資本流出である。Ａ国が固定レート制を維持することは難しく、いずれ通貨安になると予測する投資家は、Ａ国の銀行から融資を受け、それで得たＡ国通貨をドルなどの外貨に換えることで投機ができる。

　このような投機がなぜ儲かるか見てみよう。もしＡ国通貨が対ドルで半値（50％の減価）になった場合、この投資家は割高（２倍の価値）になった外貨をＡ国通貨に換えて、その半分の金額（プラス金利分）をＡ国銀行に返済する。結局、Ａ国銀行からの融資額の半分が、この投資家の手元に残る利益となる。通貨安が大幅になればなるほど、投機の利益は大きくなる。一方、予想がはずれて為替レートに変更がなければ、この投資家はドルをＡ国通貨に戻して、Ａ国銀行に元本と金利を支払い、この投機を手仕舞う。この金利支払額が投機のコストである。投資家は予想が当たれば大きな儲けを得ることができ、予想がはずれれば損失を被るが、その損は金利支払い分だけなので儲けと比べるとかなり小さい（コラム「EMS危機 ―通貨投機で大儲けしたジョージ・ソロス―」参照）。

　一般に、通貨危機が起こる場合、資本逃避と投機がともに行われると言えるが、危機によって資本逃避がより重要であったり、逆に投機がより重要であったりする。EMS危機では、大規模な資本流出に見舞われた英国がEMSという固定レート制から離脱することになったが、この時の資本流出は主に投機によるものであった。他方、アジア金融危機では、投機的な資本流出よりも、先進国の銀行による融資撤退などの資本逃避が重要な役割を果たした。

　通貨危機では、市場における期待が重要な役割を果たす。もし内外の投資家の多くが、固定レート制の維持が難しくなると予想するようになれば、その通貨が減価する前に外貨に換えて、損失を回避したり投機で利益を得ようとする取引が増えるので、資本流出が加速する。固定レートを維持しようとする政府は、外貨準備を取り崩して為替市場で外貨を売って通貨防衛に努めるが、資本流出が止まらなければ、いずれ外貨準備は枯渇して為替市場介入はできなくなる。固定レート制は崩壊し大幅な通貨安となる。

　この場合、投資家が通貨安を予測すれば、現実に通貨安になるという点に

注意しよう。このような予測は、**自己実現的な予測**self-fulfilling prediction と呼ばれる。

> ### コラム
>
> ### EMS危機
> ― 通貨投機で大儲けしたジョージ・ソロス ―
>
> 　EMS危機は1992年に起きた。危機に見舞われたのは、英国、イタリア、スペイン、スウェーデン、フィンランドなどであった。英国、イタリア、スペインはEMS参加国で、参加国同士で固定レート制をとっていた。スウェーデン、フィンランドはEMSに参加していなかったが、EMSに参加していたドイツの通貨(マルク)に自国通貨をペッグする政策をとっていたので、事実上EMSの固定レート制に参加していたと言える。
>
> 　EMS危機が起こった背景としては、1990年の東西ドイツ統一とその後のドイツ経済の変化が重要であった。ドイツ統一が実現すると、ドイツ政府は経済発展が遅れた旧東ドイツ経済を支援するため大規模な政府支出拡大を行った。こうした積極的な財政政策に加え、ドイツ統一が新たな成長を生み出すとの思惑から民間の投資も拡大し、ドイツ経済は統一ブームに沸いた。その結果、ドイツではインフレの懸念が生まれ、インフレ・ファイターとして有名だったドイツの中央銀行ブンデスバンクは、インフレの高まりを防ぐために1991年から92年にかけて金融引き締め政策をとり、政策金利を3％も引き上げた。
>
> 　ヨーロッパ最大の経済大国のドイツにおける高金利は、他国からドイツへの資本流入を招くこととなった。一方、他のEMS加盟国(および事実上のEMS参加国)からは資本が流出したので、ドイツ・マルクとの為替レートを固定するために、自国通貨買い・マルク売りの為替市場介入を行った。それらの国では外貨売り介入の結果、金融引き締めとなり金利が上昇した。しかし、それらの国の経済はドイツと異なり不況で、金利上昇は景気をさらに悪化させる効果を持った。第8章「国際金融と経済政策運営」で学んだ開放経済のトリレンマの関係がここで働いていることに注意しよう。ドイツ以外の国々はドイツ・マルクとの固定レート制を維持するために、ドイツの金融政策に追随せざるを得なかったのである。

こうした状況の中で、固定レート制の維持に強い政治意志を持たないのではないかと思われた国々に対して通貨投機が行われ、それらの国からますます資本が流出したのである。結局、1992年に英国、イタリア、スペイン、スウェーデン、フィンランドなどでは、固定レート制が維持できなくなり、通貨が大幅に減価することとなったのである。これがEMS危機である。このようにEMS危機では投機による資本流出が大規模に起こったことが特徴であるが、特に英国ポンドの危機では、巨額の投機を行った米国人の投資家ジョージ・ソロスが大きな役割を果たした。ソロスは当時、「イングランド銀行を潰した男(The man who broke the Bank of England)」と呼ばれ、一躍世界中で有名となった。なお、イングランド銀行は英国の中央銀行である。

　当時の英国は、統一ブームに沸くドイツとは対照的に、戦後最悪の不況の最中にあり、ドイツ・マルクとの固定レートを維持するための金利上昇は英国経済をさらに悪化させるものであった。ソロスは英国のヨーロッパ統合への政治意思はそれほど強くなく、通貨防衛で引き起される景気悪化・失業増加をいつまでも受け入れないのではないか、早晩EMSから離脱するだろうと読んで、ポンド売りの投機を行ったのである。

　ソロスは自分が運用するヘッジファンドを通じて、数十億ポンドを英国の銀行から借り入れ、為替市場でそのポンドを売ってドイツ・マルクに換え、ドイツの銀行に預金した。イングランド銀行は英国政府の指示のもと、通貨防衛のためにポンド買い・外貨売りの為替市場介入を行った。しかし、ソロスのファンドによるポンド売りは極めて大規模で、結局1992年9月には英国の外貨準備はほとんど底をついて、ポンドはEMSの固定レート制から離脱した。その結果、ポンドは1〜2カ月の間にドイツ・マルクに対して10％以上安くなり、半年後には約15％安となった。ソロスは安くなったポンドを買い戻して、英国の銀行に借金を返済し、残りをファンドの利益としたのである。

　この投機での儲けを具体的に見てみよう。例えば、10億ポンドを英国の銀行から借りてドイツ・マルクに換え、ドイツ・マルクがポンドに対して10％高くなったところで、ポンドを買い戻すと11億ポンドを手にすることができる。10億ポンド(プラス若干の金利分)を英国の銀行に返済した残りの約1億ポンドが儲けとなる。

　このようにしてソロスのファンドは一夜にして巨額の富を手に入れたのである。正確な金額はわからないが、この投機での儲けは約10億ドル(当時のレー

トで1,200億円程度)にのぼったと言われている。

　英国は投機による通貨危機に見舞われ、固定レート制から離脱することとなったが、それは英国経済にとっては必ずしも悪いことではなかった。変動レート制への移行によって、英国は金融緩和政策がとれるようになり、また通貨安で輸出が伸びたので、英国経済は1993年以降経済成長が加速し、その後好況が続くこととなった。

　ソロスが儲けたことで、誰が損をしたのであろうか。それは英国政府である。もし英国政府が通貨防衛のためにソロスに外貨準備を売らず、早めに固定レート制から離脱していれば、ポンド安・マルク高による外貨準備の(ポンド評価での)増加額は英国政府のものになっていたからである。

3　アジア金融危機

　高成長を続けていた東アジア主要国を突如襲ったアジア金融危機は、1997年7月のタイ・バーツ暴落で始まった。その後、タイの隣国のインドネシア、マレーシアなどに波及し、1997年12月には韓国も危機に見舞われた。これらの国では、それまで大幅な流入を続けていた外国資本が突然流出に転じるという大規模な**資本の逆流**reversal of capital flowsが起こったのである。アジア金融危機はそれら諸国の通貨の暴落と深刻な不況をもたらした。アジア金融危機は1997年半ばから1998年にかけて続いたが、1999年にはアジア諸国の経済は回復に向かった。

　タイはなぜ通貨危機に見舞われたのであろうか。タイの危機はなぜ他のアジア諸国に波及したのであろうか。通貨暴落がなぜ深刻な不況をもたらしたのであろうか。これらの疑問に答えよう。

(東アジアの奇跡)

　戦後長らく世界中の途上国は貧困と低成長にあえいでいたが、東アジアでは1970年代ごろから、韓国、台湾、香港、シンガポールが持続的に高成長を達成するようになり、この4つの国・地域は**NIEs**(newly industrialized economies、新興工業国）と呼ばれるようになった。またマスコミなどでは、アジアの4匹のトラ Asian four tigers とか4匹の龍 Asian four dragons という呼び名が使われた。1980年代になると、タイ、マレーシア、インドネシア、フィリピンなどのASEAN主要国や中国も持続的な高成長を実現するようになった。こうした東アジアの経済的成功は**東アジアの奇跡** East Asian Miracle と称されて世界の注目を集めた。

戦後世界の多くの途上国では、国内企業の育成を図って経済発展を遂げるために、先進国からの輸入や直接投資を制限していた。また、為替レート制は固定レート制（主にドル・ペッグ）をとっていたが、固定のレートを自国通貨高の水準に維持することによって国内企業（多くの場合国営企業）が外国の機械や原材料を安く輸入できるようにしていた[*3]。しかし、このような**内向きの政策** inward-looking policies のもとでは、先進国の高度な技術は流入せず、また通貨高のおかげで輸出が低迷し、結局経済成長を高めることはできなかった。

アジアのNIEsは他の途上国に先駆けて、貿易・投資を自由化する政策にかじを切り、また割高の為替レートを是正する**外向きの政策** outward-looking policies をとって、成長を持続的に加速することに成功した。NIEsでは輸出と輸入がともに大幅に拡大し、また先進国企業の直接投資が活発に行われて先進国の資金と高い技術が流入したのである。NIEsの成功体験はASEAN諸国に刺激を与え、ASEAN諸国も外向きの政策に転じて、持続的な成長を実現するようになった。

中国は共産党政権のもとで戦後長らく、西側諸国との貿易・投資を極端に制限する内向き政策のみならず、広範な価格規制、民間企業の存在を認めない国営企業体制、農地の私有を認めない農地共同所有制度といった社会主義的な経済政策をとっていた。このような政策のもとでは経済成長を高めることはできず、実際中国経済は長期にわたって停滞していた。1970年代末に

[*3] このような政策の下では、通貨高なので輸出が伸びず外貨（ドル）が稼げない一方、輸入には有利なので輸入需要は大きい。そこで外貨を集中管理していた政府は、少ない外貨を国営企業などに割り当てていた。これらの国では資本流出入は規制されていたので、基本的に輸出で稼いだわずかな外貨分しか輸入できなかったのである。

なると、「改革と開放」と呼ばれた新しい経済政策の方針が打ち出されて、1980年代初めからさまざまな大胆な改革が導入された。それらの改革は従来の社会主義的政策をやめて市場経済に移行するという180度回転の政策転換であった。この政策転換が始まった1980年代初めを境に、それまで停滞していた中国経済は高成長を続ける経済となったのである。

（タイで始まった危機）

　タイでは1980年代初めごろから経済成長の加速が見られ、特に危機前の10年間は年平均9.5％という非常に高い成長を実現していた。1990年代には、タイ政府は外国資本を活用して成長促進を図る目的で、直接投資などの**長期資本**の流入 long-term capital inflow のみならず、**短期資本**の流入 short-term capital inflow についても規制緩和を進めた。タイ経済の高成長と資本取引の自由化を背景に、外国資本、特に外国からの短期資本がタイに活発に流入するようになった。高成長が続くタイは、当時「アジアの優等生」とも呼ばれ、外国の投資家にとって大変魅力的な投資先であった。

　短期資本の流入とは、外国銀行からの短期借入、外国の投資家による証券投資などで、これらの資金は短期間のうちに大きく変動する。つまり、こうした外国の資金はタイ経済が好調だと思うと大量に流入し、逆に経済に不調の兆しが出てくると大量に流出しうる。このため、短期資本は「足が速い資金」だと言われる。

　一方、長期資本に分類される直接投資は、短期間での変動が少ない比較的安定した資金である*4。タイなどの新興国への直接投資は、M&Aタイプ（現地企業の買収や現地企業への出資）よりも、現地生産のための工場設置などの投資が中心なので、一時的に経済が変調となっても、それらの直接投資は直ちに撤退しないからである。直接投資をした外国企業は長期的観点から現地へ進出しているので、経済状況が一時的に悪くなってもすぐに工場などを閉鎖して撤退することはしない。なお、直接投資のうちでもM&Aタイプの投資は、買収した企業を売りに出すといった形で比較的「足速く」撤退するこ

---

*4　直接投資のほか長期融資も長期資本であるが、一般に新興国・途上国への銀行融資は満期1年以内の短期融資が一般的で、タイの場合も外国銀行の融資は短期融資であった。

ともある。

　高成長を続けていたタイ経済も、1990年代半ば頃から変調の兆しが見られるようになった。第1の問題は、国内金融機関の経営不安の懸念であり、第2の問題は、経常収支赤字の大幅化であった。

　タイの銀行は外国銀行(主に欧米と日本の銀行)から1年以内の短い満期で大量の融資を受け、その資金をもとに国内への融資を拡大していた。しかし、タイの銀行やノンバンク(国内銀行から融資を受けその資金で企業などに融資する金融機関)は、融資の審査能力が不十分で、豪華なオフィスビルやゴルフ場などの投資案件に安易な貸し出しが行われていた。そうした高価な施設は結局採算がとれず、借り手企業の多くが返済不能となり、その結果金融機関の不良債権が増大し、1996年には一部の金融機関の経営破たんが表面化した。これが外国の短期資本がタイから逃げ出す重要な要因となった。

　なお、タイに限らず新興国・途上国に対する先進国の民間銀行の融資は、それらの国のリスクが比較的高いため、満期1年以内の短期融資で行われるのが一般的である。問題がなければ先進国の銀行は短期融資を繰り返しロールオーバー(借り換え)することによって、融資を長期間供与する。しかし、融資先の返済能力に懸念が出てくれば、先進国の銀行はロールオーバーしなければよいので、短期間のうちに撤収することができる。

　一方、タイの経常収支赤字拡大も、外国の投資家(銀行など)にとって懸念材料となった。もともとタイの高成長は経常収支赤字に支えられていた。第2章「各国経済と国際金融の結びつき」で学んだように、経常収支赤字は投資超過(投資＞貯蓄)を意味し、またネットでの資本流入(資本流入＞資本流出)を意味している。タイなどの東アジア諸国は高貯蓄経済であったが、高水準の国内貯蓄を上回る高投資が行われて高い成長が実現していた。そのような高投資はネットの資本流入によってファイナンスされていたのである。

　タイの経常収支赤字の対GDP比は、1980年代は年平均4％程度であったが、90年代になると次第に拡大し、1995～96年には対GDP比8％台の高い水準となった。そうした経常収支赤字拡大の背景には、タイ・バーツの実質為替レートの増価があった。タイでは対ドルの為替レートを＄1＝25バーツに維持する固定レート制(ドル・ペッグ)がとられていた。またタイでは

1980年代の中南米諸国のような高インフレにはなってはいなかったものの、米国などの先進国と比べれば高めのインフレとなっていた。タイの危機前2～3年のインフレ率は年5～6％となっていたが、米国のインフレ率は2％台にとどまっていたのである。その結果、名目為替レートは固定レート制のもとで一定に維持さていたものの、実質為替レートは徐々に増価していた。実質でのバーツ高は、タイの輸入を促進し輸出を抑制したので、タイの経常収支赤字を拡大する要因となったのである。

ここで実質為替レートは2国の物価水準の比率($Er = EP^*/P$)であることを思い出そう。名目為替レートEが一定の時、国内物価水準Pが外国物価水準P^*よりも速く上昇すれば、実質為替レートErが低下する。つまり、自国通貨の実質為替レートが増価する。

外国の投資家は、なぜタイの経常収支赤字の拡大を心配したのだろうか。経常収支赤字が拡大しても、外国資本の流入増加が続けば経常収支赤字はファイナンスされるので問題はない。しかし、タイの国内経済の先行きに不安が出てきて外国からの資本流入が縮小することになれば、タイ政府は固定レート制を維持するためにドル売り介入をしなければならなくなる。もし大量のドル売り介入が続けば、いずれ外貨準備は底をついてしまうので、為替レートが切り下げられるか、あるいは変動レート制へ移行する可能性が高まる[5]。切り下げの場合も変動レート制への移行の場合もいずれもバーツ安を意味するので、すでにタイの投資している外国の投資家にとっては損失につながる。したがって、当時の経常収支赤字拡大は、外国の投資家にとって懸念材料の一つとなったのである。

実際、1990年代半ば頃からタイ経済に変調の兆しが現れるようになると、外国の投資家の心理が急速に悪化し、それまでのタイへの投資増加から、逆にタイからの資金回収が行われるようになった。資本逃避による資本の逆流が起こったのである。その結果、タイの為替市場ではバーツ売り・ドル買いが急増した。それに対し、政府はドル売り介入によって、バーツ安を防ぎ固

---

[5] 為替レートの切り下げ(例えば固定レートを$1=25バーツから$1=30バーツに変更すること)は、輸出増加・輸入減少を通じて経常収支赤字を減らす効果を持つので、大幅な為替市場介入なしでも固定レート制が維持できるようになる。

定レートを維持しようとしたが、しかし、資本の逆流の流れは止まらず、ドル売り介入による外貨準備減少が続いた。タイの外貨準備が底を突く懸念が出てくると、投資家はバーツ安になる前にバーツをドルに換えようとバーツ売りをさらに加速した。また、バーツ安を予測して、投機的なバーツ売りも行われた。

その結果、ついに1997年7月にはタイの外貨準備は底をつき、ドル売り介入は不可能となって、バーツは変動レート制に移行した。タイ政府の懸命の通貨防衛は、奔流のような資本流出に直面して行き詰ってしまったのである。為替市場では大量のバーツ売りがあったので、変動レート制への移行と同時に、バーツの価値は急落した。1997年7月から半年の間に、バーツは対ドルで半値以下（50％以上の減価）となったのである（図表9-1参照）。

バーツの暴落に伴って、タイ経済は深刻な不況に突入した。タイ経済は危機前まで非常に高い成長を続けていたが、1998年には約10％のマイナス成長となり、企業倒産が続出し失業が大幅に増加した。

タイの通貨危機は、なぜタイ経済の不況につながったのであろうか。その主要要因の第1は、バーツ安による対外債務負担の増加であり、第2は、資本流入の極端な減少による国内の信用収縮である。

第1に、バーツ安はタイの対外債務負担を増加させて、タイ経済に深刻な影響を与えた。一般に新興国・途上国の対外借入は、ドルなどの主要通貨建てで行われるが、タイの銀行・企業の対外借入も外国通貨建て（ドル建て、円建てなど）で行われていた[*6]。バーツ暴落によって、バーツで評価した対外債務負担額が急増し、多くの借り手が債務不履行・倒産に追い込まれたのである。

その点を、具体的に説明しよう。タイでは長らく＄1＝25バーツの固定レートが維持されていたが、危機によってバーツの価値は急落し、1998年1

[*6] 新興国・途上国が先進国の銀行から自国通貨建てで対外借入を行うことができれば、為替リスクを負わずに済む。しかし、これまで新興国・途上国の通貨はしばしば大幅に減価したことなどから、借り手に対して強い立場にある先進国の銀行は、為替リスクを回避するために、ドルなどの主要通貨建てでの融資を行うのが一般的である。また、リスクが高いため融資期間も短期（1年以内）であることが多い。新興国・途上国の対外債務が外国通貨建てになっていることは、「原罪 original sin」と呼ばれることがある。

第9章　通貨危機はなぜ起こる

図表9-1　タイの経済　―危機の前と後―

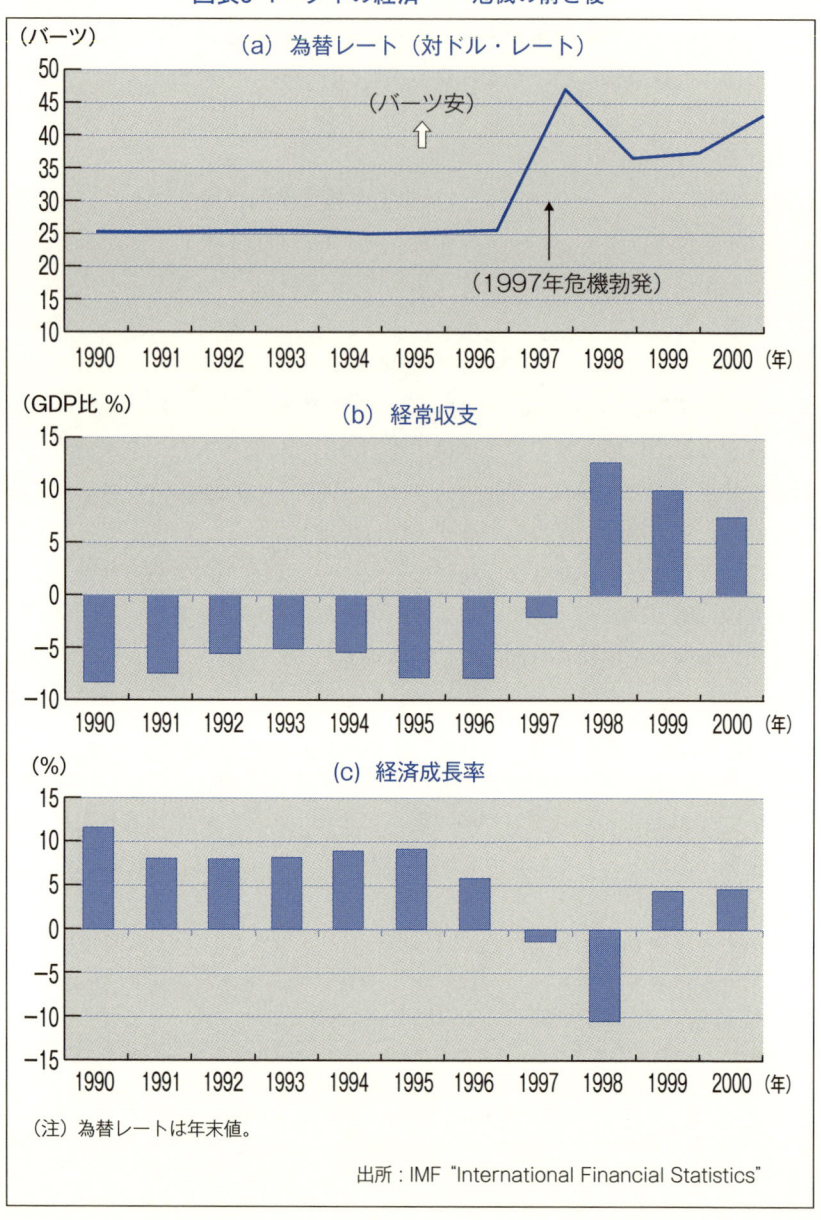

(a) 為替レート（対ドル・レート）（バーツ）

（バーツ安）

（1997年危機勃発）

(b) 経常収支（GDP比 %）

(c) 経済成長率（%）

（注）為替レートは年末値。

出所：IMF "International Financial Statistics"

月には＄1＝55バーツとなった。1億ドルの借入を行っていたタイ企業は、危機がなかったとすれば、25億バーツを用意すれば1億ドルの返済ができたが、通貨暴落が起こったため、55億バーツを用意しなければ1億ドルの返済ができないことになった。つまり、外国通貨建ての対外債務負担は変化がないが、自国通貨で見た対外債務負担は急増したのである。タイ企業の売り上げは2倍になってはいないので、タイの借り手企業多くは、このような債務負担の急増に対応することはできず債務返済不能となった。

第2に、信用収縮もタイ経済の不況を深刻化させた。危機前までは活発な資本流入により、タイの活発な投資がファイナンスされていたが、危機が起こるとタイに対する外国銀行融資などの資本流入は極端に減少した（**図表9-2**参照）。その結果、タイ国内の銀行融資が大幅に減少する信用収縮が起こ

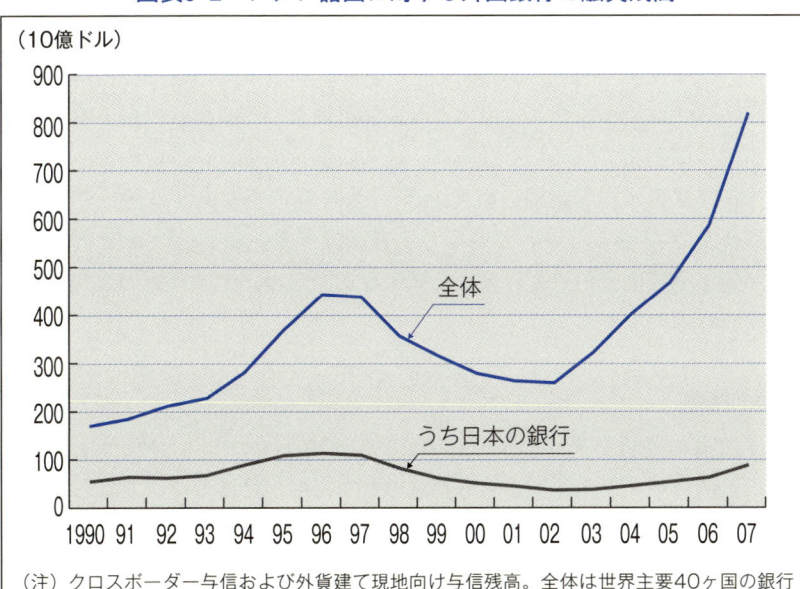

図表9-2 アジア諸国に対する外国銀行の融資残高

（注）クロスボーダー与信および外貨建て現地向け与信残高。全体は世界主要40ヶ国の銀行合計。アジア諸国は、BIS統計の区分名では「アジア太平洋」。

出所：BIS "International Banking Statistics"、および日本銀行「BIS国際与信統計（日本分集計結果）」。

り、タイ企業の生産活動は縮小することとなった。また、タイの銀行は多くの借り手企業が債務不履行となったので、不良債権を大量に抱え込むこととなり経営不安に陥った。つまり、通貨危機は銀行危機を引き起こしたのである。銀行危機が起こると貸出は減少するので、信用収縮はさらに深刻化した。アジア金融危機の特徴は、通貨危機と銀行危機が同時に起こったことにある。

　通貨安になれば、輸出が増加して経済が回復することが予想される。1990年代前半のEMS危機後の英国などでは、実際、通貨安が輸出増加につながり景気回復に貢献した。しかし、タイでは大幅な通貨安にもかかわらず、輸出は大幅に減少した。なぜだろうか。それは、銀行危機が同時に起こったので、輸出企業に対する銀行の貿易金融も縮小してしまったからである。通貨安でタイの輸出企業は価格競争力が高まったが、輸出品を生産するための資材の購入などに必要な資金を確保できず、輸出が急減したのである。

　タイの経常収支は、危機が起こるとそれまでの大幅赤字から大幅黒字に転換した（図表9-1(b)参照）。経常収支が黒字になったのは、通貨安で輸出が拡大したからではなかった。上述のように輸出はむしろ減少したが、輸入が国内の不況の深刻化で激減したために、経常収支は黒字に転じたのである。第2章「各国経済と国際金融の結びつき」で、「経常収支赤字は悪いことで、経常収支黒字が望ましい」という考え方は誤っているということを学んだが、アジア危機直後のタイの大幅な経常収支黒字は、タイ経済の深刻な苦境を反映したものであった。

（危機の伝染）

　タイ政府の通貨防衛が万策尽きて、1997年7月にバーツが急落すると、直ちに近隣の東アジア諸国からも大量の資本流出が始まった。これらの国はタイ同様、ドルに対して固定的な為替レートを維持する政策をとっていたので、大量の自国通貨売りに対抗してドル売り介入などで為替レート維持を図ろうとした。一時激しい資本流出に見舞われた香港は、なんとか固定的レートを維持することができたが、インドネシア、マレーシア、フィリピンは大量の資本流出に抗しきれず、大幅な通貨安となった。同年12月になると、

韓国も大量の資本流出に見舞われて韓国ウォンが売り浴びされ、固定的レートを維持することができなくなり、ウォンが急落した。そして、アジア金融危機前まで高成長を遂げていた東アジアの多くの国は、1997年後半から98年にかけてマイナス成長に陥ってしまった。

　1国の通貨危機が他国に次々に波及していくという**危機の伝染**contagion of a crisisが起こったのである。危機の伝染が起こるのは、1国の危機発生で投資家の心理が大きく振れるからである。外国の投資家は、それまで優良投資先と考えられていたタイが「問題国」なら、近隣の東アジア諸国も同様な問題を抱えているのではないかと疑心暗鬼になって、資本逃避に走ったのである。タイの事態は、多くの投資家にとって、眠りから目覚めさせる「ウェイクアップ・コールwake-up call」となったのである[*7]。そして、投資家が群れをなして出口に殺到する「群集行動herd behavior」が、アジア地域全般に危機をもたらした。このような現象は、1994年末に起こったメキシコの通貨危機でも見られ、アジア金融危機ほど深刻ではなかったが、メキシコの危機の直後に近隣の中南米諸国から資本流出が起こった。

　タイに始まった通貨危機は東アジアの主要国を次々と襲ったが、しかし、中国は危機に見舞われなかった。当時中国は、製造業の直接投資の流入を除き、資本の流出入を厳しく制限していたので、中国には外国の短期資本が流入していなかった。大量の資本流出が起こるためには、その前に大量に資本が流入していなければならないので、中国では資本の逆流は起こらなかった。中国は厳しい資本規制のおかげで危機から免れたのである。

　日本にアジア金融危機が飛び火して通貨危機が起こるといったことはなかった。それは日本は自由な資本流出入を認め変動レート制をとっており、また先進国経済で新興国が抱えるような問題は持っていないと考えられたからである。しかし、日本は、東アジアの主要国が深刻な不況に陥ったために東アジアとの貿易が大幅に縮小し、それによって経済成長が下押しされるという間接的な悪影響を受けた。

[*7]　ウェイクアップ・コールwake-up callとは、ホテルの宿泊客に朝、指定の時刻に目覚ましの電話をかけてくれるサービスのことで、日本ではモーニング・コールと呼ばれるもの。

(アジア金融危機の教訓)

　アジア金融危機以前に新興国が見舞われた大きな危機としては、1980年代の中南米債務危機があった。中南米債務危機の基本的な要因は、政府の財政規律が緩く財政赤字が大幅化し、それをファイナンスするために過剰な対外借入が行われていたことにあった。また財政赤字の一部は貨幣増発で賄われたので、インフレが高まっていた。債務危機が始まった1982年におけるインフレ率は、メキシコ約60％、ブラジル約100％、アルゼンチン約160％となっていた[*8]。当時の中南米諸国の場合、大幅な財政赤字、高インフレといった経済ファンダメンタルズの悪化があったのである。

　しかし、突然の危機に襲われた東アジア諸国では、経済ファンダメンタルズはおおむね良好であった。アジア金融危機前までの1990年代において、これら諸国は高成長を続ける中、財政収支はむしろ黒字で、高インフレも起こっていなかった。また、先進国政府などからの政府開発援助(ODA)の借款を除けば、政府の対外借入も小さかった。危機を招いたのは、アジア諸国の民間部門に対する活発な資本流入と、突然の資本の逆流であった。

　アジア金融危機からは、次の2つの教訓が得られた。

　第1は、①脆弱な国内金融システムと、②早すぎる資本取引自由化の組み合わせは危険だという点である、国内金融システム特に銀行部門が未発達で脆弱な段階で、短期の資本取引を自由化すると、通貨危機を招く可能性が高まる。銀行の融資審査能力や借り手企業に対するモニタリング能力が十分でないときに、外国からの潤沢な資金流入で国内貸し出しが拡大すると、不良債権が増大する。不良債権増加で損失が拡大して金融機関の経営不安が表面化すると、足の速い外国の短期資本は逆流し、通貨危機を引き起こす。

　第2は、硬直的な固定レート制は危険だという点である。新興国が固定的レートを維持する場合、状況に応じて為替レートをある程度弾力的に調整する必要がある。固定レートを死守するという姿勢は危険である。タイの場合、タイのインフレ率と米国などの先進国のインフレ率の格差を是正するために、徐々にバーツ安を認めていれば、実質為替レートのバーツ高は防げた

[*8] その後、アルゼンチン、ブラジル、ペルー、ボリビアなどでは、インフレはさらに深刻となり、1990年代前半にかけて年数百％～数千％の高インフレとなった。

であろう。また、資本流出が始まった時に早めに通貨安を容認すれば、通貨暴落は避けられたであろう。為替レートは時々変化するということになれば、外国資本の借り手も貸し手も為替リスクを考慮するようになるので、一方的な資本流入の拡大は起こりにくくなる。

4 通貨危機の未然防止と国際的支援

　アジア危機に見られたように、新興国の通貨危機はその国の経済に深刻な悪影響を与えうる。新興国の通貨危機を未然に防ぐには、どのような対応が必要だろうか。また危機が発生した場合、国際社会としてどのような対応が求められるだろうか。

　前述したように、通貨危機は固定的な為替レート制をとっている国で起こりうる。新興国以外の途上国の場合も、新興国同様に固定的な為替レート制をとっているが、それらのより貧しい途上国では通貨危機は起こりにくい。それは、それらの国では資本取引規制が非常に厳しいこと、また先進国の投資家にとって投資先としてあまり魅力がないことから、民間資本の流入が不活発だからである。大量の資本流入がなければ大量の資本流出も起こらないので、通貨危機は起こりにくいのである。

　また、1990年代前半のEMS危機は先進国で起こった通貨危機であった。しかし、現在の先進国は変動レート制をとっているので、通貨危機は起こりにくい。また、EMS危機に見舞われた英国その他では、通貨の急速な下落が起こったが、深刻な不況に見舞われるということはなかった。したがって、以下では、新興国がとるべき通貨危機の未然防止策と危機対応策について検討する。

（新興国がとるべき対応）

　第1は、健全なマクロ経済運営である。特に、財政赤字の拡大を防ぐこと、またインフレを起こさないことが重要である。

　財政赤字が大幅化し、その財政赤字の多くが外国の民間資本からの借り入

れで賄われている場合、その国の政府がデフォールトを起こす懸念が出ると、資本が流出する。また、インフレが高まれば、固定レート制の下ではその国の通貨の実質増価が起こり、経常収支赤字が拡大する。経常収支赤字の大幅化(すなわちネットの資本流入の大幅化)は、その国の対外借入返済能力への懸念を生んで、資本流出につながる。高インフレが起こるのは、マネーサプライが大幅に増大するからである。新興国ではしばしば財政赤字をファイナンスするために貨幣増発が行われるので、財政規律を守ることがインフレ防止にもつながる。

　1980年代の中南米債務危機は、中南米諸国の財政規律の緩みと高インフレが原因となった。そうした不健全なマクロ経済運営は、債務危機や通貨危機を引き起こす可能性がある。

　第2は、国内銀行システムの強化である。アジア金融危機では、通貨危機と銀行危機が同時に起こったために、国内経済に深刻な打撃を与えた。多くの新興国は、今後資本取引規制を緩和して、国際資本市場と一体化を進めて長期的な成長を確保していく必要がある。しかし、国内の銀行システムがまだ脆弱な状態にあるときに短期資本の自由化を図ると、アジア金融危機と同じような危機を招く恐れがある。したがって、新興国は、銀行に対する自己資本比率規制などのプルーデンシャル規制(経営健全性規制)の強化、銀行監督体制の整備などによって、銀行システムを強化する必要がある。また、先進国の銀行の国内市場進出を認めて、高度な銀行経営のノウハウを導入する方法も有効である。

　第3は、為替レートの柔軟性である。新興国の場合、先進国のような完全な変動レート制にすると、企業や銀行の為替リスク管理が未発達なため、貿易や投資に悪影響を与える可能性がある。したがって、新興国の多くは、資本取引規制および為替市場介入によって、為替レートを固定する政策、あるいは変動の少ない安定的な為替レートを維持する管理変動レート制をとっている。しかし、内外のインフレ格差、資本流出入の大きな変化などの経済情勢の変化に対応して、為替レートを弾力的に変更することは、通貨危機を防ぐ効果を持つ。

　第4は、十分な外貨準備を保有することである。上記の諸政策をとって

も、投資家の心理の動揺などによって大幅な資本流出が起こる可能性もある。その際、外貨準備が豊富にあれば、通貨防衛のための外貨売りを続けて、ある程度持ちこたえることができる。また、外貨準備が豊富にあれば、投資家が外貨準備が底を突くことを恐れてあわてて資本流出させることも少なくなるので、危機の未然防止にも役だつ。

　外貨準備保有にはコストもかかるので、外貨準備は多ければ多いほど良いとは言えない[*9]。また、非常に大規模な資本流出が起これば、いくら外貨準備があっても足りなくなるので、危機防止のためには、健全なマクロ経済運営、国内金融システムの強化などの基本政策が欠かせない。なお、日本などの先進国は変動レート制をとっているので、固定的な為替レートを維持するために外貨準備保有が必要な新興国とは事情が異なり、多額の外貨準備を保有する必要はない。

(通貨危機に対する国際的支援)

　今後、新興国がアジア金融危機のような通貨危機に見舞われた場合、国際社会が通貨防衛のために必要な外貨を、迅速に融資する仕組みが必要である。

　アジア金融危機に際して、IMFは危機に見舞われた国に対して融資したが、このIMF融資には、緊縮財政、金利引き上げ、経済構造改革（補助金削減や規制緩和など）といった諸条件がつけられた。このようなIMF融資を受けるために借入国が満たすべき条件は、IMF融資の**コンディショナリティ** conditionalityと呼ばれる。しかし、緊縮的な財政金融政策は、これらの国の不況をさらに悪化させ、支援するというよりむしろ問題を深刻化させてしまった。また、経済構造改革は常に必要だが、経済構造改革の遅れがアジア

[*9] 外貨準備保有のコストとしては、①為替差損のリスクと、②内外金利差による財政コストがある。外貨準備として保有するドルなどが減価すれば、当該政府は為替差損を被る。また、国内金利が外国金利よりも高ければ、政府には外貨準備保有のための財政コストがかかる。政府は外貨準備購入のために国内借入を行って国内金利を支払う必要がある一方、外貨準備として保有する外貨資産（米国国債など）から金利収入を得ている。国内金利から外国金利を引いた内外金利差が外貨準備保有の財政コストとなる。なお、外国金利が国内金利よりも高い場合は、当該政府は利益を得る。

金融危機を招いたわけではなかった。

　IMFが東アジアの危機国に要求したコンディショナリティは、新興国・途上国において財政規律の緩みなど経済ファンダメンタルズの悪化が引き起こす従来型の国際金融危機に対するIMFの処方箋であった。従来型の国際金融危機の典型は、中南米債務危機である。しかし前述のように、東アジア諸国の経済ファンダメンタルズには基本的に問題がなかった。結局、アジア金融危機の際にIMFが融資の条件として借入国に要求したコンディショナリティは、アジアで起こった国際金融危機への処方箋としては不適切なものであった。

　アジア金融危機は流動性危機の性格を持っていたので、本来は流動性危機に対する対応がとられるべきだった。国内の銀行の場合、預金者が何らかの理由で大挙して預金を引き出そうとすれば、どんなに健全な経営をしている銀行であっても、手元の流動性が不足して預金払い戻しができなくなる。なお、銀行の流動性とは、手元現金と中央銀行に預託した準備預金である（準備預金はいつでも現金に換えられる）。大量の預金引き出し（預金取り付け騒ぎ）で銀行が深刻な流動性不足に陥る事態は、銀行の流動性危機と呼ばれる。銀行が流動性危機に襲われた場合、その国の中央銀行が「最後の貸し手lender of last resort」として無条件で流動性を供給する。つまり、中央銀行が危機に陥った民間銀行に対して、必要なだけの資金を特段の融資条件を付けずに融資するのである。それによって銀行の準備預金が増加するので、大量の預金引き出しにも対応できるようになる。アジア金融危機に際して、本来IMFはそのような役割を果たすべきであった。なぜなら、アジア金融危機では大規模な資本の逆流が起こってアジア諸国から資金が大量に流出したので、アジア諸国は流動性危機に見舞われたといえるからである。

　アジア金融危機が終息した後、IMFはアジア金融危機のようなことが将来起こった場合、厳しいコンディショナリティを課さずに迅速に支援できる融資の仕組みを導入した。しかし、IMFは各国の中央銀行とは異なり、融資の財源に限りがある[*10]。したがって、将来アジア金融危機のような大量の資本流出が起こった場合、十分な流動性が供給されない恐れがある。

　アジア諸国の間でも、将来再び危機が起こった場合に備えた協力の仕組み

が作られている。それは東アジア諸国の間で緊急時の外貨（ドル）供給の仕組みとして導入された**チェンマイ・イニシャティブ**Chiang Mai initiativeである。チェンマイ・イニシャティブは日本が提唱して実現したもので、2000年にタイのチェンマイでこの協力枠組みの導入が決まったためにこの名称がつけられた。チェンマイ・イニシャティブは、参加する国々の間で2国間の通貨スワップのネットワークを構築しておいて、もしある参加国が急激な資本流出に直面した場合、通貨スワップを発動して、事前に合意した上限額まで他国からドルの融通を受けるという資金協力の仕組みである。

　危機対応策として、通貨スワップがどのように機能するか、具体的な例で説明しよう。チェンマイ・イニシャティブでは、仮に将来タイが前回のような危機に直面した場合、タイはバーツと交換に日本から上限60億ドルまで融通を受けることができる取り決めとなっている。つまり、タイと日本はバーツとドルを一時的に交換（スワップ）するのである。タイと中国の間では、タイはバーツと交換に中国から上限20億ドルまで融通を受けられる取り決めになっている。タイが通貨防衛のためにドルが必要な時には、タイ・バーツとドルの2つの通貨が、タイと日本、タイと中国の間で交換（スワップ）されるのである。タイは日本、中国以外の参加国すべてと通貨スワップ協定を結んでいる。この通貨スワップの仕組みは、事実上、タイが日本、中国その他のチェンマイ・イニシャティブ参加国から、迅速にドルの短期融資を受けるのと同じ効果を持っている。

　通貨危機はこれまでいろいろな国で何度も起こってきた。通貨危機を完全になくすことは不可能で、今後もどこかの国で起こるであろう。危機発生のリスクをできるだけ小さくする政策努力、そして危機が発生した場合の国際社会の支援の仕組みを用意しておくことが重要である。

---

*10　各国の中央銀行の場合、大量の預金引き出しなどで資金不足に陥った自国の民間銀行に対して、「最後の貸し手」として無制限に資金を供与することができる。そのようなことが可能なのは、中央銀行は民間銀行に融資するのに特段資金を用意する必要はなく、民間銀行が中央銀行に預託している準備預金を（帳簿上）増額するだけで済むからである。IMFの場合は、加盟国政府からの出資金・拠出金、あるいは先進国政府からの借入などを原資として、IMF融資を行うので、各国中央銀行のように無制限に融資を行うことはできない。各国中央銀行とIMFに違いは、貨幣創造権を持っているかどうかの違いだともいえる。

第10章　ドル基軸通貨体制のゆくえ

　現在ドルは世界中で最も取引に用いられ、最も好まれて保有される通貨である。しかし、世界経済に占める米国の経済的な地位は相対的に低下してきており、今後も低下傾向は続くだろう。1999年にはヨーロッパで統一通貨ユーロが誕生し、また経済大国となった中国の元の役割は高まるだろう。世界経済の新しい展開によって、ドルの支配的な地位は今後揺ぎ、新しい国際通貨体制が生まれることになるだろうか。

　ドル基軸通貨体制のゆくえを考えるには、ドルの支配的な地位の現状を理解し、なぜドルが特別な役割を果たしているのかを検討する必要がある。英国ポンドが基軸通貨であった時代もある。ポンドからドルへの基軸通貨の地位の交代から何が学べるのかを検討することも、ドル基軸通貨体制の将来を考えるのに役立つ。

1　ドル基軸通貨体制の現状

（ドルの支配的な地位）

　ドルは国際的な貿易取引および金融取引において、最も重要な通貨として用いられている。**国際通貨** world major currencies つまり国際的な取引に使われる通貨には、ドル以外にユーロ、円、英ポンド、スイス・フランなどがあるが、ドルが果たしている役割は格別である。

　この現状は**ドル基軸通貨体制** the US dollar as the world's dominant currency と呼ばれる。ドル優位、ドル支配、ドル本位制などとも称される。第2次世界大戦終戦時から1970年代初めまで続いたブレトンウッズ体制の時代は、ドルに特別の地位を与えるという各国のフォーマルな合意(IMF協定)があって、ドルは基軸通貨として使われていた。しかし、1971年にブレトンウッズ体制が崩壊し1973年には先進国は変動レート制に移行したが、そ

の後もドルは引き続き基軸通貨の役割を果たしている。1973年以降現在までドルが基軸通貨の地位にあるのは、政府間の協定などがあるからではなく、市場がドルを選択している結果である。つまり、世界各国の金融機関、企業、政府などが、貿易や国際金融取引のためにいわば自発的にドルの取引を選んでいるのである。

まず、ドルがいかに重要な役割を果たしているかを、①世界の為替市場における取引、②貿易で使われるインボイス通貨、③国際金融取引、④各国の外貨準備、⑤紙幣の国外流通の5つの側面について見てみよう。これらの側面は相互に関連している。為替市場でドル取引が支配的なシェアを持っていれば、インボイス通貨としてのドル使用、ドル資産の取引、外貨準備としてドル保有、ドル紙幣の国外使用などが多くなる。逆に、貿易でインボイス通貨としてドルが多く使われたり、ドル建て金融資産の国際取引が多ければ、為替市場でのドル取引は多くなる[*1]。

(世界の為替市場におけるドル)

図表10-1は、世界の外国為替市場における通貨別の為替取引シェアを示している。この図表は、第4章「外国為替市場の基礎知識」の図表4-2(b)「通貨別」のデータを過去に遡って時系列でみたものである。そこで説明し

図表10-1 通貨別に見た世界の為替取引 (%)

	2001年	2004年	2007年	2010年	2013年
ドル	89.9	88.0	85.6	84.9	87.0
ユーロ	37.9	37.4	37.0	39.1	33.4
円	23.5	20.8	17.2	19.0	23.0
ポンド	13.0	16.5	14.9	12.9	11.8
その他	35.7	37.3	45.3	44.1	44.8
合計	200.0	200.0	200.0	200.0	200.0

(注) データは各年4月の1日平均の取引額のシェア。世界の合計は200%。

出所:BIS "Triennial Central Bank Survey of Foreign Exchange and Derivatives Market Activity in April 2013," September 2013

たように、この統計では合計は100％ではなく200％となっている。2013年では、ドルは87.0％、ユーロが33.4％、円が23.0％であった。仮にすべての取引の片側がドルの場合、ドルのシェアは100％となるので、87.0％という数字は、世界の大部分の為替取引がドルと他の通貨の取引であるということを示している。

世界の為替取引において、ドルに次いで大きなシェアを占めている通貨はユーロである。しかし、ユーロ取引の相手通貨の大部分はドルであり、またユーロ誕生以降ユーロの取引シェアはほとんど変化していない[*2]。したがって、これまでのところ、ユーロが世界の為替市場におけるドルの支配的な地位を浸食するといった状況にはなっていない。

ドルの取引が大きい理由としては、米国は世界第1位の経済大国なので、貿易や国境を越える金融取引で、多額のドルが売買されるという事情があげられる。また、米国の金融市場は世界で最も発達した市場であることも、米国と外国との金融取引を活発にしている要因である。しかし、世界各国が米国との貿易や金融取引のためにドルを必要とするという理由だけでは、世界におけるドル取引の大きさを到底説明できない。

米国が絡まない取引にもドルが広く使われているので、ドル取引が多いのである。米国が絡まない取引にもドルが広く使われるのには、2つの大きな理由がある。

第1は、ドルは各国の貿易のインボイス通貨として使われているので、各国は米国との貿易以外でも、貿易決済のためにドルを売買する必要がある。この点は次の項目（インボイス通貨してのドル）で詳しく見る。

第2は、ドル以外の2通貨の取引に、ドルが媒介通貨として広く使われて

[*1] ドルの役割の5つの側面（①～⑤）の説明で使われているデータは、BIS、IMFの公表データの他、以下の論文に依っている。European Central Bank (ECB), "The International Role of the Euro", July 2009. Goldberg, Linda S., "Is the International Role of the Dollar Changing?", Current Issues in Economics and Finance, Volume 16, Number 1, January 2010, Federal Reserve Bank of New York. World Bank, "Global Development Horizon 2011 – Multipolarity: The New Global Economy -", June 2011.

[*2] BISのこの調査は3年に1度行われるので、1999年のユーロ誕生後の最初の調査年は2001年である。2013年において、ユーロと他通貨の取引合計に占めるドル・ユーロ取引のシェアは約72％であった。

いるという事情である。媒介通貨の意味と媒介通貨がなぜ使われるかについては、第4章「外国為替市場の基礎知識」の①で説明した。

　媒介通貨の役割は、貿易に伴う通貨取引のみならず国際的な金融取引でも重要である。第1章「金融の国際化」で見たように、1980年代以降、金融の国際化が急速に進展しているが、金融の国際化の進展で各国通貨建ての資産取引（ドル資産以外の取引）が拡大しても、為替取引におけるドルの支配的な地位は変わらない。それは、各国の株式は自国通貨建てであり、また債券もほとんどが自国通貨建てであるので、A国がB国に直接投資する、あるいは証券投資する場合には、B国通貨を取得する必要があるが、ほとんどの場合、ドルが媒介通貨として使われるからである。

（インボイス通貨としてのドル）

　ドルは、米国以外の国同士の貿易にインボイス通貨として広く用いられている。インボイス通貨は決済通貨として使われるので、ドルは各国の貿易の決済通貨としても広く用いられていることになる。

　なお、インボイスは輸出業者が輸入業者に対して発行する貿易書類で、そこには貨物の明細とともに代金請求の金額が明記される。**インボイス通貨（貿易建値通貨）** invoice currencyは、インボイスの代金請求に使われる通貨のことである。例えば、輸出業者の代金請求が＄1,000,000であればインボイス通貨はドルであり、5億円であればインボイス通貨は円である。**決済通貨** settlement currencyは代金の支払い（決済）に使われる通貨である。取引当事者同士が合意すればインボイス通貨と異なる通貨で決済を行うことは可能ではあるが、通常はインボイスで使われた通貨で決済が行われる。

　2000～07年のデータを使って、各国の輸出全体に占める対米輸出のシェアと、各国のインボイス通貨のうちドル建てが占めるシェア（ドル建て輸出のシェア）を比較した分析では、サンプルのすべての国で、ドル建て輸出のシェアが対米輸出のシェアを上回っている（図表10-2参照）。日本の場合、対米輸出のシェアは約20％だが、ドル建て輸出のシェアは約50％である。韓国、タイ、マレーシアでは、対米輸出が20％前後であるのに対し、ドル建て輸出のシェアは80～90％に上っている。つまりアジアの主要国では、輸

出のほとんどがドル建てで行われている。ヨーロッパの主要国では、アジア主要国と比べればドル建て輸出のシェアは小さいが、それでも各国の対米輸出のシェアよりも高い。

さらに、原油や主要農産物など国際的に取引される一次産品は、輸出国にかかわらずドル建てで取引されている。この商慣習もドルの決済通貨としての役割を高めている。

ユーロはユーロ圏の加盟国間の貿易、および近隣の非加盟国との貿易にインボイス通貨として広く使われており、その使用はユーロ導入以降徐々に拡大している。しかし、それ以外の地域でのユーロ使用は非常に限られている。

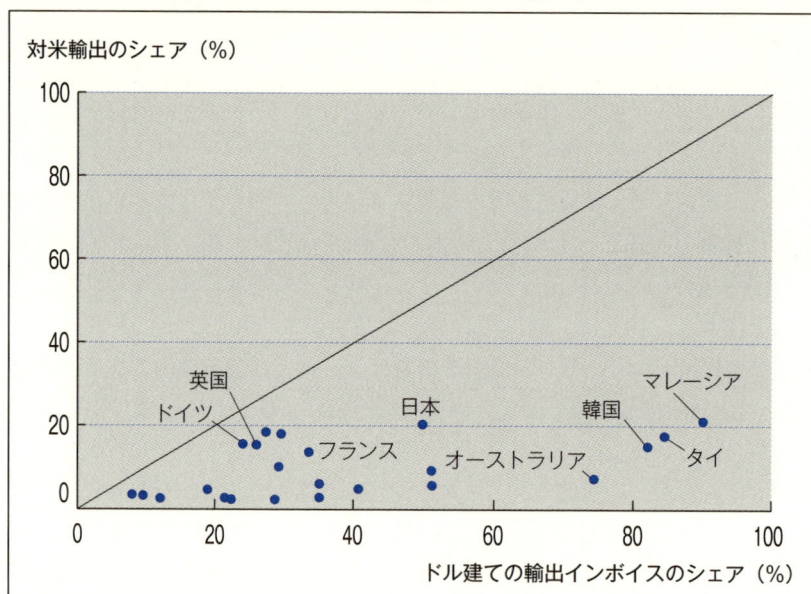

図表10-2　インボイス通貨として使われるドル

(注)データ期間は2000～2007年。図中の45°線より下は、「対米輸出シェア＜ドル建て輸出シェア」を意味している。

出所：Goldberg, Linda S., "Is the International Role of the Dollar Changing?", Current Issues in Economics and Finance, Volume 16, Number 1, January 2010, Federal Reserve Bank of New York.

(国際金融取引におけるドル)

　国際的な債権取引においても、ドルは重要な地位を占めている。欧州中央銀行(ECB)の分析に基づいて、2008年における状況を見てみよう。

　まず、世界のクロスボーダーの銀行融資(非銀行向け)のうち、ドル建て融資の比率は約50％であり、ユーロは約20％である。これらの比率は、ユーロが誕生した1999年以降ほとんど変化していない(為替レート変動を調整したデータによる、以下同じ)。クロスボーダーの預金では、ドル建て預金の比率は約60％、ユーロ建て預金の比率は約20％である。これらの比率も、1999年以降大きな変化はなく安定的に推移している。

　国際的債券のうちドル建て債券は約45％であるのに対し、ユーロ建て債券は約30％である。国際的債券 international debt securitiesとは、発行国の国外で売り出され、かつ発行国の通貨建てでない債券を指している(例えば英国のユーロダラー市場で発行される米国企業のドル建て社債)。円建ての融資、預金、国際的債券の比率は、ドルとユーロに比べるとかなり小さい。

　以上は国際的な債権取引についてだが、各国の株式は自国通貨建てなので、国際的な株式投資においては、ドル建てが支配的な地位を占めるということはない。

(外貨準備におけるドル)

　各国が外貨準備として保有する通貨は、準備通貨reserve currencyと呼ばれる。ドルは最も重要な準備通貨である。なお、各国が外貨準備として保有しているのは準備通貨建ての資産(例えば、米国国債やドル預金などのドル資産、ドイツ国債などのユーロ資産など)であって、現金という意味での通貨を保有しているわけではないことに注意しよう。2013年末の世界各国の外貨準備に占めるドル資産の比率は60.9％であり、第2位のユーロ資産の比率は24.5％を大幅に上回っている(図表10-3参照)。円資産の比率は3.9％である[*3]。

　なお、ドル以外の通貨建て資産(ユーロ資産、円資産など)については、為替レートでドル金額に換算したうえで、この比率が計算されている。したがって、為替レートが変化すると、この比率が変化することに注意しよう。

図表10-3 世界の外貨準備の通貨別シェア (%)

	1995年	2000年	2005年	2010年	2013年
ドル	59.0	71.1	66.5	61.8	60.9
ユーロ	(27.0)	18.3	23.9	26.0	24.5
円	6.8	6.1	4.0	3.7	3.9
ポンド	2.1	2.8	3.7	3.9	4.0
その他の通貨	5.1	1.8	1.9	4.6	6.7

(注)通貨別配分がわかっている外貨準備総額（allocated reserves）に対する比率。
1995年のユーロ欄の値は、ドイツ・マルク、フランス・フラン、オランダ・ギルダー、ECUの合計。

出所：IMF, Currency Composition of Official Foreign Exchange Reserves (COFER)

　ユーロ誕生翌年の2000年には、ドル資産の比率は71.1％、ユーロ資産の比率は18.3％であった。その後10年間の間に、ドル資産の比率は徐々に低下し、一方ユーロ資産の比率は徐々に増加している。しかし、この間ドルは主要通貨に対して減価しているので、その結果としてドル資産の比率が低下したという面がかなりある。つまり、ユーロ誕生後のドル資産比率の低下は、各国政府がドル資産を売ってユーロ資産を購入することによって外貨準備の構成を変えたということでは必ずしもない。

　多くの新興国・途上国の為替レート制度において、ドルは中心的な役割を果たしている。現在先進国は変動レート制をとっているが、新興国・途上国の多くは固定レート制ないし管理フロート制をとっている。世界各国のうち、ドル化した国（パナマその他ドルを自国通貨として採用している国）、対ドルでの固定レート制（ドル・ペッグ）、ドルを参照通貨とする管理フロート制をとっている国は、国数の比率で約50％にのぼり、またそれらの国のGDP

---

[3] これらの通貨別比率は、外貨準備の通貨別配分をIMFに報告している国々（主に先進国）の外貨準備総額(allocated reserves)に対する比率である。現在世界最大の外貨準備保有国である中国は、IMFに通貨別構成を報告しておらず、IMFはそれらの国の外貨準備総額をunallocated reservesと呼んでいる。日本を除けば先進国の外貨準備はほとんど増加していないが、中国などの新興国（非報告国）の外貨準備が急増しているので、allocated reservesの全体に対する比率は近年低下傾向にある(1995年74.4％、2013年53.3％)。中国などの外貨準備の大部分は、ドル資産であると考えられる。

は米国を除く世界GDPの約36％を占めている。それらの国では、為替レートの固定ないし安定化のための為替市場介入にはドルが使われ、外貨準備のほとんどはドル資産で保有されていると考えられる。

(ドル紙幣の米国外での流通)

　ドルの場合、紙幣が外国で広く流通しているという点でもユニークである。特に、経済・政治状況が不安定な国で、価値の安定した現金として使われている。ニューヨーク連邦準備銀行の推計によれば、2005年において、ドル紙幣発行残高の約65％が米国外で流通しており、100ドル札の場合はその比率は約75％にものぼる。

　ユーロ紙幣もユーロ圏外での使用が増加しているが、しかし、ドル紙幣の国外使用と比べるとユーロ紙幣のユーロ圏外使用は少ない。欧州中央銀行(ECB)の推計によれば、ユーロ紙幣発行残高の10～20％程度がユーロ圏外で使用されており、また圏外での使用はこれまでのところユーロ圏の近隣諸国に限られている。一方、日本円の紙幣(1万円札など)は、国外ではほとんど流通していない。

　これまで、ドルの役割を①世界の為替市場における取引、②貿易で使われるインボイス通貨、③国際金融取引、④各国の外貨準備、⑤紙幣の国外流通の5つの側面について見てきた。これまでの検討を要約しておこう。

　ドルは国際的な貿易取引と金融取引において支配的な地位を保っている。ユーロはドルに次いで大きな役割を果たしており、また1999年の導入以降、いくつかの側面で徐々にユーロの地位は高まっている。しかし、依然ドルとユーロの差は大きい。円はドルとユーロに次ぐ国際通貨ではあるが、その役割はドル、ユーロと比べると非常に小さい。

(ドル優位がもたらす米国の利益)

　ドルの幅広い国際的な使用は、米国にさまざまな経済的な利益をもたらしている。

　第1は、ドル紙幣が国外で使われていることによる**通貨発行益** seigniorageである。米国の中央銀行(連邦準備制度)は無利子の通貨(ドル紙幣)を負債と

して発行し、一方で資産側に米国国債などの収益資産を持っている。したがって、通貨発行残高に見合って毎年一定の利益が発生することになるが、これが通貨発行益である。厳密には、通貨は無利子だと言っても、通貨発行には印刷費などの若干の費用がかかるので、通貨発行益は金利収入から諸費用を差し引いたものになる。どの国の中央銀行も通貨発行益を得ているが、米国の場合は、国内のみならず国外でも大量に紙幣が流通しているので、通貨発行益が多くなる。

米国政府は中央銀行に保有分の国債の金利を払うが、それは中央銀行の利益収入となる（その一部は政府への納付金として政府に戻される）。したがって、政府と中央銀行を合わせたものを（広義の）米国政府と考えると、米国政府は国外流通のドル紙幣金額だけ無利子で国債を発行しているのと同じことになるので、その分米国は得をしている。ドル紙幣の国外流通に伴う通貨発行益は、年150〜300億ドルにのぼると推計されている。

第2は、外国がドル資産を多く保有することに伴う利益である。外国政府が保有する外貨準備の多くは米国国債であり、また外国の民間金融機関なども米国国債その他のドル建て債務に積極的に投資している。その結果、米国の政府と企業は（ドルが基軸通貨でない場合と比べれば）低金利で資金を調達していることになる。

また、外国は国際的な決済資金としてドル預金などの短期のドル資産を多く保有しているが、短期のドル資産は低金利である（例えば決済用の当座性預金の金利はほぼゼロである）。したがって、米国の対外負債の負債コストは小さい。一方、米国は株式など高収益の対外資産を多く保有している。対外負債は負債コストは小さく、対外資産の収益性は高いので、その分米国は利益を得ていることになる。

第3に、海外からの資金調達が容易なために、米国は経常収支赤字を長く続けることが可能である。実際、1980年代初め以降毎年、米国の経常収支は赤字となっており、かつしばしば大幅化している。第2章「各国経済と国際金融の結びつき」で学んだように、経常収支赤字は国内支出が所得を上回ることを意味するので、米国は自国で稼ぎ出す以上の支出を長く続けること（living beyond its means）ができるということになる。

しかし、米国の大幅な経常収支赤字の継続は、両刃の剣でもある。米国の大幅な経常収支赤字とそれをファイナンスする他国の経常収支黒字は**グローバル不均衡** global imbalancesと呼ばれるが、グローバル不均衡は世界経済の1つの不安定要因である*4。米国の大幅な経常収支赤字が長く続けば、米国の対外純負債(＝対外負債−対外資産)が増大し、その結果、いずれ外国のドル建て資産に対する需要は減退して為替市場でドル買いが減少するので、ドル安が起こる。ドル安になれば、輸出増・輸入減で米国の経常収支赤字は縮小して調整が行われることになる。しかし、もし何らかのきっかけでドルからの逃避が急激に起これば、ドル暴落、米国株価の暴落、米国金利の急騰(＝債券価格の大幅下落)を通じて、米国経済および世界経済が攪乱される可能性がある。したがって、グローバル不均衡が拡大することは、世界経済にとって不安定要因であると言える。

第4に、米国の貿易および債務の多くは自国通貨建てなので、米国企業は為替リスクを負わずに済む。その分不確実性が減るので、米国経済は利益を得ている。

以上要するに、世界各国が国際取引でドルを広く使ってくれる結果、米国は毎年大きな経済的な利益を享受している。ドル基軸通貨体制は米国にとって都合の良いシステムだと言える。

2 ポンドからドルへ
―基軸通貨はなぜ交替したか―

現在ドルが基軸通貨として国際取引で支配的な地位を占めているが、基軸通貨の地位はもちろん交代しうる。世界的な規模で国際貿易、金融取引が活発になった近代において、基軸通貨の地位を得ていたのは英国ポンドであった。しかし、1920年代半ばごろまでに国際通貨としてドルがポンドよりも重要な役割を果たすようになった。そして、第2次世界大戦終戦後、ドルは圧倒的な地位を確立したのである。ポンドからドルへの基軸通貨の地位の交

---

*4 グローバル不均衡については、谷内満「グローバル不均衡とアジア経済」(晃洋書房　2008年)が詳しく分析している。

代は、ドル基軸通貨体制の今後を考えるのに重要な参考になる[*5]。

(ポンド基軸通貨体制の時代)

18～19世紀の産業革命の誕生の地であった英国は、世界で最も早く工業化して高い経済成長を遂げ、それに伴い外国との貿易も盛んになった。貿易の拡大とともに、ロンドンの金融機関による貿易金融も発達した。また、英国の富蓄積とともに、英国の植民地などとの資本取引も活発に行われるようになった。

17世紀末にフランスとの戦争の戦費調達のために設立されたイングランド銀行は、次第に近代的な中央銀行としての役割を果たすようになり、また1717年には世界で初めて金本位制が導入されて安定的な貨幣制度が確立した。このような経済と金融の発展によって、ロンドンは19世紀には世界でもっとも発達した金融センターとなっていた。

その結果、ポンドは各国の貿易取引や国際金融取引で最も使われる通貨となり、また各国の中央銀行はロンドンの銀行のポンド預金を金と同等の価値を持つ準備通貨として保有するようになった。ポンドの基軸通貨としての地位は、19世紀から第1次世界大戦勃発(1914年)前まで確固たるものとなっていた。

ここで金本位制時代の準備通貨について説明しておこう。第4章コラム「金本位制とブレトンウッズ体制の時代」で学んだように、金本位制は、政府が一定の比率(平価)で自国通貨と金を交換することを保証する貨幣制度である。通貨と金の交換を確実にするために、各国中央銀行は金を支払い準備として保有していたが、同時に、金保有を補完する支払い準備として信認の厚い(つまりいつでも金に換えられる)外貨を保有していた。中央銀行が支払い準備として保有する外貨が、金本位制時代の準備通貨であり、ポンドは最も重要な準備通貨であった。なお、前述したように現在は各国の外貨準備に含まれる外貨が準備通貨と呼ばれている。金本位制時代の準備資産と現在の準

[*5] 本節②の中の史実に関する説明は、主にBarry Eichengreen, "Exorbitant Privilege –The Rise and the Fall of the Dollar and the Future of the International Monetary System –," Oxford University Press, 2011 に拠っている。

備資産は、各国の中央銀行(ないし政府)が保有する外貨資産という点で共通しているが、その役割は基本的に異なっていることに注意しよう。

一方、米国は当時の新興国として発展を遂げ、米国のGDPは1870年までには英国を抜いて世界第1位となり、1912年までには世界最大の輸出国(財の輸出)となった。しかし、第1次世界大戦直前の時期においては、米国は世界でゆるぎない経済大国となっていたものの、ドルは国際的な取引にほとんど使用されず、したがって各国の準備通貨としても保有されることはなかった[*6]。

米国の経済的地位は英国を凌いでいたにもかかわらず、ドルが国際通貨の役割をまったく持たなかったのには、以下の理由があった。

第1は、銀行に対する政府の規制である。当時の米国政府は、銀行が経済に大きな力を持つことに警戒心が強く、国法銀行(national banks、連邦法である国法銀行法に基づき設立された銀行)の活動に厳しい規制を加えていた。国法銀行が外国に支店を持つことや貿易金融業務を行うことは禁止されていたのである。なお、各州の州法に基づいて設立された銀行は州法銀行と呼ばれたが、州法銀行は海外支店が認められなかったのみならず、州を越えて支店を持つことも厳しく規制されていた。

第2は、米国では1913年まで中央銀行がなかったことである。英国の中央銀行であるイングランド銀行は、銀行が資金不足になれば銀行が保有する証券を買い取って、銀行に資金を供給する役割を果たしていた。それによって、銀行は貿易業者が発行する貿易引受手形trade acceptancesその他の証券の買い取りに積極的に応じることができたので、金融が発達し、また金融の安定化も図られていた。米国にはそのような役割を果たす中央銀行がなかったので、米国の金融は未発達であった。

第3に、米国にとって不利な経済的条件があった。連邦法や州法に基づかずに設立された銀行(当時private banksと呼ばれていた銀行)は、上述の銀行規制を受けていなかったが、それらの銀行の国際金融業務も非常に限られてい

[*6] 第一次世界大戦直前の時期においては、ポンドが各国の準備通貨の約半分を占めており、次にフランス・フラン(約30％)、ドイツ・マルク(約15％)が多かった。オランダ・ギルダーやスウェーデン・クローナもわずかだが保有されていたが、ドルは保有されていなかった。

た。1つの問題は、コスト面での競争力の欠如であった。当時の国際金融業務の中心は貿易引受手形による貿易金融であったが、当時最大の国際金融センターであったロンドンでは、貿易引受手形が投資家の間で活発に取引されており手形市場の流動性が高かったため、ロンドンの銀行は安いコストで手形の割引を行っていたが、米国の手形市場は流動性がないため、米国の銀行はコスト面で英国の銀行に太刀打ちできなかった。

もうひとつの不利な経済的条件としては、米国では金融危機が頻繁に起こっていたことがあげられる。米国には金融安定化を図る中央銀行が不在であったことなどから、19世紀～20世紀初頭にかけて銀行破たんによる金融危機が頻発していた。危機が起こると金利が高騰し、また経済も不況に陥った。金融情勢・経済情勢が不安定な国の通貨は、国際通貨としての魅力に欠ける。

(ポンドの凋落とドルの台頭)

しかし、第1次世界大戦後は状況が大きく変化し、ドルの国際通貨としての役割が飛躍的に増大した。そして1920年代半ばには、ドルはポンドを抜いて世界の基軸通貨となった。

第1次世界大戦後には、ニューヨークの貿易引受手形市場は発展してロンドン市場を凌ぐようになり、米国との貿易のみならず第3国間の貿易でもドル建ての取引が行われるようになり、ドル建ての貿易金融はニューヨークで行われた。また、各国の準備通貨もポンドよりもドルで保有されるようになった。さらに第2次世界大戦を経て、ドルの基軸通貨としての地位は圧倒的なものとして確立したのである。

基軸通貨として使われている通貨には現役の強みが働くと考えられている。基軸通貨の現役の強み(惰性) advantages of incumbency, inertiaとは、①現役の基軸通貨の取引が活発に行われるので取引コストが安くなること、②各国の貿易取引において現役の基軸通貨をインボイス通貨・決済通貨として使う商慣習が確立していることなどによって、基軸通貨の地位の転換が起こりにくいことを意味している。現在の基軸通貨はドルであるが、ドルが世界で最も取引される通貨となっているのには、物理学の「慣性の法則」のよ

うなものが働いていると言える。つまり、いったんドルが最も使われる通貨の地位を確立すると、ドルを使うことが便利となり、他の通貨の追随を許さなくなるようになる。

ポンドには現役の強みがあったにもかかわらず、1920年代半ばには、ドルがポンドに代わって基軸通貨となり、第2次世界大戦後はドルの基軸通貨としての役割は盤石なものとなった。ポンドからドルへの基軸通貨の交替の理由を検討しよう。

第1に、2つの世界大戦を経て、米国の経済規模は英国(および他のヨーロッパ主要国)に比べ圧倒的に大きなものとなったことがあげられる。また、ヨーロッパが主戦場となった第1次大戦では、米国はヨーロッパの連合軍諸国に対する兵器・物資の供給基地となり、米国の輸出大国としての地位はさらに拡大した。第2次世界大戦では、米国は本格的な参戦国であったが米国本土は戦場とはならず、やはり他の連合軍諸国への兵器・物資の供給基地として輸出・生産を拡大し、終戦時には、米国は世界で圧倒的な規模を持つ経済大国となっていた。実際、当時の米国は世界の工業生産の約半分を占めていたのである。そして、戦時中貿易黒字だった米国は、貿易赤字のヨーロッパ諸国から金で支払いを受けた結果、米国の金保有がさらに拡大した。

要するに、米国は第1次大戦以前にすでに英国を抜く経済規模と貿易規模を持つ経済大国となっていたが、2つの大戦を経ることによって、米国と英国の経済力の格差は格段に開いたのである。

第2に、1910年代～1920年代には米国の金融制度が整備されて貿易金融が発展したのに対し、英国では貿易が縮小し、それに伴ってロンドンでの貿易金融の重要性が低下したことがあげられる。

米国では、1913年に中央銀行である連邦準備制度が設立され、それに伴い米国銀行の海外支店開設や貿易金融に対する規制が緩和された。そのような規制緩和に加えて、連邦準備制度は米国銀行および諸外国に対して、ドル建てでの金融取引を行うよう積極的に働きかけを行った。さらに、米国の経済力の拡大に伴って米国の事業企業の海外展開が進み、ドル建ての貿易取引が拡大した。

一方、英国の貿易数量は第1次世界大戦中は貿易制限により、また大戦後

は経済低迷により減少した。その結果、ロンドンにおけるポンド建ての貿易金融の需要が低下した。

　第3は、米国の金保有が大幅に増加し、それに伴ってドルの信認が高まったことである。第2次世界大戦前までの金本位制および戦後のブレトンウッズ体制では、通貨価値の安定にとって金が重要な役割を果たしていた。第1次世界大戦から第2次世界大戦にかけて、米国は貿易黒字で金を多く獲得したので、米国の通貨ドルへの信認が強まった。

　第1次世界大戦中は金本位制が中断されたが、その間ポンドの金に対する価値は下落したのに対し、ドルの金に対する価値は比較的安定していた。また、戦争中の貿易黒字で金の保有を増やした米国は、第1次世界大戦終戦の翌年の1919年にいち早く金本位制に復帰した。英国は1925年に金本位制に復帰したが、第1次世界大戦前までの平価（金とポンドの交換比率）で復帰したためにポンドが他の通貨に対して割高となり、その結果貿易赤字が続いて金の流出に悩んでいた。通貨価値が不安定なポンドよりも、潤沢な金保有に裏打ちされたドルが国際通貨として使われるようになったのである。なお、米国で大恐慌（1920年代末～30年代前半）が起こって世界各国が深刻な不況に陥ると、各国は次々に金本位制から離脱し、金本位制の時代は終わった。

　第2次世界大戦後のブレトンウッズ体制では、世界で最大の金保有国となっていた米国が、固定の交換比率でドルと金との交換を保証し、各国はドルと自国通貨との固定レートを維持する義務を負うことになった。このような仕組みのブレトンウッズ体制は、金ドル本位制とも呼ばれた。金によってその価値が裏打ちされたドルは、国際通貨体制の中枢に据えられて、ドルの基軸通貨としての地位が強固に確立したのである。

　また、第2次世界大戦の終戦時には、ドルだけが交換自由な通貨であったことも、ドルの地位を高めた。ある国の政府が、貿易や資本取引のために自国通貨を外貨と交換することを自由に認める場合、その通貨は**交換自由な通貨** convertible currencyである、あるいは**通貨の自由交換性**currency convertibilityがあると言われる。一方、主要ヨーロッパ諸国および日本の通貨は、貿易および資本取引のための為替取引に厳しい規制が課されていた。自由に取引できない通貨はドルのライバルとはなりえなかったのである。

(基軸通貨交替の教訓)

ポンドからドルへの基軸通貨の転換は、現在のドル基軸通貨体制のゆくえについて、次のような教訓が得られると考えられる。

第1は、他の通貨がドルにとって代わって基軸通貨になるには、当該通貨の国(ないし通貨圏)の経済規模や金融市場の規模が米国と肩を並べる程度では不十分で、米国を大きく凌駕する必要がある。

なお、ポンド基軸通貨の時代は、貿易金融が国際金融取引にとって最も重要であったので、基軸通貨国になるには貿易規模が重要な要素であったが、今日では国際金融取引の大部分は貿易が絡まない資本取引(銀行間取引、直接投資、証券投資など)なので、貿易(に伴う金融取引)の重要性は相対的に小さくなっている。したがって、基軸通貨国になるには、非常に発達した規模の大きい金融市場を自国内に持つことがとりわけ重要となっていると言える。

第2に、基軸通貨にとっては通貨価値の安定が重要である。ポンドからドルへの基軸通貨転換の時期は、通貨価値の安定とは固定的な交換比率で金と交換できるかどうかを意味していた。

現在の変動レート制では、通貨と金とのリンクは断たれており、通貨価値の安定は為替レートの安定を意味する。変動レート制のもとでは、基軸通貨と言えども為替レートは変動するわけだが、将来米国が高インフレ国となりその結果としてドルの大幅減価が続いたり、あるいは米国の財政不安からドル資産の逃避が起こりドルが暴落するようなことになれば、ドル以外の通貨が基軸通貨になる可能性が高まる。

3 国際通貨体制のゆくえ

金融の国際化がさらに進展し、また新興国の経済規模拡大とそれに伴う米国の経済的地位の相対的低下が起こると予測される中で、国際通貨システムは現在のドル優位から新たな体制に変貌するのだろうか。1999年のユーロ誕生、2000年代の米国経常収支赤字の大幅化、2008-09年に起こった米国発の世界金融危機、新興国の躍進と米国の経済的地位の相対的低下などから、

ドル基軸通貨の時代は終わり、新たな国際通貨体制に移行するのではないか、あるいはすべきだという議論が盛んになされている(補論「ドル優位終焉の見方」参照)。以下では、ドル基軸通貨体制のゆくえ、将来の国際通貨体制について検討しよう。

(為替取引における経済合理性の観点)

　上述のように現在までのドル優位は終わるとの考え方は広く見られる。その最も重要な根拠は、ユーロ圏の出現、新興国とりわけ中国の経済的躍進により、米国はもはやこれまでのような世界で唯一の超大国ではなくなるという予測にある。この予測は非常に現実的なものである。すでにユーロ圏経済は米国経済とほぼ肩を並べる経済規模を持ち、また貿易規模では米国を抜いている。また、中国経済が近い将来、米国を抜いて世界最大の経済大国になることはほぼ確実である(PPP換算のGDPの比較)。しかし、米国と並ぶような経済規模と金融市場を持つ経済が出現しても、ドル優位は容易には崩れないと考えられる。そこには現役の強みが働くからである。

　情報通信技術の発達によって、基軸通貨の現役の強みの重要性は弱まっているという見方もある[7]。その根拠は次のようなものである。これまでは輸出入業者や債券引受業者は、他の業者が使っている通貨と同じ通貨を使うというインセンティブを持っていた。なぜなら、他の通貨を使えば潜在的な顧客にとって価格比較が面倒となり、他の業者との競争に不利になるからで、国際通貨取引には現状維持の力が働くからである。しかし、いまやコンピュータ技術の発達などによって情報通信コストが格段と安くなっており、他の業者と違う通貨を使うことの不便さは小さくなっているので、現役の強みは以前よりも弱まっているという議論である。

　しかし、現在までドルが基軸通貨として広く使われているのは、価格比較の容易さによるだけではなく、為替市場においては1つの通貨が中心的な役割を果たすことが効率的であるという理由が重要である。以下で説明する為替取引における効率性ないし経済合理性が、現役の強みとして強く働いてお

---

[7] Barry Eichengreen, "Exorbitant Privilege – The Rise and the Fall of the Dollar and the Future of the International Monetary System –," Oxford University Press, 2011.

り、その結果ドル優位の終焉は起こりにくいと考えられる。

　理論的に考えると、数多くある通貨の中から1つの通貨が基軸通貨として使われるようになることは、効率性の観点から自然なことである[*8]。仮に世界が10カ国からなっておりそれぞれが自国通貨を持っている場合、各国通貨間の2国間為替レートは45存在する。この為替レートの数は国の数が増すに従って飛躍的に増大し、例えば世界に150通貨ある場合には、為替レートの数は11,175となる。11,175すべてについて2国間通貨取引が行われる場合、ほとんどの市場は流動性が非常に低く（つまり取引が少ない）、したがって、取引コストが非常に高くなる、あるいはそもそも取引が成立しないということになる。この点は、例えばケニア・シリングとフィリピン・ペソの取引を考えれば、容易に理解できるだろう。特に、一般にフォワード取引は直物取引よりも流動性が低いので、大部分の市場でフォワード取引は行われずリスク・ヘッジができなくなる。

　もしそのうちの1カ国の通貨が、すべての為替取引の片側に使われるようになれば、世界に150通貨ある場合には149の為替レートについて市場があればよいことになる。その通貨が基軸通貨となり、基軸通貨以外の通貨同士の交換（例えばA通貨でB通貨を買う取引）は、まずA通貨で基軸通貨を買い、その基軸通貨でB通貨を買う。このように基軸通貨を媒介通貨として取引したほうが、直接取引する場合よりもコストが安く済む。実際、多くの場合基軸通貨以外の2通貨の直接取引は流動性不足のために取引が成立しないので、基軸通貨を使うことによって初めて2通貨の交換が可能となる。またA通貨とB通貨の為替レートはクロス・レートとして計算できるので、貿易や金融取引で採算を計算するときには、それを参照すればよいことになる（図表10-4参照）。

　戦後のブレトンウッズ体制では、ドルは制度上特別に重要な地位を与えられていたので、為替取引において中心的な役割を果たす通貨は当然ドルであった。1973年以降の変動為替レートの世界においても、引き続きドルが為替取引における基軸通貨となっている[*9]。それは、①ブレトンウッズ体制

[*8]　Ronald McKinnon, "Rehabilitating the Unloved Dollar Standard," SCID Working Paper 419, Stanford Institute for Economic Policy Research, April 2010.

図表10-4　クロス・レートの計算

通貨 A と通貨 B の**クロス・レート** cross rate は、通貨 A の対ドル・レートと通貨 B の対ドル・レートをもとに計算された通貨 A と通貨 B の為替レートである[*10]。対ドル・レートが使われるのは、ドルが媒介通貨として世界の各国通貨と取引されているからである。

円と韓国ウォンのクロス・レートを計算してみよう。なお、今はネットなどで円ウォン・レートが現在いくらか簡単に調べることができるが、それは円ウォンのクロス・レートなのである。

現在、円の対ドル・レートは $1=¥100、ウォンの対ドル・レートは $1=W1,000 だとしよう。

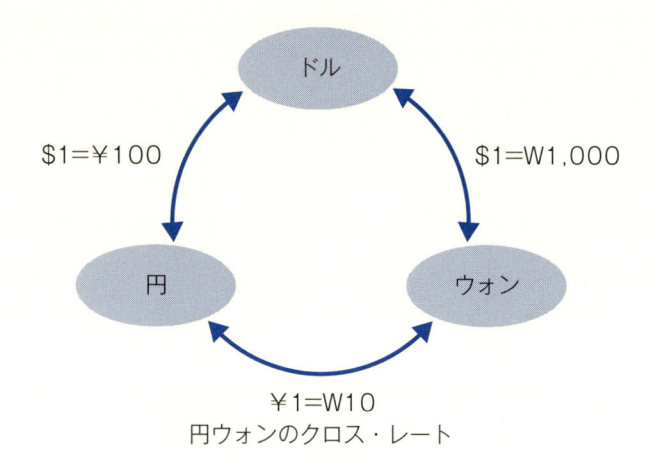

```
            ドル
    $1=¥100      $1=W1,000

    円                  ウォン
         ¥1=W10
     円ウォンのクロス・レート
```

- ウォンを円に換える場合、まず1,000ウォンで1ドルを買う。その1ドルを売って円を買うと100円になる
- ドルを媒介通貨とした2つの取引で、結局1,000ウォンで100円を買ったことになる。つまり、¥100＝W1,000となる。
- ¥100＝W1,000 は ¥1＝W10なので、¥1＝W10（あるいはW1＝¥0.1）が円ウォンのクロス・レートである。
- 円ドル・レート、ウォン・ドル・レートが変われば、当然、円ウォンのクロス・レートも変化する。

の遺産としてドルの優位が続いたこと、②米国は依然世界最大の経済大国であり金融大国(最も発達した金融市場を持つ大国)であることによる。

　ドルを基軸通貨として使うことには、取引コストが安く済むという経済合理性があるので、第4章「外国為替市場の基礎知識」で見たように、世界の為替市場における通貨別の為替取引シェアで、ドルが圧倒的なシェアを占めているのである。

　例えば、日本円を韓国ウォン、中国元、オーストラリア・ドルなどと交換する場合、直接取引はほとんど行われずドルを媒介して取引が行われている。ドルに次ぐ国際通貨であるユーロと円の場合は、ユーロ圏と日本との間の貿易取引・金融取引がかなり大きいので、ユーロ円の直接取引も行われている。しかし、2013年において、ドル・ユーロ取引が世界の為替取引全体(全体は100％)の24％、ドル円取引が18％を占めているのに対し、ユーロ円取引はわずか3％に過ぎない。

　為替取引においてドルを使うことが取引コスト面で有利だという状況がある中で、他の通貨がドルにとって代わるのは、不可能ではないが非常に難しい。つまり、為替取引における経済合理性が現役の強みとして働いていると言える。

　為替取引におけるドルの優位は、為替取引以外でもドルの優位をもたらす。世界の為替市場における取引でドルが支配的なシェアを占めているので、各国の貿易取引におけるインボイス通貨(したがって決済通貨)としてド

・9　1973年以降は、変動レート制の国(主に先進国)、ドルなどに自国通貨をペッグする固定レート制の国、固定レートとはしないが為替レート変動を政府が管理する管理変動レート制の国などが混在している。しかし、固定レート制や管理為替レートをとっている国の場合も、ドルなどの基準通貨以外の諸通貨に対する自国通貨の為替レートは変動する。したがって、1973年以降、変動為替レートの世界に入ったと言える。

・10　ドルとユーロと円のように3つの通貨のペア(ドル・ユーロ、円ドル、円ユーロ)すべてが為替市場で取引される場合は、クロス・レートと市場に成立する為替レートは等しくなる。それは裁定が働くからである。例えば、円ユーロのクロス・レートが€1＝¥130であれば、市場で円ユーロの直接取引に使われるレートも€1＝¥130となる。もし円ユーロの直接取引のレートがクロス・レートよりもユーロ高・円安であれば、円を売ってユーロを買いたい投資家はドル経由で取引を行うので、円ユーロの直接取引ではユーロ買いの需要が減りユーロが対円で安くなる。そのような取引が行われる結果、円ユーロの直接取引のレートは、ドル経由の円ユーロ取引のレート(クロス・レート)と一致する。

ルが使われ、またクロスボーダーの債務取引の通貨建ても（自国通貨以外の通貨が使われる場合は）ドル建てが使われることになる。各国の外貨準備でもドル資産保有が最も多くなる。逆に、ドルでのインボイス、ドル建ての各国債務が多ければ、為替取引でもドルが多く使われることになる。また、政治経済情勢が不安定な国では、自国通貨への信認が低いので、国内の取引でしばしば外国通貨が使用されるが、その場合もドル紙幣が使われることになる。

（複数通貨体制の可能性）

為替取引における経済合理性という観点は、将来の国際通貨体制を考えるのに重要である。遠い将来のことは予測不能なので、ここでは数十年（例えば30年程度）先までの将来を考えよう。まず、①複数の通貨が基軸通貨となる通貨体制、具体的にはドル・ユーロ・元の3極通貨体制あるいはドル・ユーロの2極通貨体制の可能性について、次に②基軸通貨がドルからユーロに転換する可能性について考察する[11]。

まず複数通貨体制の可能性についてだが、世界の為替取引において、2通貨あるいは3通貨が同じような取引シェアを持つことは、非効率的なので実現しないだろう。すでにドルが圧倒的なシェアを持って取引され、したがってドルを使うことが最も低コストになっている現状において、ユーロや元を媒介通貨として使うようになる経済的誘因はない。為替取引でドル優位が変わらなければ、インボイス通貨・決済通貨、外貨準備、国際的債務の通貨建てなどで、ドルが多用されるという状況は基本的に変化しないと考えられ

---

[11] SDR（特別引出権）Special Drawing Rightsや金が基軸通貨になる可能性はまったくないと考えられる。SDRはIMFが管理する帳簿上の資産であって紙幣としての流通はなく、かつ決済は政府間のみに限られている。将来はSDR建ての国債などが発行されるかもしれないが、たとえSDR建ての債券を作ったとしてもその規模や流動性は限定的だろう。また、SDR全体の創造は各国政府の合意で決められるので、IMFはSDRを自由に発行する権限を持っていない。したがって、2008-09年の世界金融危機で各国のドル資金調達が困難になった時、米国連邦準備制度はスワップで機動的に各国にドルを供給したが、IMFはそのようなことができない。このような特殊な資産がドルに代わる基軸通貨とはなりえないと考えられる。

世界各国が金本位制に戻らない限り、金が国際取引で基軸通貨の役割を担うことはない。各国は自国通貨の発行量を自由に決められる管理通貨制度をとっており、それによって物価安定のための金融政策を実施している。金の保有量に自国通貨の発行が依存する金本位制に戻る可能性はまったくないと考えられる。

る。決済のためにドル預金を保有する必要性も変わらず、またドル紙幣は依然米国外で多く流通するだろう。

金融の国際化は今後もさらに進展し、各国は外国の金融資産をさらに蓄積することになるだろう（一方で対外負債も増加する）。そして、各国の機関投資家などの投資家は、今後もさらに分散投資を進めるだろう。したがって、各国の株式は自国通貨建てであり、また国債などの債券も多くは自国通貨建てなので、各国の金融資産ポートフォリオではさまざまな通貨建ての資産が増加するであろう。特に、新興国は先進国よりも成長が速く国内金融市場もさらに拡大するので、各国のポートフォリオに占める新興国通貨建て資産の比率は徐々に高まるであろう。それに伴い、世界の対外資産に占めるドル建て資産のシェアは低下すると見込まれる。

しかし、それら資産の売買には依然ドルが重要な役割を果たすことは変わらないだろう。また、自国通貨建て以外の債務発行は、ドルが多く使われ続けるだろう。

各国の外貨準備においても、現在までドルが最も重要な準備通貨として使われている。しかし、今後、外貨準備を多く持つ国は為替リスク低減のため、ドル以外の国際通貨（ユーロ、円、ポンドその他）のシェアを拡大するかもしれない。しかし、以下の理由から、準備通貨としてのドルの役割低下は、ドルの基軸通貨としての役割低下を必ずしも意味しない。

第1に、外貨準備の分散投資は、上述の各国ポートフォリオの分散投資と同様のものであり、ドルが為替市場その他で優位な地位を持ち続けることに変わりはない。

第2に、世界における外貨準備の役割（したがって準備通貨の構成比率の問題）は、次第に重要性を失っていくと考えられる。まず、安全な変動レート制の国においては、政府は為替レートの水準に関与しないので、外貨準備は基本的に不要である。今後、世界最大の外貨準備保有国である中国を含め新興国は徐々に変動レート制に移行していくと見込まれる。したがって、外貨準備の持つ重要性は徐々に低下するであろう。

以上の考察から、ドル基軸通貨体制に代わって複数通貨体制になる可能性は低いと考えられる。

(ユーロがドルにとって代わる可能性)

　次に、ユーロがドルにとって代わって単一の基軸通貨になる可能性について検討しよう。過去にドルがポンドにとって代わったように、基軸通貨が交替することはありうる。しかし、今後数十年の間に、ユーロがドルに代わって基軸通貨となる可能性はかなり低いと考えられる。

　第1に、ドルは現役の強みを持っているので、ユーロ圏の経済的な地位が米国と比べ卓越したものにならなければ、基軸通貨交替は起こらないと考えられる。ユーロ圏の経済規模は、現在米国の経済規模とほぼ並ぶようになっており、今後はユーロ圏が米国を追い抜くかもしれない。またユーロ圏の金融市場は今後米国の金融市場と同格の競争相手になるかもしれない。しかし、ユーロ圏の経済規模と金融市場が米国と肩を並べる、あるいは若干凌駕する程度では、世界の為替市場で低コストでドルが取引されている状況を覆すのは難しい。

　第2に、ユーロ経済の優位が卓越したものにならなくても、米国が高インフレとなったり米国政府がデフォールトを起こすことになれば、ドル離れが起こりユーロによる逆転はありうる。しかし、以下の理由から、数十年の間に米国でそのような事態が起こる可能性は低いと考えられる。

　ユーロ圏がインフレ抑制する中で米国が高インフレに陥れば、ドルからユーロへのシフトが起こるが、しかし、インフレ抑制に強くコミットしている米国の連邦準備制度が、高インフレを容認するとは考えられない。また、米国政府は財政破たんでデフォールトを起こせば、世界経済に甚大な悪影響を及ぼすことを理解しているので、米国の政府債務デフォールトでドル離れが起こる可能性は非常に小さいと言えるだろう。最近の米国政治の党派性の強まり(保守とリベラルの対立)は深刻で、政策の決定・実施が滞っているので、財政再建が進まず今後の20～30年間に財政危機に陥る可能性は否定できないが、その可能性は高いとは考えられない。一方、ライバルのユーロ圏は最近政府債務危機に見舞われており、財政規律の回復にはかなり時間がかかるであろう。

(ユーロと元と円の将来)

　ドル以外の有力通貨であるユーロ、中国元、日本円の将来を検討しよう。

　ユーロ圏では2009年末から政府債務危機に陥り、ユーロへの信頼が低下して主要通貨に対してユーロ安となった。政府債務危機の根本的な要因は、ユーロ導入に当たってユーロ圏の金融政策は統合したが、財政政策の統合は行われていないという点にある。(第8章「国際金融と経済政策運営」の③を参照。)

　今回の危機については、ギリシャなどの財政悪化国の財政再建が進展すれば、いずれ終息するだろう。しかし、これまで通り財政運営は加盟国政府が行う仕組みでは、将来再び三度、財政規律の弱い国の債務危機が発生しかねない。2012年1月のEU首脳会合では、恒久的な金融支援メカニズム(European Stability Mechanism)の創設、および各国の健全財政を確保するための新たな財政協定(fiscal pact)の導入が合意された。しかしながら、財政運営は徴税権と政府支出の配分という国家主権に直結する問題なので、財政政策の統合は容易ではなく、かなりの時間を要すると考えられる。

　今回の危機で明らかになったユーロの脆弱性は、ユーロ圏での財政政策の統合が実現するまで消えないであろう。したがって、ユーロがドルにとって代わって基軸通貨になることは、この面からも可能性が小さいと言える。

　今後時間をかけて財政政策の統合が進む場合、ユーロの国際通貨としての地位はどのようになるであろうか。ユーロ圏の経済規模が米国の経済規模とおおむね肩を並べる状況は続くであろう。ただし、人口増加率は米国の方が高く、また生産性上昇率は今後も米国の方が高いと見込まれるので、米国とユーロ圏の経済規模の格差はむしろ広がるだろうとの見方もある[12]。ユーロ圏の金融市場は、ユーロ圏外にある英国市場と一体化して、米国の金融市場と並び立つ金融市場になる可能性もある。

　とすると、ユーロはユーロ圏と密接な経済関係を持つ諸国との間で使われる最も重要な国際通貨なるだろう。しかし、グローバルな視点で見ると、ユーロはドルの基軸通貨の地位を脅かすものにはならないであろう。

---

[12] Adam S. Posen, "Why the Euro will Not Rival the Dollar", International Finance, 11:1, 2008. およびIMF, "World Economic Outlook Database, September 2014."

中国元の将来はどうだろうか。中国は1996年にIMF8条国に移行し、貿易などの経常取引については為替取引の制限を撤廃した。資本取引については、近年徐々に規制緩和を進めてはいるが、依然厳しい規制が残っている。資本取引を自由化しない国の通貨は、世界の市場で自由に取引される国際通貨になりえない。今後中国経済が先進国経済にキャッチアップするに伴い、中国の成長は中長期的に減速していくだろう。そうした中で、中国ができるだけ高い成長を確保しようとすれば、中国は国際資本市場との繋がりを強めていく必要がある。

なお、元での貿易取引(元をインボイス通貨・決済通貨にした貿易取引)は、元の国際的地位を高めたいという中国政府の方針もあり、近年増加している。現在の中国の貿易規模は極めて大きいので、中国企業の交渉力は強く、元建てでの貿易が増加しているのである。貿易を元建てにすることによって、外国企業が為替リスクを負い中国企業は為替リスクを負わなくて済む。しかし、ドルの場合は米国の貿易取引にドルが使われるだけでなく、第3国同士の貿易取引でもドルが使われているが、今のところ元での貿易取引が第3国同士の間で広がる状況にはない。さらに、第4章「外国為替市場の基礎知識」で学んだように、現在の世界の為替市場では貿易に伴う為替取引よりも、さまざまな資本取引に伴う為替取引の方が圧倒的に大きい。したがって、元が世界で広く使われる国際通貨になるためには、中国の資本取引規制の緩和・撤廃が必要である。

今後数十年以内に、中国は資本取引を完全自由化する可能性があるだろう。その場合、開放経済のトリレンマの関係から、中国が金融政策の独立性と自由な資本取引を選択すると、中国の為替レート制度は現在の管理変動レート制から変動レート制に移行することになる。

このようなシナリオのもとでは、元は主要な国際通貨の一つとなり、特にアジア地域では円よりも重要な国際通貨になるだろう。しかし、元が基軸通貨としてのドルに匹敵するような国際通貨となる可能性は低い。

最後に、円の将来について検討しよう。日本経済が1990年代～2000年代に低成長に陥ったことに伴い、世界の為替取引に占める円のシェアは減少し、円の国際通貨としての地位は低下してきた。今後、構造改革、対外経済

開放を進めることによって、日本経済が過去の停滞から脱出することが期待される。その場合も、日本の人口は減少し続けるので日本経済の中長期的な成長は限られ、日本経済の世界経済に占める地位はさらに低下していくことは確実である。特に、アジアでは中国とインドが経済大国化し、アジアにおける日本経済のプレゼンスも相対的にかなり小さくなるだろう。

結局、中長期的には円はドルとユーロと比べるとかなりマイナーな国際通貨の1つとなると考えられる。前述したように、アジア地域では元が円をしのぐ重要な国際通貨になるだろう。

(まとめ —ドル基軸通貨体制のゆくえ—)

現在まで、世界の為替取引、貿易におけるインボイス通貨・決済通貨、外貨準備、国際債券の通貨建て、紙幣の国外流通などにおいて、ドルは支配的な地位を占めている。実際、ドルはユーロ、円などの他の国際通貨と比べると、ガリバー的な国際通貨である。

第2次世界大戦直後は、米国は圧倒的な経済規模を持つ世界唯一の経済大国であった。その後、米国経済の世界経済に占めるシェアは徐々に低下してきている。現在でも米国のGDPは世界第1位で世界GDPの16.5%（2013年のPPP評価のGDP、以下同じ）を占めているが、世界第2位の中国は15.8%となっている。成長著しい中国は、近い将来に米国を追い抜いて世界1の経済大国になり、その後中国と米国の経済規模の格差は拡大すると予想される。また、ユーロ圏は加盟国合計のGDPが世界GDPの12.3%を占める大きな経済圏である。

このように世界経済は多極化し、米国、中国、ユーロ圏が3大経済圏を構成するようになっている。今後はそれに続いてインド、ブラジルが経済大国化すると見込まれる。なお、日本のGDPの世界シェアは4.6%であるが、今後そのシェアがさらに低下していくことは確実である。

また、これまで米国は世界で卓越した金融市場を持っていたが、ユーロ圏の出現で米国同様に発達しかつ規模の大きな金融市場を持つライバルが現れ、さらに中国の金融市場も今後は規制緩和が進んで徐々に大きな規模になるであろう。

このように経済規模、金融市場の両面で、米国の優位性は失われる状況にあるが、米国の通貨ドルの優位性は少なくとも今後数十年は基本的に変わらないと考えられる。ユーロと元はヨーロッパ圏、アジア圏で広く使われる有力な国際通貨となるが、しかし、ドルとユーロと元が同様の地位を持つ3極基軸通貨体制にはならないであろう。ドルは依然基軸通貨として使われ、ユーロと元はせいぜい準基軸通貨ともいうべき国際通貨にとどまるであろう。

　ドルの基軸通貨体制が変わらないと考えられる最も重要な根拠は、為替取引における経済合理性である。世界における2通貨の組み合わせは膨大な数になるので、すべての2通貨の組み合わせについて直接の取引は行われず、1つの通貨が中心的な役割を持つようになる。その方が、取引が成立しやすくコストが安くなる、つまり効率的だからである。歴史的な経緯から、現在までのところドルがその役割を果たしている。為替取引で支配的なシェアを持つドルは、貿易のインボイス通貨・決済通貨、国際金融取引や外貨準備その他で広く用いられることになる。

　2極基軸通貨体制ないし3極基軸通貨体制、つまり中心的な通貨が1つ（ドル）ではなく、2つ（ドルとユーロ）ないし3つ（ドルとユーロと元）になることは、効率的でないので実現しないと考えられる。なぜなら、その場合は直接取引の2通貨組み合わせが増えるので、各取引の流動性が低くなり、取引コストが高くなる。そのような不便なあるいはコスト高の取引は行われず、現状のドル中心の取引が行われ続けると考えられる。

　このように2極ないし3極基軸通貨体制になる可能性は低いと考えられるが、ドルに代わってユーロあるいは元が基軸通貨となる可能性も、以下の理由から低いと考えられる。

　第1は、ユーロ圏が米国を大きく凌駕することにはならないからである。ポンドからドルに基軸通貨が交替した時には、米国経済が英国経済を大きく凌駕した。もしユーロ圏が米国を大きく上回る経済となれば、ドルよりもユーロを使う貿易・金融取引が増え、媒介通貨としてもユーロを使った方が効率的となるだろう。しかし、ユーロ圏も米国も成熟経済なので成長率の格差が小さく、したがってユーロ圏と米国の経済規模の関係は、今後それほど大きく変化しないと予測される。

第2に、PPP換算のGDPで見た中国の経済規模は、近い将来米国の経済規模を抜き、その後その格差は広がると予想されるが、しかし、中国の資本取引規制が完全に撤廃されるには時間がかかるので、元がドルにとって代わる基軸通貨になる可能性はない。また、国内の金融市場も、競争制限的なさまざまな規制や監督体制が未整備なのでいまだ未発達である。米国と並ぶような金融市場に発達するには、少なくとも20〜30年はかかるであろう。

　第3に、米国の金融・経済状況が不安定化すれば、ドルの衰退が起こる。しかし、米国の中央銀行（米国連邦準備制度）の信頼性は高いので、その可能性は低いと考えられる。

【補論】ドル優位終焉の見方

　これまで有力な研究者が、今後ドル優位の状況は崩れ、ユーロがドルにとってかわって世界の基軸通貨になる、あるいはドル、ユーロ、元からなる3極基軸通貨体制が生まれるといった分析を行っている。また、実務家の間でも、ドル優位の体制は変わるべきといった意見が出されている。

　まず主要な研究を見てみよう。Chinn and Frankel (2008)は、世界の外貨準備の通貨構成のこれまでの変化の要因を分析し、その分析結果は民間の国際的ポートフォリオにおける通貨構成にも当てはまるとしている。過去の動向分析に基づいて将来の予測を行い、2015年までにユーロはドルにとって代わり世界の基軸通貨になるというシナリオが、最も可能性が高いとしている。

　世界経済の長期展望レポートであるWorld Bank(2011)は、2025年までには、世界経済の成長の半分以上が主要新興国によって生み出され、また新興国は今後多国籍企業を多く輩出して経済の国際化を引っ張るようになり、戦後長らく続いた米国中心の世界経済秩序から多極的世界経済 multipolar global economyに転換すると予測している。こうした世界経済の構造的な変化に伴って、2025年までの間にドル優位の通貨体制は終焉し、ドルとユーロと元の3通貨がおおむね同様の重要性を持つ多極的な国際通貨体制になる可能性が高いと分析している。

　河合(2011)によれば、「世界経済が事実上、3極化していく傾向があることを踏まえると、『3極通貨制度』が中長期的に最もあり得るシナリオだろう。」 河合の3極通貨は、ドル、ユーロ、アジア通貨を意味している。円は単独で国際通貨の1極を担うことは難しくなっており、また元の国際化にはまだ時間がかかる。円、元、タイ・バーツ、マレーシア・リンギなどのアジア通貨のバスケットを育てて、準備資産にしていくことは十分可能であると論じている。

　Eichengreen(2011)も、今後、ドル、ユーロ、元を中心にした多極的な国

際通貨体制に移行すると予測している。多極的通貨体制の移行の時期については、ドルの現役の強みが関わるので予測が難しいとしている。しかし、Eichengreenは、本文(P246)で紹介したように、情報通信技術の発達によって現役の強みの重要性は低下しているという分析をしており、移行はそれほど遠くない将来になることを示唆している。

Eichengreenによれば、ドルが基軸通貨として君臨してきたのは、米国経済の規模が他国に比べ圧倒的に大きかったこと、また米国の金融市場の発達度合いと規模も他に類を見なかったことから、ドルのライバルになる通貨が存在しなかったからである。しかし、ユーロ圏の誕生によって経済規模、貿易規模、金融市場に関して米国と肩を並べる経済圏が出現して状況が変わったので、今後ユーロはドルの有力なライバルとなる。また、それほど遠くない将来に(おそらく10年ほどで)、元はアジア圏を中心に魅力的な国際通貨となるだろう。ドル、ユーロ、元の3通貨に続いて多極的通貨体制を構成する有力通貨は、人口が減少し経済規模が拡大しない日本とロシアの通貨ではなく、インドのルピーとブラジルのレアルとなるだろう。そして、ドルは対等な通貨のなかで1番の国際通貨(first among equals)となるだろう予測している。

なお、ユーロは最近、ギリシャなどの政府債務危機で大きな試練に直面した。Chinn and Frankel (2008)は今回の危機勃発以前の分析であるが、World Bank(2011)とEichengreen(2011)は、ユーロ圏は危機国の金融支援と財政統合に向けた対応をとることによっていずれ危機から脱するので、中期的にユーロがドルに並ぶ有力通貨になることには変わりないとしている。

一方、Posen (2008)は、ユーロがドルと張り合うライバルになる可能性は小さいと分析している。その主な根拠として、①世界の安全保障で米国が果たしている政治的な役割の大きさ(例えば台湾、サウジアラビア、パナマなどの通貨がドルにリンクしているのは経済的な理由だけでなく政治的な理由が大きい)、②ユーロ圏経済の生産性上昇は低下傾向にあることや米国とユーロ圏の人口動態の違いなどから、今後米国経済の経済規模はユーロ圏よりもむしろ相対的に大きくなる、③もし米国が政治的リーダーシップを失った場合は、ユーロがドルにとってかわるよりも、国際金融体制が分裂状態に陥る可

能性の方が高いことなどをあげている。

　有力な実務家も、国際通貨システムの変革の必要性に言及している。中国人民銀行(中国の中央銀行)の周小川総裁は、2008-09年の世界金融危機の勃発を踏まえて、1国の通貨であるドルに頼った現行システムに代え、国際的に管理されたSDR(特別引出権) Special Drawing Rightsを主要な準備通貨にする新たな制度を構築すべきだと提案した(Zhou (2009))。

　一方、世界銀行のZoellick総裁(当時)は、英国の有力紙ファイナンシャル・タイムズへの寄稿文で、「インフレ期待や通貨の将来の価値を測る国際的な参考指標」として金は役割を持つとして、金の重要性に言及した(Zoellick (2010))。この寄稿文は金本位制への復帰を提案するものととらえられて注目を浴びた。なお、本章の注11で、SDRが基軸通貨になる可能性、および金本位制復帰の可能性について検討しているので参照してほしい。

(補論の引用文献)

Chinn, Menzie, and Jeffrey Frankel (2008). "Why the Euro will Rival the Dollar," International Finance 11:1, 2008.

World Bank (2011). "Global Development Horizon 20111 – Multipolarity: The New Global Economy - ," June 2011.

河合正弘(2011)「揺らぐドル基軸体制(上) –『3極通貨制度』移行に備え – 」、日本経済新聞　2011年6月30日朝刊、経済教室欄。

Eichengreen, Barry (2011). "Exorbitant Privilege – The Rise and the Fall of the Dollar and the Future of the International Monetary System – ," Oxford University Press, 2011.

Posen, Adam S. (2008). "Why the Euro will Not Rival the Dollar," International Finance, 11:1, 2008.

Zhou Xiaochuan (2009). "Reform the International Monetary System," BIS Review 41, the Bank of International Settlement, 2009.

Robert Zoellick (2010). "The G20 must look beyond Bretton Woods II," The Financial Times, November 7, 2010.

《索引》

ア 行

アジア共通通貨 …………………………… 200
アジア金融危機 …………………………… 206
アセット・アプローチ …………………… 108
EMS危機 …………………………………… 206
一物一価の法則 …………………………… 128
インボイス通貨(貿易建値通貨)……… 233
失われた10年 ……………………………… 208
内向きの政策 ……………………………… 215
売りオペ …………………………………… 155
売り持ち …………………………………… 85
円高 ………………………………………… 72
円安 ………………………………………… 27
移転支出 …………………………………… 84
欧州中央銀行(ECB) ……………………… 189
織り込み済みの情報 ……………………… 121

カ 行

買いオペ …………………………………… 155
外貨 ………………………………………… 65
外貨準備 …………………………………… 53
外国為替市場 ……………………………… 64
外需 ………………………………………… 22
開放経済 …………………………………… 30
開放経済のトリレンマ …………………… 186
買い持ち …………………………………… 85
カバー付き金利裁定 ……………………… 109
カバーなし金利裁定 ……………………… 109
為替先物 …………………………………… 78
為替市場 …………………………………… 64
為替市場介入(為替介入) ………………… 53
為替市場の均衡 …………………………… 109
為替スワップ ……………………………… 82
為替取引 …………………………………… 46

為替予約 …………………………………… 79
為替リスク ………………………………… 80
為替レート(為替相場) …………………… 71
間接表示(外国通貨建て) ………………… 71
管理変動レート制 ………………………… 87
機関投資家 ………………………………… 6
危機の伝染 ………………………………… 223
基軸通貨 …………………………………… 68
期待 ………………………………………… 113
期待為替レート …………………………… 113
期待収益率 ………………………………… 113
キャリートレード ………………………… 172
切り上げ …………………………………… 87
切り下げ …………………………………… 87
ギリシャ危機 ……………………………… 203
銀行による貨幣創造(信用創造) ……… 157
金本位制 …………………………………… 90
金融緩和 …………………………………… 152
金融収支 …………………………………… 47
金融政策 …………………………………… 151
金融政策の独立性 ………………………… 188
金融の国際化 ……………………………… 1
金融引き締め ……………………………… 152
金利裁定(金利平価) ……………………… 109
グローバル不均衡 ………………………… 239
クロス・レート …………………………… 248
経済成長率 ………………………………… 23
経常収支 …………………………………… 26
経常収支赤字 ……………………………… 26
経常収支黒字 ……………………………… 26
決済通貨 …………………………………… 233
現役の強み ………………………………… 242
減価 ………………………………………… 72
公開市場操作 ……………………………… 154
交換自由な通貨 …………………………… 244

購買力平価(PPP) ……………………… 127
国際金融危機 …………………………… 207
国際収支統計(国際収支) ……………… 44
国際通貨 ………………………………… 230
国際的債券 ……………………………… 235
固定レート制 …………………………… 86
コンディショナリティ ………………… 227

サ 行

裁定 ……………………………………… 110
債務危機 ………………………………… 208
先渡 ……………………………………… 79
GNI(国民総所得) ……………………… 24
GNP(国民総生産) ……………………… 24
GDP(国内総生産) ……………………… 20
直先スプレッド ………………………… 79
自己実現的な予測 ……………………… 212
市場為替レート換算のGDP …………… 143
実効為替レート ………………………… 101
実質GDP ………………………………… 23
実質為替レート ………………………… 92
実質実効為替レート …………………… 101
資本収支 ………………………………… 47
資本逃避 ………………………………… 210
資本取引 ………………………………… 45
資本取引規制 …………………………… 89
資本の逆流 ……………………………… 214
資本輸出国 ……………………………… 28
資本輸入国 ……………………………… 28
資本流出 ………………………………… 2
資本流出入(国際資本移動) …………… 1
資本流入 ………………………………… 2
収支 ……………………………………… 49
準備通貨 ………………………………… 235
準備預金 ………………………………… 153
純輸出 …………………………………… 22
純要素所得 ……………………………… 24
証券投資 ………………………………… 5

消費者物価指数(CPI) ………………… 127
新興国 …………………………………… 3
スポット取引(直物取引) ……………… 78
スポット・レート(直物レート) ……… 79
政策金利 ………………………………… 151
政府支出 ………………………………… 21
世界金融危機 …………………………… 209
絶対的PPP ……………………………… 128
増価 ……………………………………… 72
相対的PPP ……………………………… 128
外向きの政策 …………………………… 215

タ 行

第1次所得収支 ………………………… 50
第2次所得収支 ………………………… 51
対外資産 ………………………………… 12
対外純資産 ……………………………… 61
対外直接投資 …………………………… 2
対外負債 ………………………………… 12
対内直接投資 …………………………… 2
短期資本 ………………………………… 216
チェンマイ・イニシャティブ ………… 229
中国人民銀行 …………………………… 198
長期資本 ………………………………… 216
直接投資(FDI) ………………………… 2
直接表示(自国通貨建て) ……………… 71
通貨危機 ………………………………… 206
通貨の自由交換性 ……………………… 244
通貨発行益 ……………………………… 237
通貨防衛 ………………………………… 210
投資収益 ………………………………… 24
ドル基軸通貨体制 ……………………… 230
ドル高 …………………………………… 72
ドル・ペッグ制 ………………………… 86
ドル安 …………………………………… 72
ドル優位終焉の見方 …………………… 246

ナ 行

内需 …………………………………… 22
２国間為替レート ………………… 101
NIEs ………………………………… 214
日本銀行当座預金（日銀当座預金）…… 153
ネット対外投資ポジション ………… 61

ハ 行

ハード・カレンシー ………………… 70
媒介通貨 ……………………………… 68
PPP換算のGDP …………………… 144
東アジアの奇跡 …………………… 215
１人あたりGDP …………………… 23
非不胎化介入 ……………………… 160
ファンダメンタルズ ……………… 108
フォワード・ディスカウント ……… 79
フォワード取引 …………………… 78
フォワード・プレミアム …………… 79
フォワード・レート ………………… 79
付加価値 ……………………………… 21
不胎化介入 ………………………… 160
双子の赤字 …………………………… 39
BRICs ………………………………… 3
ブレトンウッズ体制 ………………… 91
閉鎖経済 ……………………………… 30
変動レート制 ………………………… 86
貿易・サービス収支 ………………… 49
ポジション調整 ……………………… 84

マ 行

マネーサプライ（マネーストック）…… 152
マネタリーベース ………………… 156
民間消費 ……………………………… 21
民間投資 ……………………………… 21
名目GDP …………………………… 23
名目為替レート ……………………… 92
名目実効為替レート ……………… 101

ヤ 行

ユーロ圏の財政危機 ……………… 202
輸出 …………………………………… 22
輸入 …………………………………… 22

ラ 行

利上げ ……………………………… 152
利下げ ……………………………… 152
リスク・ヘッジ ……………………… 80

著者紹介

谷内　満（たにうち　みつる）

　早稲田大学商学学術院教授。1949年生まれ。東京大学法学部卒業。米国ブラウン大学経済学博士、米国ウォートン・スクール上級経営管理プログラム修了。世界銀行エコノミスト、経済企画庁調整局審議官、APEC経済委員会議長、内閣府政策統括官などを経て、2004年から現職。専門はマクロ経済学、国際金融論。

　著書は、「入門 金融の現実と理論（第3版）」センゲージラーニング（2017年）、"The Japanese Economy‒Then, Now, and Beyond‒,"Cengage Learning Asia, Singapore, 2014（中国語翻訳版「日本経済」江蘇人民出版社2016年）、「グローバル不均衡とアジア経済」晃洋書房（2008年）、監訳「バローマクロ経済学」センゲージラーニング（2010年）など。

国際金融と経済　　　　　　商学双書 4

2015年 4 月10日　初　版第 1 刷発行
2018年 3 月10日　初　版第 2 刷発行

著　者　　谷内　満
発行者　　阿部成一

〒162-0041　東京都新宿区早稲田鶴巻町514番地
発行所　　株式会社　成文堂

電話 03(3203)9201(代)　FAX 03(3203)9206
http://www.seibundoh.co.jp

製版・印刷・製本　シナノ印刷
©2015 M. Taniuchi　　　　　　printed in Japan
☆乱丁・落丁本はお取替えいたします☆　検印省略
ISBN978-4-7923-4252-4 C3033

定価（本体2,500円＋税）